브랜드
인문학

브랜드
인문학

잠재된 표현 욕망을
깨우는 감각 수업

김동훈 지음

민음사

지금은 브랜드의 땅

고대인들의 인간성이 그들의 신화를 통해 드러난다면, 현대인들의 인간성은 브랜드를 통해 유추해 볼 수 있다. 현대에는 신전이 아닌 거리와 매장에서 동일한 그 신들을 숭배하는 신도들의 행렬이 이어지고 있기 때문이다. 우선 떠오르는 이름만 나열해 봐도, 제우스, 카리타스, 다프네, 크로노스, 헤라, 미네르바, 에르메스, 나이키, 그 밖에 메두사의 머리가 로고인 베르사체, 세이레네를 로고로 한 스타벅스, 그레이스, 베스타, 아카디아, 머큐리, 박카스, 오리온 등이 있다. 고대인이 타임머신을 타고 우리 도시 한복판에 불쑥 던져졌다면 그는 이곳을 분명 신들의 고향쯤으로 이해하지 않을까. 현대에는 고대 신들의 이름이 더 이상 신이 아닌 브랜드의 이름이 되었다.

브랜드는 메시지다

브랜드의 원래 의미는 문신이나 타투에 가장 가깝다. 브랜드 (brand)의 그리스 뿌리말은 '스티그마(stigma)'로, 칼끝으로 긋거나 뾰족한 바늘로 찌른 '자국, 점, 표시' 등을 말한다. 가장 이른 시기인 기원전 5세기에 나타나는 헤로도토스의 기록을 보자.

> 히스티아이오스는 아리스타고라스에게 반란을 꾀하라고 부탁하고 싶어도 길목이 모두 점거되었기 때문에 무사히 생각을 전할 방법이 없었다. 그래서 그는 자신의 가장 충직한 종의 머리를 깎고 살갗에 문신을 한 뒤 머리카락이 다시 자라기를 기다렸다. 그리고 그것이 자라나자 그는 그 종을 (……) 보내며 아무 소리 말고 아리스타고라스에게 다음의 간청만 전하라고 했다. "저의 머리를 깎고 살갗을 살펴보소서."
> —헤로도토스, 『역사』(5권, 35.)에서

헤로도토스에 따르면 브랜드는 '타투 레터링'이었다. 몸에 새긴 이 자국은 반란을 꾀하라는 메시지를 비밀리에 전달하는 수단이 되었다. 그런 점에서 최초의 브랜드는 메시지였다. 그렇다면 그 메시지로 문신을 한 노예는 반란의 명을 전하는 특사쯤 될 것이다.

그뿐만 아니라 브랜드는 신분 표시가 되기도 했는데, 당시 '죄수, 전쟁 포로, 노예, 탈영자'들의 신체 일부에 문신이 새겨졌기 때문이다. 때로는 가축에게도 새겨졌다. (플루타르코스, 『니키아스』, 29. 1 참조) 신전 사제들도 몸에 특별한 문신을 새겨 자신들이 신에 속했음을 과시했다. 군대의 신병들은 일반적으로 자신들의 손에 문신을 새겨 군인임을 당당하게 드러냈다.

브랜드가 메시지, 신분, 소속을 의미한다는 것은 문신이 새겨진 대상의 정체성과 맞닿아 있다. 노예의 살갗에 새겨 반란을 지시한 문신은 그 노예가 특사라는 것을 가리켰고, 가축에 문신을 한 것은 그 가축의 소속을 드러내는 수단이었다.

물론 한 번의 범죄로 찍힌 죄수의 문신은 평생 가혹한 '주홍글자'였을 것이고, 사제직에 싫증 난 수도사에게 문신은 벗어나고픈 '인간의 굴레'였을 것이다. 하지만 나름 몸에 새긴 문신으로 자신의 정체성을 뽐냈을 성싶은 권력 중심층인 사제나 군인도 있었을 테니, 긍정적이든 부정적이든 당시 브랜드는 새겨진 자에게 소속과 사명의 정체성을 틀 지어 주는 도구였다.

브랜드는 상품이다

그렇다면 브랜드가 명품, 즉 소중한 물건이라는 의미는 언제 생길 것일까? 기원전 10세기에 솔로몬이 히브리어로 썼다고 전하는 「아가서」(1장 11절)를 그리스어로 번역한 칠십인역에 '스티그마'가 나타나는데, 다음과 같다. "우리가 당신에게 금으로 고리를 만들고 은을 새겨 넣어 주겠소."

「아가서」의 남자 주인공은 금 고리에 은을 '새겨 넣음'으로써 평범한 금 고리가 아니라 사랑하는 여인을 위한 특별한 물건이 되게 했다. 여기서 브랜드(스티그마)는 '새겨 넣음'을 의미한다. 이 번역본이 기원전 3세기경에 있었다 하니 적어도 이 시대부터 오늘날 브랜드의 의미가 시작되었고, 이후 상인이나 석공들이 자신들의 상품에 표시를 했다는 점에서 이 브랜드가 상품 값을 톡톡히 해 주었을 것으로 추측된다.

브랜드는 욕망이다

그런데 언젠가부터 사람들은 꼭 '필요'라기보다는 '욕망' 때문에 특정 상품을 사 왔다. 욕망은 결여된 것을 소유하려는 어떤 운동이다. 하지만 브랜드를 향한 욕망의 문제는 단순하지 않다. 욕망의 복잡성은 점묘화의 무수한 점들과 같아서 그것 자체로는 도무지 무엇인지 가늠되지 않지만, 브랜드의 바탕에 깔린 욕망의 생성과 이동을 모아 멀찌감치 떨어져서 보거나(범주화하거나) 다른 차원(인문학)으로 볼 때 표면에 떠오르는 자태가 있다.

그렇다면 욕망의 소용돌이에서 맴돌기만 할 뿐인 브랜드의 자태를 우리는 어떻게 끌어낼까? 레코드판은 45분에서 60분 동안 들리는 선율을 위해 원운동을 한다. 순환이 선형의 '시간-타래'를 풀어내어 멜로디가 드러나듯, 욕망은 뱅뱅 소용돌이치지만 거기서 한 줄기 브랜드의 자태가 나온다. 욕망의 하얀 속살과도 같은 이 서사를 알기 위해 우선 욕망의 껍질을 차곡차곡 벗겨야 한다.

특정 브랜드에 대한 욕망은 그 브랜드와 나의 눈길이 서로 마주치면서 일어난다. 이른바 '욕망의 발동 원리'는 살아 있어서 감각하는 몸과 사물과의 마주침이다. 브랜드가 나의 감각에 던지는 눈길인 어떤 파장을, 그리고 나 또한 그 자극에 이상하다 싶을 정도로 강하게 반응하며 눈길을 주는 이유를 범주화해 보았다. '정체성, 감각과 욕망, 주체성, 시간성, 매체성, 일상성'들이었다. 이것으로 브랜드를 이해하고 인간의 신체와 감각에 대해 안목을 넓히는 계기가 될 수 있었다.

브랜드와 관련된 마케팅이나 디자인, 특히 무비판적 소비가 부른 부작용 등은 이미 많은 곳에서 다루어졌지만, 브랜드와 관련한 "욕망의 생성과 이동"을 철학적, 문학적으로 다룬 경우는 흔치 않았다. 사실 욕망의 문제를 살피기에 브랜드처럼 도움이 되는 것은 없다. 특히 물질(상품, 몸, 돈 등)을 질 들뢰즈만큼 존재의 핵심으로 긍정한 철학자는 없기에, 그의 이론으로 브랜드를 살펴보는 것이 꽤 흥미로우리라 생각했다.

그동안 욕망을 이성으로 통제할 것으로만 여겨 참고 견디고 억눌러 왔지만 한참을 숨죽였던 그 욕망이 다시 꿈틀거린다면 이 책을 한번 살펴보자. 브랜드의 그 무엇이 당신을 자극하며 또한 당신은 그 무엇을 바라고 있는지. 그때 당신의 감추어진 욕망의 본모습이 드러날 것이다. 자신의 참모습을 좀 더 긍정하게 될 것이다.

차 례

1부

정체성

"단지 돈을 벌려고 무언가를 할 수는 없다. 내가 믿는 신념을 위해 무언가를 해야 한다, 그러면 결국 돈을 얻게 될 것이다."
—미우치아 프라다

"지방시의 정신을 오늘날 현대적인 여성성으로 해석하고자 한다."
—리카르도 티시

"쿠튀르에는 설계에 있어서 건축가여야 하고 형태에 있어서는 조각가여야 하며 색채에서는 화가, 조화에서는 음악가, 그리고 절제에 있어서는 철학자여야 한다."
—크리스토발 발렌시아가

"무의식은 의미에 관한 문제를 제기하지 않고 오직 사용에 관한 문제만을 제기한다."
—질 들뢰즈, 펠릭스 가타리

"취향은 역사적
경험을 정확하게
기록하는 지진계다."
—테오도어 아도르노

"무의식은 아무것도 표상하지 않는다. 그것은
생산한다."
—질 들뢰즈, 펠릭스 가타리

"영원한 여성성이 우리를 이끌어
올리리니." —요한 볼프강 폰 괴테

"아이디어는 형태를
가지고 나오는
무엇이지만, 이는
당신이 (생각)하는
대로 성장한다."
—비비언 웨스트우드

1부 프롤로그

무의식 때문에 인간은 '접속'한다

이 책은 단순한 '소유'를 넘어서는 인간의 '욕망'에 집중한다. 그래서 대체 어떤 지점에서 브랜드가 우리의 욕망을 만족시키는지를 살폈는데, 그때 도움을 얻은 것이 질 들뢰즈의 사상이었다. 우리가 브랜드에 관심을 갖게 되고 이런저런 브랜드를 구입하게 되면 거기서 특정 브랜드에 대한 취향이 자연스럽게 생긴다. 브랜드는 소비자의 이런 취향에 응하여 또 새로운 상품을 생산한다. 이런 취향은 우리가 의식하지 못하는 사이에 형성되는데, 그 바탕에서 어떤 일련의 일들이 진행되고 있다.

무의식은 의미에 관한 문제를 제기하지 않고 오직 사용에 관한 문제만을 제기한다. 무의식(Es : Id)은 아무것도 표상하지 않는다. 그것은 생산한다.
― 질 들뢰즈, 펠릭스 가타리, 『천 개의 고원』에서

특정 브랜드의 가방을 살 때 그 브랜드를 욕망하는 구체적인 이유나 의미가 있다기보다 그저 들고 다니고 싶은 마음뿐이다. 그 욕망이 특정 브랜드로 하여금 소비자가 사용할 가방을 만들게 한다. 까닭 모를 욕망을 무의식이라 치면 결국 "무의식은 무엇인가를 생산해 낸다." 하지만 여기서 끝나지 않는다. 그 욕망을 한 겹 한 겹 벗겨서 과연 어떤 감각과 지각, 그리고 어떤 만족이 있는지를 살펴야 브랜드를 향한 인간 무의식의 의미를 비로소 이해할 수 있게 된다.

일단 우리의 욕망이 특정 브랜드를 찾게 만들고 그래서 그것을 소유했다고 생각해 보자. 여기서 저 브랜드와 일단(一端)의 접촉이 일어났다. 들뢰즈와 가타리의 용어로 하자면 '접속'이 일어난 것이다. 그렇다. 사람이 됐든 사물이 됐든 간에 인간은 욕망 때문에 자기와 다른 것과 '접속'한다.

요즘 이런 접속은 인터넷 검색엔진을 통해 더 가속화되었다. 하지만 검색엔진은 정보를 얻고자 하는 특정 웹페이지로 접속시킬 뿐 그 웹페이지의 저작권을 소유하지는 않는다. 보다 많은 접속을 통한 더 많은 정보는 더 많은 검색을 유발하고, 더 많은 검색은 더 많은 광고를 노출시켜 수익을 창출한다. 접속의 공간만 만들었을 뿐인데 거기서 뭔가 생산된다.

『천 개의 고원』에서 들뢰즈와 가타리는 이런 접속으로 생성되는 것이 있다고 한다. 바로 '정체성'이다. 이들은 생물체와 무생물체를 비롯한 모든 존재자를 '기계'라고 하면서, 그 '기계의 정체성'은 자신과는 다른 어떤 기계와의 접속으로 인해 생성된다고 말한다.

이런 메커니즘은 하나의 신체 안에서도 볼 수 있는데, 동일한 입술이라도 식도와 접속하면 '먹는 기계'가 되고, 성대와 접속하면 '말하는 기계'가 된다고 한다. 입술의 정체성은 입술 자체로 알 수 있는 것이 아니라 다양한 이질적인 것과 접속해야 분명히 드러난다. 인간이 접속을 위해 이질적인 것에 대해 호기심을 갖는 것은 원초적 본능에 속한다. 그것으로 자신의 정체성이 드러나기 때문이다.

접속에는 경계의 장, 플랫폼이 있다

접속을 위해서는 반드시 접속의 장이 있어야 한다. 요즘은 시장의 규칙이 바뀌고 있다. 최근 급부상하는 기업들은 플랫폼, 접속의 장을 제공한다. 소통하고 공유하는 마당을 마련한 브랜드들은 그 생명줄이 질길 뿐만 아니라 여러 식솔들을 거느린다. 이러한 플랫폼을 질 들뢰즈와 펠릭스 가타리는 '탈주선(linge de fuite)'이라 했다.

탈주선은 닫힌 경계선이 아닌 열린 공간을 만들며 끊임없는 접속이 시도되는 공간이다. 과거 유목민들은 길과 길목을 만들어 놓고 그 접속의 공간에 기대서 물건을 이동시켰다. 그때그때의 목적지와 여행객을 연결하는 통로인 플랫폼이 이제는 모든 디지털 유목민과 각자의 필요를 접속시키는 통로가 된 것이다.

이 플랫폼에서 접속의 특징을 들뢰즈와 가타리는 '리좀(Rhyzome)'이라는 땅속줄기로 설명한다.

리좀은 어느 한 지점에서 끊어지거나 산산이 부서지더라도 예전의 선들 중의 하나나 또는 새로운 선들 위에서 다시 시작할 수 있다.

— 질 들뢰즈, 펠릭스 가타리, 『천 개의 고원』에서

접속하는 것들은 이질적인 것들, 팔다리가 따로 노는 다양체들인데, 이들의 특징은 절단당해도 끝내 줄기식물이 되어 또 다른 탈주선을 만든다. 개미 떼가 줄지어 가는 선은 그 선 중간이 끊어지더라도 다시 이어지거나 다른 방향으로 선들이 만들어진다. 이 개미

떼를 리좀의 줄기라 친다면 줄기는 절단되더라도 다시 줄기를 형성한다. 접속도 네트워크에서 끊어져 소외되더라도 거기서 또 다른 네트워크를 형성할 수 있다. 그것이 리좀이다.

들뢰즈 철학의 핵심인 '탈주'는 현실을 외면하는 도피나 도주가 아니라 새로운 생성에 강조점이 있다. 새로운 리좀을 형성하기 위해서는 닫힌 경계를 벗어나야만 한다. 접속의 공간인 '플랫폼'이 구현되어야 한다. 접속하되 세포벽을 두고 접속하는 원형질처럼 만남의 장을 두고 그 공간을 활성화시켰을 때 비로소 그곳은 나와 그가 (그녀/그것) 모두 소통하는 작동 영역이 된다. 거기에서 새로움이 창조된다.

새로운 것에 접속하라

브랜드 소비가 사치인지의 여부는 그 소비 맥락에 따라 결정된다. 사치란 불필요한 것을 소비하는 것이다. 명품이 불필요한 소비가 될 때 사치가 되고, 필요한 것이 될 때는 취향이 된다. 명품을 소비하는 것 자체에 '사치'라는 낙인을 찍을 수 있는 게 아니다. 예컨대 명품 부티크에서 명품을 판매하는 매니저는 고객과 접속하고 그 매장에 배치된 이상 그(녀)는 고가의 명품을 입게 된다. 그(녀)를 향해 사치한다고 손가락질할 수 없다.

특정 브랜드들은 고정된 패션에 대한 경계를 과감히 허물고 새로운 접속을 꿈꾼다. 코르셋, 크리놀린 등 역사 속 여성들의 패션에 사용된 도구들은 그 사회가 자신들의 권력을 위해 만들어 놓은 것이었다. 죽음의 경계에까지 다가간 브랜드들은 새로운 접속으로 시대의 굴레를 벗어났다. 새로운 접속으로 자신의 정체성을 드러낸 것이다.

우리는 경계를 넘나드는 '교란된 상상'을 한다. 하지만 이런 상상이 많을수록 현실의 삶은 욕구불만이고 더 불안하다. 욕구불만과 불안을 일으키는 현실을 극단까지 몰고 가면 우리는 죽음의 경계와 '접속'하게 된다. 교란된 상상은 삶과 죽음의 경계에서 시공간을 뚫고 왕래한다. 하지만 그 발칙한 상상과 불만의 왕래 속에서 새로운 에너지가 잉태된다. 브랜드는 발칙한 상상을 우리에게 선사한다.

브랜드는 자신의 정체성, 그러니까 접속, 배치, 영토화, 탈주, 탈영토화를 찾도록 자극한다. 『천 개의 고원』에 따르면, 접속-배치-영토화-탈주-탈영토화를 통해 정체성이 생성된다. 브랜드는 이 과정들을 거치면서 변화하며, 그럼으로써 브랜드의 정체성을 만든다. 바로 이 점에서 브랜드는 탈영토화를 반복한다.

1 프라다

나의 정체성을 알 때,
비로소 브랜드는 '필요'가 된다

브랜드는 탈영토화의 반복이다. 나는 프라다를
영화 「악마는 프라다를 입는다」로 이해한다.
이 영화는 한 여인이 정체성을 얻어 탈주하는,
탈영토화를 보여 준다.

악마는 프라다를 입는다

저마다 악마로 보이는 사람이 있다. 영화 「악마는 프라다를 입는다」에서 비서의 눈에는 자신의 상사가 악마로 보인다. 그 상사는 최고 패션 잡지 《런웨이》의 편집장 미란다(메릴 스트립). 프라다를 즐겨 입는 미란다가 비서 앤디(앤 해서웨이)에게는 악마다. 편집장은 과하다 싶은 잔심부름으로 신출내기 비서를 한시도 가만두지 않는다.

편집장은 비서의 숨통을 꽉 틀어쥐듯 그녀를 부린다. 자신이 입던 코트며 핸드백을 아무렇게나 내던지기 일쑤며, 비서는 일일이 주워 담아 정리하기 바쁘다. 앤디는 커피 심부름, 편집장의 전화 응대, 폭풍우 속에서 비행기 운항의 성사 여부 알아보기 등 온갖 업무로 자신이 무시당하는 것 같아 서럽다. 어렵게 구한 직장에서 행여 잘릴까 봐 그녀는 매사 애를 태운다. 그로 인해 아빠와의 관계, 남자친구와의 사랑에도 상당 부분 흠집이 가지만 앤디는 꿋꿋하게 오늘 하루도 버틴다. 서러워도 참고 비참해도 참으며 편집장의 닦달에 미소로 달관한다.

프라다를 다시 일으킨 악마

또 한 명의 악마가 있다. 브랜드 프라다의 세 번째 경영인. 스물여덟 살에 미우치아 프라다는 경영을 맡게 되는데, 지난날 그녀의 삶은 패션과는 전혀 무관했다. 연극배우로 5년을 지냈으며 정치학을 전공한 사회당원인 데다 페미니스트였다. 그녀가 사치라 여기며 한

미우치아 프리다

사코 반대하던 명품 소비. 그 명품 브랜드의 경영 일선에 나서게 된 것이다.

프라다는 1913년 패션디자이너 마리오 프라다가 가죽 제품 전문 매장을 이탈리아의 밀라노에 열면서 시작되었다. 핸드백, 장갑, 액세서리 등의 가죽 제품으로 큰 인기를 끄는가 싶더니 1919년에는 이탈리아 왕실에 명품을 공급하는 업체가 되었다. 하지만 2차 세계대전으로 번영의 기쁨도 잠시, 유럽 경기가 침체되면서 프라다 역시 내리막길에 들어선다. 설상가상으로 1958년에 창업자가 사망하고 그의 딸인 루이자 프라다가 가업을 잇기는 했지만, 가족 기업을 명품 브랜드로 만들기에는 역부족이었다.

1977년에 루이자의 딸이자 창업자의 손녀인 미우치아 프라다가 3대 회장이 된다. 젊은 시절 자신의 신념을 위해 골목골목 전단지를 뿌리며 선동가로 활동했던 미우치아가 이제는 쓰러져 가는 프라다에서 살아남자고 직원들에게 몸부림쳤다. 그렇게 악마가 되었고, 그 결과 프라다는 기적적으로 회생한다.

편집장 미란다-되기

악마는 프라다를 입는다. 당신은 오늘도 프라다를 입는다. 당신은 쌍둥이 엄마다. 이혼의 쓰라림 속에서 아이들을 생각하면 밤잠을 설치게 된다. (이 부분에서 처음 목격하게 되는 메릴 스트립의 화장 안 한 얼굴. 그 민낯을 보자니 마음이 더 짠하다.) 아침이면 또다시 시작되는 편집장의 일상. 어지간한 독종이 되지 않고서는 이 바닥에서 살아남지 못한다. 아이들을 위해서라도 당신은 커리어우먼의 전형이 되어야 한다. 이런 당신을 이 사회는 악마라고 부른다. 당신은 일부러 프라다를 입는다.

새로 입사한 비서를 보면 당신의 이십 대가 떠오른다. 어린 비서도 이 고착된 사회에서 한 여자로 살아남는 법을 알게 될 것이다. 당신과 함께 일하는 인연이니, 그녀가 반듯하게 살도록 해 주고 싶다. 하지만 그녀에게 자상할 수는 없다. 어느덧 그녀도 당신을 겪어 나가면서 이해하게 될 것이고, 그때에는 제법 근사한 여자로 변해 있을 것이다. 그리고 그녀는 말하겠지. "악마에게도 본받을 구석이 있네."

자유가 있을 때 비로소 선택할 수 있다

　사양길에 접어들었던 프라다의 재도약은 미우치아의 특별한 패션 감각과 디자인 때문이었다. 당시 많은 디자이너들은 여성의 육감적인 몸을 드러내려 안간힘을 썼다. 하지만 이런 디자인은 상당히 거추장스러운 것. 그래서 미우치아는 우아함을 살리면서도 여성의 자유로움을 극대화할 수 있는 단순하고 실용적인 디자인을 과감히 선보인다. 자신의 이런 요구를 다른 여성들도 똑같이 갖고 있다고 확신했기 때문이다.

　하지만 이러한 단순성과 실용성을 위해 혼신의 힘을 쏟던 중 미우치아는 난관에 부딪히게 된다. 기존 가죽으로는 보다 단순한 디자인을 만들 수 없었던 것. 그러자 그녀는 다른 디자이너들이 꿈꾸지 못한 일을 한다. 가장 실용적일 수밖에 없었던 군용 소재에 눈을 돌린 것이다. 급기야 군용 물품 중에서 방수성이 높은 포코노나일론에 접속하게 된다. 프라다는 이 소재를 활용하여 백팩과 토트백 세트를 선보였는데, 3년여 만에 전 세계 백화점에서 선풍적인 인기를 얻는다. 이로 인해 미우치아는 프라다를 명실상부한 명품 브랜드로 올려놓게 된다.

　프라다의 성공 요인이 실용성이나 단순성이라는 스타일만의 문제는 아니다. 그 이상의 무엇이 있었다. 군용 소재에 눈길을 돌리고(접속) 그것을 가방 소재로 활용(배치)할 수 있었던 데에는 단지 패션 스타일의 변화를 선도했다고만 보기 부족한 또 다른 무엇이 있었다.

　정치학을 공부한 미우치아는 사회당원으로 여성의 권리를 주

장하는 극단적인 페미니스트였다. 그녀는 뜻하지 않게 가업을 물려
받을 때 기존 패션의 경향이 의존적인 여성상을 생산해 낸다고 여겼
다. 페미니즘이 외부의 어떤 강제력으로부터 벗어나 여성 정체성을
확보하는 것으로 요약된다면, 프라다의 정신은 인간의 기본 권리인
자유와 맞닿아 있다. 프라다 브랜드는 우리의 정체성을 자유정신으
로 무장토록 한다. 그런 당당한 자유가 있을 때, 비로소 우리는 내가
무엇을 해야 할지를 '선택'한다.

명품은 페미니스트의 적인가?

특이한 점은, 정체성을 확립함으로써 자유로운 영혼이 되었을

때 브랜드를 선택할 수 있다는 것, 바로 이 지점에서 소비가 가능해진다. 프라다의 미우치아가 이전 귀족풍 디자인에 반감을 가졌듯이, 「악마는 프라다를 입는다」의 앤디도 줄곧 명품을 거부한다.

"왜 명품은 페미니스트의 적인가?" 영화 초반에 읽은 기사의 제목이다. 법학을 전공한 그녀 또한 페미니스트임을 드러내는 장치로서 브랜드를 경멸하는 캐릭터로 등장한다. 그런데 영화 후반에 이르러 앤디는 프라다를 입는다. 한 명의 과격한 페미니스트가 명품을 만드는 사람이 되었듯, 또 한 명은 그 명품을 소비하는 사람이 되었다.

명품 소비는 과연 사치스럽고 불필요한 것일까? 사치는 불필요한 것을 소비하는 것이다. 그렇다면 브랜드는 불필요한 것이 될 때 사치가 되고, 필요한 것이 될 때는 건전한 소비가 된다. 고급 명품을 소비하는 것 자체에 '사치'나 '필요'라는 낙인이 찍혀 있는 게 아니다. 보다 분명한 이해를 돕기 위해 들뢰즈와 가타리의 '기계적 욕망' 개념을 살펴보자.

『천 개의 고원』에서 밝히는 '기계'는 한낱 부품에 불과한 것으로, (사치인지 필요인지에 대한) 성격은 기계들끼리 접속하고 배치되면서 달라진다. 예컨대 프라다 부티크에서 프라다를 판매하는 매니저가 사치하지 않겠다며 저렴한 옷을 입을 수는 없는 노릇이다. 프라다를 찾는 고객과 접속하고 매니저로 배치된 이상 고가의 프라다를 입는다는 것으로 사치스럽다고 손가락질할 수는 없다.

우리 손이 운전대와 접속하면 운전하는 손이 되고 지휘봉을 잡으면 지휘하는 손이 되지만, 다른 사람의 손과 접속하면 악수하는 손이 된다. 운전사인지 지휘자인지, 아니면 친구인지 구분하는 것은 손 자체에 있는 것이 아니라 그 손의 접속과 배치에 달린 문제다. 브랜드 소비도 이와 같다. 외부와의 접속과 배치를 통해 '욕망'은 사치가 아닌 필요가 되는데, 이것이 '기계적 욕망'이며 브랜드에 대한 욕망도 그와 같다.

이 영화에서 콘셉트 회의 장면이 있다. 미란다는 옷의 온갖 샘플을 골라 이러저러하게 배치하면서 콘셉트를 잡는다. 그러던 중 거의 유사한 색깔의 벨트를 그 옷에 접속시킨다. 이런 장면을 처음 목격한 앤디는 그만 웃음을 터뜨린다.

"뭐가 우습니?"(……) "이런, 너는 네 옷장으로 가서 뭐니 그 울퉁불퉁한 블루 스웨터를 골랐나 보네…… 하지만 넌 그 스웨터가 단순한 블루색이 아니란 걸 모르나 보구나. 그건 터쿼이즈색이 아니라 정확히는 세룰리안색이란 거야. 2002년에 오스카 드 라 렌타가 세룰리안색 가운을 발표했었지. 그 후 이브 생로랑이 군용 세룰리안색 재킷을 선보였고, 여덟 명의 다른 디자이너들 컬렉션에서 세룰리안색이 속속 등장하게 되었지. 그런 후 백화점으로 내려갔고 끔찍한 캐주얼 코너로 넘어간 거지. 그렇지만 그 블루는 수많은 재화와 일자리를 창출했어. 좀 웃기지 않니? 패션계와 상관없다는 네가 사실은 패션계 사람들이 고른 색깔의 스웨터를 입고 있다는 게? 그것도 이런 물건들 사이에서 고른!"

이후 프라다와 같은 명품 소비에 경멸을 느꼈던 앤디는 생각이 바뀐다. 한껏 차려입고 화장을 고치다 앤디는 문득 거울을 보며 예전 자신을 떠올린다. 이제는 그 얼굴에서 브랜드를 향한 반감의 눈빛이 사라졌다.

소비에 앞서 정체성을, 과시에 앞서 나다움을

진정한 아름다움은 몸의 노출보다는 자기다움을 드러내는 것! 이러한 철학 위에서 미우치아는 지속적으로 패션의 개념을 파괴해 나갔다. 사회의 통념에 길들여지지 않고 소재가 됐든 디자인이 됐든 새로운 접근(접속)과 배치로 영역(영토)을 만들고 또 벗어나면서(탈주) 프라다는 우리가 '정체성'에 관심을 갖도록 만든다.

『천 개의 고원』에 따르면 접속-배치-영토화-탈주-탈영토화를 통해 존재가 생성되듯, 브랜드는 이 과정을 거치며 계속 새로워진다. 바로 이 점에서 브랜드는 탈영토화를 반복한다. 그 브랜드를 사용하는 모든 사람들이 자신의 정체성, 그러니까 접속, 배치, 영토화, 탈주, 탈영토화를 찾도록 자극한다.

영화 후반으로 넘어가 보자. "너는 나를 많이 닮은 것 같아. 사람들의 심중을 꿰뚫어 볼 줄 알고 본인을 위한 선택도 할 줄 알지." 편집장의 이 말을 들은 뒤 앤디는 이제 막 다져 온 영토에서 탈주를 시도한다. 탈영토화를 위해, 꿈꿔 온 기자 생활에 도전하기 위해. 상사 미란다에게 전화가 오면 쩔쩔매며 무조건 받았던 그녀가 전화기를 분수에 내동댕이치고 너무나 자유롭게, 그리고 당당하게 미소 지으며 걸어간다. 이제는 자기 자신의 정체성으로 다른 사람의 인생이 아닌 자신만의 인생을 향해 출발한다.

미우치아가 프라다의 경영인이 되었을 당시에는, 많은 디자이너들이 여성의 육감적인 몸을
드러내고자 안간힘을 쓰고 있었다. 미우치아는 반대로 우아함을 살리면서도 여성의 자유로움을
극대화할 수 있는 단순하고 실용적인 디자인을 과감하게 선보이려 했다.

이런 비서의 반응에 편집장의 눈빛은 너무나 차갑다. 하지만 그 차가움도 잠시, 차 안에 들어간 미란다는 소신 있게 걸어가는 앤디를 보고 혼자 흐뭇해한다. 곁에 있었던 한 여인이 자신의 정체성을 알 때 '악마는 웃는다.' 아마도 자신이 젊은 시절 그랬듯, 그렇게 자신만의 영토를 만들어 갈 앤디가 대견했기 때문일 것이다.

소비에 앞선 정체성, 과시에 앞선 나다움, 그 나다움은 자녀와 접속하는 엄마로 배치된 나이기도 하고, 동료들과 접속하는 편집장으로 배치된 나이기도 하다. 그 영역(영토) 안에서 프라다를 입는 것은 비로소 '필요'가 된다. 그때 브랜드는 사치가 아니라 필요다. 그렇다면 생각해 보자. 지금 나는 무엇과 접속하고 또 무엇으로 배치되어 있는가? 그 정체성을 발견할 때 브랜드는 '필요'가 된다.

지금 내가 선 땅에서 나를 버티게 하기 위해 나는 어떤 프라다가 필요한 것일까? 사회의 편견에 고착된 정체성은 사치를 조장한다. 과감히 그 영토를 자유롭게 유영할 수 있는 정체성이 페미니즘이고, 변신이고 개혁이며 혁명이다. 내가 사용하는 브랜드는 나의 정체성인가? 자유를 찾아 진정 탈주하게 하는가? 나의 정체성을 찾는 브랜드, 그리고 또다시 그 브랜드를 떠날 때 웃어 주는 브랜드를 나는 오늘 입는다.

2   지방시

**이질성의 매력을
문화로 꽃피우다**

브랜드는 경계에 핀 꽃이다. 익숙한 것과 낯선 것,
삶과 죽음의 경계까지 뚫고 들어온 이질성에 대한
매력을 문화로 꽃피우는 것. 지방시는 하위문화에
사라지지 않는 '고딕성'을 하이패션으로
승화시켰다. 폐쇄적 답습을 버리고 고딕의 죽음,
몰락, 공포, 에로티시즘을 포용하여 창조의
에너지를 작동시킨다.

이국땅에 핀 웃음꽃

이국적인 것에 끌린다. 익숙했던 것이 편하긴 한데 마음은 그 호사에 만족하지 못한다. 낯선 풍경과 거리, 건물, 이목구비, 그들이 입고 있는 옷과 억양, 그들의 노래…… 외국 여행을 할 때의 솔직한 심정은 이국적인 것에 끌린다는 점이다. 낯선 것들에 대한 내 경계심에 그곳 사람들이 환한 미소라도 보이면 나의 입은 금세 함박꽃이 되어 다물 줄 모른다. 이후 그(녀/것)와 나 사이에는 꽃이 핀다.

> 모든 경계에는 꽃이 핀다
>
> 달빛과 그림자의 경계로 서서
> 담장을 보았다
> 집 안과 밖의 경계인 담장에
> 화분이 있고
> 꽃의 전생과 내생 사이에 국화가 피었다
>
> — 함민복, 「꽃」에서

하필 꽃은 경계에서 핀다. 달빛과 그림자, 빛과 어둠의 경계에 서 있는 화자는 "집 안과 밖의 경계"(인 담장)에 있는 화분을 본다. 거기 전생과 내생 사이에 현생의 국화가 피었다. 이쯤 되니 '꽃'은 문화, 그러니까 공간과 시간의 '경계'에 있는 서로 다른 시공간성, 즉 이질성을 뚫고 나온 문화의 꽃을 뜻하게 된다.

4-5세기에 로마가 약해진 틈을 타 이질적인 문명이 들이닥쳤

다. 루마니아 남부와 우크라이나 서부에 있던 고트족(Goth)의 대이
동. 로마에서는 낯설다 못해 야만적으로까지 느껴졌던 이들을 보고
'고트족의'라는 뜻으로 '고딕(Gothic)'이라 불렸다. 이 용어는 12-15
세기 건축 양식에서 다시 한번 부활한다. 높은 천장과 뾰족한 아치,
급경사를 이룬 지붕 형태, 괴물 모양의 물받이, 길고 뻣뻣한 인물상
등을 특징으로 하는 교회 건물들이 앞다투어 세워졌는데, 이것을
고딕건축이라 했다. 그동안 익숙했던 고전적 형태가 아니라 이질적
이라 하여 붙인 이름이다.

이후 '고딕'은 문화의 다른 장르로 전이되면서 끊임없이 부활
하고 있다. 18세기 고딕 문학에서부터 영화, 드라마, 음악, 패션에 이
르기까지 다방면에 등장하면서 문화의 한 요소로 자리매김했다. 오
늘날 '고딕패션'은 어두운 옷, 짙은 염색, 스모키아이즈 등으로 치장
한 록뮤지션들을 연상케 한다. 좀비(또는 강시)스러운 면도 보인다.
고트족의 침입과 함께 일어났던 파괴와 멸망, 타락의 섬뜩함에 에로
티시즘까지 결합되어 현재의 고딕풍이라는 이미지로 남은 것이다.

이제 '고딕'은 단순히 한 장르만이 아니라 어둡고, 음침하며, 공
포를 주는 기괴함을 암시하는 용어가 되었다. '좀비스럽다'는 점에
서 고딕은 영혼과 육체, 환상과 실재 등의 경계성까지 아우르는 묘한
매력이 돋보인다.

지방시의 정체성을 고수하라

시대가 흐르고 세대가 바뀌어도 그 브랜드의 정체성을 유지

베티나 블라우스

보전하는 것은 무엇보다 중요하다. 브랜드 정체성이란 '시간이 흘러
도 변하지 않는 특성화된 요소들로 인해 독특하다고 인지되는 브랜
드 역량'이다.

그런데 패션 브랜드 지방시는 고딕 스타일을 그 정체성으로 고
수한다. 지방시를 세운 위베르 드 지방시, 은퇴 후 지방시의 디자이너
를 맡았던 존 갈리아노, 알렉산더 매퀸, 줄리앙 맥도널드, 그리고 지

위베르 드 지방시(1927-2018)

방시를 가장 높이 도약하게 만들었다는 평을 받는 리카르도 티시를 통해 지속되는 정체성이 바로 고딕 스타일이다. 그렇다면 지방시의 정체성인 고딕풍이 위베르 드 지방시와 리카르도 티시를 통해 어떻게 보존되는지 살펴보자.

위베르 드 지방시는 1952년 파리에 패션하우스를 열었다. 첫 컬렉션에 발표한 '세퍼레이츠(separates)'로 '파리의 신동'이라는 찬사를 받으며 데뷔했다. '세퍼레이츠'는 상의와 하의로 나누어 조합하되 소재나 무늬가 다른 이질적인 아이템이었다. 특히 컬렉션에서 모델 베티나가 입고 나온 세퍼레이츠가 인기를 끌면서 '베티나 블라우스'는 지방시의 정체성을 표현하는 아이템이 되었다. 이 블라우스는 하얀 면 소재에 검은 아일릿 자수의 러플이 있는 것이 특징이다.

이후 위베르는 이질감의 극적인 대조를 위해 드레스의 앞과 뒤를 '은폐와 노출'로 디자인했고, 색상과 프린트 등을 적극 활용했다.

리카르도 티시도 이질적인 질감의 소재들을 조합함으로써
지방시의 정체성을 유지했다

이질적 요소들이 서로 분리되었을 때 느끼는 불쾌감은 조화를 통해
어울림이라는 유쾌감을 주며 반전 효과를 극대화했다.

　　한편 2005년부터 2017년 초반까지 지방시를 이끌었던 리카르
도 티시는 지방시의 정체성을 존중했다. "지방시의 정신을 오늘날 현
대적인 여성성으로 해석하고 싶다." 그는 위베르의 '베티나 블라우
스'와 '세퍼레이츠'를 계승하는 동시에 재해석한다. 그러면서 때로 기
하학적 구조를, 때로 다른 민속적 요소를 결합시킨다. 티시는 질감
과 광택이 다르거나 이질적인 소재를 독특하게 조합한다. 타프타, 새
틴, 벨벳, 무아레, 모피, 가죽과 같은 전통 소재에 리넨, 코튼, 저지,
거친 느낌을 주는 트위드 등을 주로 사용했다. 그러면서 고딕과 힙
합 패션을 다수 선보였다. 티시는 고딕패션으로 지방시의 정체성을
유지했던 것이다.

지방시는 기괴한 패션에 매력을 느끼면서도 기존 스타일을 벗어나지 못하는 소비자에게 고딕패션이라는 이름으로 다가갈 용기를 준다. 익숙하지 않은 낯선 땅을 가고 싶지만 치안의 불안에 빠진 여행자들에게 여행사가 큰 용기를 주듯, 지방시는 일탈을 꿈꾸는 패셔니스트들에게 도전의 기회를 제공했다.

'고딕성'은 왜 창조의 에너지가 될까?

고딕건축뿐만 아니라 고트족의 대이동, 고딕 문학, 고딕록,[1] 위베르와 티시의 지방시 패션까지 전부 꿰뚫을 수 있는 '고딕성(Gothicness)'은 무엇일까? 고딕건축의 특징으로 삼는 요소들이 있다. 첨두아치, 궁륭형 천장, 볼트 지붕, 공중버팀벽 등. 하지만 이것 하나하나가 '고딕성'은 아니다.

> 이 모든 것들, 이 가운데 몇몇 것들과 다른 많은 것들이 결합될 때 고딕은 비로소 생명을 띠게 된다. (……) 각각의 요소는 고딕 외에 다른 건축물에서도 발견된다.
> ── 존 러스킨,[2] 「고딕의 본질」, 『베네치아의 돌』에서

고딕건축의 요소들이 각각 분리되어 있을 때는 고딕건물이 되지 않지만, 그 이질적 요소들이 서로 결합될 때 고딕의 생명력을 느낀다는 것이다. 따로 보았을 때 느끼는 중압감은 함께 보았을 때 유쾌감을 주며 반전 효과가 나타난다. 그 밖에도 존 러스킨은 고딕 건

역사적으로 다른 문명권과 접촉할 때마다 이질적인 문화는 기존 문화에 결합되는 형식을 띤다. 끊임없이 익숙한 것에 낯선 것을 결합시키는데, 때로 남성성과 여성성이 결합되고 전통과 저항 스타일이 함께 나타나기도 한다. 이것이 바로 '고딕성'이다. 따라서 고딕성이란 이질성에 대한 호기심을 문화로 구체화시키는 에너지가 된다.

축가에 속한 특징으로 "야만성과 거침, 변화에 대한 사랑, 자연에 대한 사랑, 교란된 상상력, 완고함, 관대함"을 들고 있다.

그뿐만 아니라 낯선 것에 대해 끌리는 감정에 대해 앙리 포시옹[3]은 "로마는 애당초 헬레니즘 문명권으로 팽창한 뒤부터 내내 오리엔트와의 접촉을 통해 그것들에 꾸준한 호기심을 보였다."(『로마네스크와 고딕』)고 말한다. 한마디로 호기심 때문에 다른 문명권과의 접촉이 있을 때마다 이질적인 문화와 기존 문화가 결합되는 형식을 띠고 있다는 것. 인간은 기존 문화가 가하는 구속이나 억압으로부터 탈피하고자 끊임없이 익숙한 것에 낯선 것을 결합시킨다. 때로 남성성과 여성성이 결합하고 전통과 저항 스타일이 함께 나타난다. 이것이 바로 '고딕성'이다. 그러니까 고딕성이란 이질성에 대한 호기심을 문화로 구체화시키는 에너지가 된다.

> 무의식은 의미에 관한 문제를 제기하지 않고 오직 사용에 관한 문제만을 제기한다. 무의식(Es : Id)은 아무것도 표상하지 않는다. 그것은 생산한다.
> — 질 들뢰즈, 펠릭스 가타리, 『천 개의 고원』에서

브랜드들은 '소유'를 넘어서는 인간의 '호기심'에 집중하여 상품을 생산하려 한다. 호기심은 생산해 내는 힘이다. 그 생산을 위해 이질적인 것과 새로운 접속을 추구한다. 들뢰즈와 가타리의 말마따나 입과 식도가 접속하면 먹는 기계가 되고 입과 성대가 접속하면 말하는 기계가 되듯, 다양한 이질적인 것과 접속해야 한다. 이질감에 대한 관심은 인간의 원초적 본능이다.

새로운 이질성은 열린 자세를 만든다

2017년 5월 지방시는 크리에이티브디렉터직을 클레어 웨이트 켈러에게 맡겼다. 그 어느 때보다 다양성이 강조되고 소수자들의 목소리가 늘어나는 시대에 여성 디렉터의 출현은 중요한 의미가 있다. 이로써 파리의 오트쿠튀르 열네 개 브랜드의 디렉터들은 남녀 비율이 남성 열두 명 대 여성 두 명에서, 남성 열 명 대 여성 네 명으로 재편되었다.

'고딕성'은 수많은 이질성이 드러나는 경계에서 그 이질성을 흡수해 이전에 없었던 것을 창조하게 한다. 특히 브랜드의 창조성은 고객이 전 세계의 경계를 넘어서고 있다는 점에서 더욱 중요하다. 인종과 성별, 성 정체성의 차이 등에서 드러나는 이러한 이질성에 대해 열린 자세를 가져야 한다.

서두에 보았던 시의 나머지 부분을 보면 유일한 분단국에 사는 우리에게 경계를 넘어서지 못하는 서글픔이 한스럽게 나타난다.

저 꽃은 왜 흙의 공중섬에 피어 있을까

해안가 철책에 초병의 귀로 매달린 돌처럼
도둑의 침입을 경보하기 위한 장치인가
내 것과 내 것 아님의 경계를 나눈 자가
행인들에게 시위하는 완곡한 깃발인가
집의 안과 밖이 꽃의 향기를 흠향하려
건배하는 순간인가

눈물이 메말라
달빛과 그림자의 경계로 서지 못하는 날
꽃철책이 시들고
나와 세계의 모든 경계가 무너지리라

— 함민복, 「꽃」에서

"모든 경계에는 꽃이 핀다."고 말한 화자는 이상한 꽃을 보았다. 경계이긴 한데 '접속' 불가능한 '공중섬'에 핀 꽃. 다가가지 못하고 '접속'하지 못하는 경계는 창조가 불가능하다. 창조의 에너지는 좌절로 그 상처를 배가시킬 뿐이다. "해안가 철책", "경보하기 위한 장치", "시위하는 완곡한 깃발", "건배하는 순간"은 끝내 넘나들지 못하는 헛된 경계다. 거기 핀 꽃은 "눈물이 메말라" "경계로 서지 못하는" 죽음의 상징일 뿐이다.

당신은 환상을 보고 황홀해하며 몽롱함 속에서 '교란된 상상'을 한다. 우리의 삶이 사실은 죽음의 경계와 '접속'하고 있기 때문에 나타나는 에너지인 것이다. 삶과 죽음의 경계에서 시공간을 뚫고 왕래한다. 사회가 발전하고 문명화될수록 더욱 불안하고 욕구불만이다. 이런 대립되는 현상들이 서로 용해될 수 있는 경계가 필요하다.

브랜드는 경계에 핀 꽃. 지방시는 익숙한 것과 낯선 것, 삶과 죽음의 경계에서 패션의 꽃을 피우고자 한다. 상반된 것을 뚫고 들어오는 이질성에 대한 묘한 매력. 지방시는 하위문화에 사라지지 않는 '고딕성'을 하이패션으로 승화시켰다. 폐쇄적 답습을 버리고 고딕의 죽음, 몰락, 공포, 에로티시즘을 포용하여 창조의 에너지를 작동시킨다.

그나저나 JSA에는 언제 꽃이 피려나. 우리에게는 모든 분야에

영화 「사브리나」(1954)에서 지방시 드레스를 입은 오드리 햅번

영화 「티파니에서 아침을」(1961)에서 지방시의 '리틀 블랙 드레스'를 입은 오드리 헵번

'고딕성'이 돋보이면서도 우아한 리카르도 티시의 지방시 컬렉션(2014년)

JSA가 있다. 철조망으로 넘나들지 못하게 하는 '공중섬' 말이다. "그 섬에 가고 싶다." 거기서 "못다 핀 꽃 한 송이 피우리라."

---

1   고딕록: 1970년대 후반 영국 등에서 발생한 포스트펑크 하위 장르로 '고스록(goth rock)'이라고도 한다. 조이 디비전, 큐어 등이 효시이며, 대부분 검은색 옷과 짙은 눈화장을 하고 고통과 분노의 가사를 노래했다.

2   존 러스킨: 19세기 미술평론가이자 건축평론가로서 윌리엄 터너를 알리는 데 힘썼고 후기 빅토리안 고딕의 유행에도 영향을 끼쳤다.

3   앙리 포시옹: 20세기 초 프랑스 미술사가. 예일대학교 교수를 지냈고, 중세미술사에 중요한 업적을 남겼다.

3 발렌시아가

왕 같은 취향을
시민에게 선사하다

브랜드는 취향이다. 발렌시아가는 1937년 8월
파리에서의 첫 컬렉션을 열었다. 그때 언론은
그의 개성을 "비범한 스페인 취향을 모던하게
표현"했다고 평한다. 취향은 취미 정도가 아닌
진정한 자유인의 증거. 발렌시아가는 바로크
의상을 통해 왕 같은 취향을 우리에게 선사했다.

당신의 취향은 살아 있는가

궁금한 걸 묻지 못했지
무능력한 남자와 살다가
애기를 놓고 애기를 업고
기찻길 옆 나무와 서 있다가
슬리퍼 끌며 되돌아오는 방식으로

(……)
궁금한 걸 묻지 못했지
저 나뭇잎은 왜 흔들리냐고
저 나무는 무슨 꿈을 꾸냐고
나는 어떤 상상 속에서
아주 개인적인 형식으로

(……)
나는 전혀 다른 방식으로 서 있는데
이 나무는 흔들리는 것이 아니라
이 나무는 사소하고 개인적인 슬픔을 가지고
기찻길 옆의 마을에서
                        — 이근화, 「사소하고 개인적인 슬픔」에서

　이근화의 시는 거의 대부분, 그러니까 「칸트의 동물원」, 「고등어」, 「따뜻한 비닐」, 「왕의 항아리」, 「우리들의 진화」, 「소울 메이트」

등에서 '취향'의 문제를 다루고 있다. 위 시에서도 "개인적인 형식"이
나 "전혀 다른 방식"은 '취향'으로 읽을 수 있다. 이 시를 읽을 때마다
슬픈 이유는 나만의 '취향'이 있는데도 화자가 입을 다물고 있기 때
문이다.

　화자는 그저 무능력한 남자와 살고 "애기를 놓고 애기를 업고"
나무와 같이 서 있다가 다시 집으로 들어간다. 자신의 감정을 '나무'
에 투영하니 그 나무도 "기찻길 옆의 마을에서" "사소하고 개인적
인 슬픔"을 가졌다. 나무도 개인적인 형식, 전혀 다른 방식을 묻지 못
하는 탓이다. 자신의 취향을 드러내지 못하는 개인의 삶은 죽음보다
더 슬프다. 그렇다면 우리는 어떨까. 당신의 취향은 살아 있는가?

패션, 취향을 드러내다

　스페인 태생인 크리스토발 발렌시아가는 2차 세계대전이 발
발하기 전부터 스페인과 파리에 쿠튀르를 열었다. 1937년 8월 파리
첫 컬렉션에서 그는 언론으로부터 "비범한 스페인 취향을 모던하게
표현"(《위민스 웨어 데일리》)했다는 평을 받았다. 발렌시아가는 자신
의 독특한 스페인 취향을 선보였을 뿐만 아니라 고객 각자가 지닌 취
향도 존중했다.

　왕족과 귀족에게만 가능했던 개인적 취향은 양차 세계대전 이
후 대량생산에 힘입어 모든 사람에게 가능한 듯 보였다. 사실 전쟁
동안에는 한정된 직물로 만든 실용적 의복이 유통되고 있었다. 직물
배급제가 실시되었기에 어쩔 수 없는 일이었다. 하지만 2차 세계대

전 이후 빠른 경기 회복에 따라 사회는 급속하게 산업화된다. 전쟁 이후 패션업계는 다양한 소비재를 쉽게 얻을 수 있게 되자 대량생산으로 옮아갔고, 파리 쿠튀르도 기존의 공방에서 대량생산 체제로 변하게 된 것이다.

이런 패션의 산업화 풍조 속에서도 발렌시아가는 계속 오트쿠튀르로 남겠다고 결심한다. 대량생산으로는 다양한 취향의 의복을 만들 수 없음을 깨달았기 때문이다. 그는 변치 않는 오트쿠튀르로서의 정체성을 갖고 고객 각자에게 고유한 제품을 공급하기로 마음먹는다. 미국 뉴저지의 기성복 생산 공장을 둘러본 후 이러한 결심은 더욱 확고부동해지고, 이 굳은 다짐이 결국 발렌시아가의 의상들을 예술품과 같은 반열에 올려놓게 했다. 하지만 발렌시아가 브랜드는 대중성의 빛은 보지 못했는데, 그가 개인의 패션을 취향의 관점으로 보았기 때문이다.

발렌시아가는 1960년대 후반 항공기 '에어프랑스' 승무원의 유니폼을 의뢰받았다. 일화에 따르면, 그는 3000명이나 되는 승무원들을 일일이 피팅하면서 자신의 의상을 입는 한 사람 한 사람의 취향을 존중했다고 한다.

취향이란 무엇인가

이탈리아 철학자 베네데토 크로체에 따르면 '취향'이라는 단어는 16세기 이후부터 문헌상에 나타났다. '취향'에는 '판단'(비평)이라는 정신작용이 함께 나타나는데, 그 판단을 통해 자신이 원하는 것

크리스토발 발렌시아가

을 '(취사)선택'한다. 더욱 분명하게 대상을 비평하고 선택하는 능력을 취향이라고 말한 사람은 17세기 중엽 스페인 철학자인 발타사르 그라시안으로 알려져 있다. 이후 18세기가 되면서 프랑스와 영국에서도 일정한 사물에 대해 아름다움에 따라 호불호를 판단하고 선택하는 능력이 취향이라고 생각했다. 이것이 칸트의 '취향판단' 또는 '취미판단(Geschmacksurteil)'이다.

　　오늘날 '취향'은 사회에서 개인을 구별 짓는 중요한 요소로, 사회와의 상호작용 속에서 개인성을 추구하는 마지막 보루가 된다. 교권과 왕권의 영역에 있던 사람들이 봉건사회를 떠나면서 그들의 마음속에는 시민성이 뿌리내린다. 봉건제의 생산 구조가 바뀌면서 시민성이 생기고, 그 시민성은 '취향'으로 꽃피운다. 이때 취향은 개인성에 대한 증거가 된다.

취향 없는 개인은 있을 수 없다. 만약 시민성이 있다 해도 집단적 취향만 있다면 개인성은 없는 것이다. 근대적 취향은 집단적 취향이 아니다. 나의 자유로운 개성은 '취향'이 어떤지 보면 알 수 있다. 집단적 지식 체계에서 해방된 시민은 각자의 취향으로 온전한 자유를 누린다.

취향의 인정은 선택이 가능한 풍조를 말해 준다. 취향에 따른 마니아들이 탄생해야 한다. 취향은 고통스러운 투쟁, 즉 '문화 맹종'에 대한 포기가 있어야 한다. 그래야 마니아가 된다.

바로크 왕가의 신비를 시민에게 선사하다

1940년대 크리스티앙 디오르가 허리선을 강조한 '뉴룩' 패션을 선보이고 그것이 대량생산 체계에 들어가게 됐지만, 오트쿠튀르의 공방을 주장한 발렌시아가는 오히려 허리선이 넉넉한 '코쿤라인'을 만들었다. 또한 의상의 앞부분은 꼭 맞고 뒤는 느슨하게 떨어뜨린 '세미피티드슈트', 목선을 노출시킨 '데콜테 네크라인(décolleté neckline)',[1] 목깃을 목에서 떨어뜨린 '스탠드어웨이 칼라(stand away collar)', 4분의 3 길이로 짧게 만든 '브레이슬릿 소매', 힙라인까지 내려오는 넉넉한 '튜닉드레스', '색드레스(sack dress)',[2] 허리선이 넉넉하다 보니 아동복 느낌을 준 '베이비돌 드레스'는 모두 여성의 목과 팔을 더 길고 가늘고 우아하게 보이게 하면서도 여성의 불완전한 허리선을 감추는 패션을 선보였다. 이것들은 모두 발렌시아가만의 아주 독창적인 패션이었다.

발렌시아가는 패션을 통해 취향을 꿋꿋하게 실현하기를 원했다. 취향을 위해 그는 '스페인의 궁정'을 선택한다. '베이비돌 드레스'는 벨라스케스의 그림 속 공주의 의상을 보고 만들었다고 한다. 발렌시아가의 패션 취향은 벨라스케스를 비롯하여 17세기 바로크 시대 스페인 화가 프란시스코 데 수르바란 등의 회화 속 의상을 겨냥하고 있었다. 또한 바로크 회화에서 볼 수 있는 보석과 자수, 모피와 깃털 장식을 자신의 패션에 적극 활용한다.

발렌시아가는 왕실에서 왕가 사람들이 즐겨 입은 의상을, 그것도 3세기가 지난 시점에 세상 밖으로 끌고 나와 시민에게 입힌다. 그의 스페인 취향은 파리쿠튀르의 전통과 구별되는 극적 효과를 보였는데, 그것은 바로 신비감이었다. 그는 이전 바로크 시대 왕가의 신비감을 시민에게 패션으로 선사한 것이다.

1960년대에 이르러 발렌시아가는 보다 단순하고 순수한 조형미를 드러내는 패션 제작에 몰두했는데, 여기서도 어떤 신비감은 계속 보존되었다. 이때 발렌시아가의 작업은 엄격한 건축가나 조각가의 작업 과정에 종종 빗대어지는데, 이 과정에서 미니멀리스트의 조각에 비유될 정도로 신비한 단순성을 드러내는 의상들이 탄생하게 된다.

쿠튀르에는 설계에 있어서 건축가여야 하고 형태에 있어서는 조각가여야 하며 색채에서는 화가, 조화에서는 음악가, 그리고 절제에 있어서는 철학자여야 한다.

— 크리스토발 발렌시아가

4분의 3 길이로 짧게 만든 '브레이슬릿 소매'

취향은 계급적인가?

발렌시아가는 왜 17세기 궁정 취향을 우리에게 선보였을까? 미국의 사회학자 허버트 갠스는 '취향은 개인의 선택'이라는 전제하에 "고급문화와 대중문화의 차이는 과장된 것이며, 서로 다른 경제적, 교육적 기회를 가진 사람들이 선택한 취향은 동일한 가치를 갖는다."고 주장했다. 각 집단의 경제적, 교육적 수준에 따라 다른 취향, 곧 고급문화와 대중문화는 모두 가치 있음을 인정해 주어야 한다는 것이다.

갠스의 이러한 주장은 프랑크푸르트학파의 '취향론'에 대한 전면 부정이었다. 프랑크푸르트학파는 취향을 고급문화를 향유하는

'데콜테 네크라인' 드레스

소수의 사람들만의 '기호'로 인식했다. 그래서 고급문화를 소수가 아닌 다수가 향유하게 될 때에는 조작된 자본이 관여할 가능성이 생긴다. 즉 대중문화는 참된 요구로 형성된 것이 아니라 자본으로 유발된 것이다. 따라서 자본에 의해 '가장(假裝)'된 대중문화는 대중을 정치적으로 통제하고 문화를 표준화, 동질화시켜 버린다. 결국 프랑크푸르트학파는 '취향'을 자본이 만든 '기호'로 보았기 때문에 대중문화에 비판적인 입장을 취한 것이다.

반면 갠스는 '취향'에 '선택'이라는 의미를 부각시키고 있다. 근대성 논의에서 취향은 '기호', 즉 즐겨 하는 여가활동 정도를 가리키지 않았다. 취향은 있어도 되고 없어도 되는 여가 정도가 아니라 선택할 수 있는 능력, 즉 '자유'다. 그것으로만 우리는 진정한 자유로운

1950년

1950년

개인성을 갖게 된다.

　　하지만 프랑크푸르트 학파가 지적한 대중문화의 위험성에 한 번 주의를 기울여 봐야 한다. 만약 문화산업이 오로지 자본을 위해 만들어 놓은 '취향'에 무비판적으로 빠져들어 생긴 대중문화라면, 대중은 정치적으로 동질화되고 집단화되어 결국 개인성을 잃게 될 것이다. 오늘날 애석한 일은 '집단적 취향'이 '시장적 취향'으로 바뀌고 있다는 점이다. 우리는 나의 취향이 선택의 자유를 위한 것인지, 아니면 더 많이 가지려는 욕망인지 분간해야 한다. 더 많이 소유하려는 '시장적 취향'이 될 때, 다음의 말과 같이 우리는 또다시 중세 봉건제와 같은 집단화에 빠져 취향이 없는 것과 다름없이 될 것이다.

1967년

엔벨로프 드레스(1967년)

취향은 개인적인 것이다. 그러나 취향은 역사적 경험을 정확하게 기록하는 지진계다. 후기 시민사회의 소위 세련미는 무자비한 획일성이 강요하는 자족적 심미주의일 뿐이다. 오늘날 취향이 있다면, 그건 모든 세련미에 대한 무취향일 것이다.

— 테오도어 아도르노,『미니마 모랄리아』에서

자본에 의한 문화의 평준화는 무취향을 만든다. 그것은 결국 후기 시민사회에서 골머리를 앓게 만드는 사치를 조장한다. 대중문화가 아니라 '무취향적인' 사치가 하류문화인 것이다.

엘 그레코, 「페르난도 니뇨 데 게바라 추기경」(1600년경)
발렌시아가 이브닝코트(1954년)

발렌시아가 드레스(1968년)

프란시스코 데 수르바란, 「수도사 페드로 마차도」(1630-1634년)

아웃사이더가 취향을 통해 인사이더가 되는 곳에 자유가 있다

서두에 소개한 이근화 시인의 시로 본다면, "사소하고 개인적
인 슬픔"은 무취향의 삶이다. 생략했던 나머지 부분을 마저 보자.

> 밥상을 차리거나 엎거나
> 아이를 달래다가 내가 울어도
> 기찻길 옆 기차가 지나가는 소리를 들으며
> 반복적으로 서 있는 방식으로
> 궁금한 걸 묻지 못했지
>
> (……)
> 저 신기한 나무 아래 흔들리는
> 나의 창과 당신의 방패는
> 서로 다른 전쟁을 하고 있지
> 이 죽음은 마땅히 그러하므로
>
> 나는 궁금해도 입 다물었지
> 저 노란 꽃은 왜 가늘게 흔들리는지
> 당신은 다른 그림을 내밀었지
> 궁금해도 단번에 죽지 않았지
>   ── 이근화, 「사소하고 개인적인 슬픔」에서

밥상을 차리든지 엎든지, 아이를 달래든지 본인이 울든지, 화

자는 기찻길 옆에 반복적으로 서 있으면서 궁금한 걸 묻지 않는다. 나무가 왜 흔들리는지, 꽃은 왜 가늘게 흔들리는지. 가슴속에 맺힌 응어리를 도려내기보다 "기찻길 옆"에서 "기차가 지나가는 소리를 들으며" "반복적으로" 우두커니 서 있다. 하지만 그 순간에도 화자의 감수성은 섬세하다. 마지막 연에서 이미 밝혔듯이 "이 나무는 흔들리는 것이 아니라" "사소하고 개인적인 슬픔을 가지고" 있다고 말하기 때문이다.

엄밀히 말해서 슬퍼하는 것은 나무가 아니라 화자다. 나무와 나뭇잎, 기차와 아이, 그리고 무능력한 남자에 대한 자신의 감수성은 나름의 궁금증을 유발하지만 그 궁금증에 대한 해답을 선택하지도 못하는 화자. 그(녀)는 무취향의 길을 반복해서 걸어간다. 또 하나의 봉건제 속에서 집단적 취향에 묻힌 이 여인은 평생 '사소하고 개인적인 슬픔'을 지닐 수밖에 없다. 이것이 바로 무취향이다.

취향은 있어도 되고 없어도 되는 취미 정도가 아니다. 취향으로 우리는 진정한 자유로운 개인성을 갖게 된다. 아웃사이더가 취향으로 인해 사회의 인사이더, 즉 시민이 되는 곳. 그러한 사회가 자유로운 공동체다. 거기에 비로소 개인이 있다. 발렌시아가는 우리에게 취향을 갖고 모두 '왕 같은' 개인이 되라며 미소 짓는다.

---

1   데콜테: 프랑스어로 '목 주위를 판다'는 뜻으로, 칵테일드레스나 이브닝드레스에 주로 적용된다.
2   색드레스: 허리선에 이음새 없이 부대 자루처럼 넉넉하게 만든 드레스.

디에고 벨라스케스, 「마르가리타 공주」(1653년경)

발렌시아가 드레스(1939년)

디에고 벨라스케스, 「마르가리타 공주」(1654년경)
허리선이 넉넉해서 아동복 느낌을 주는 '베이비돌 드레스'

발렌시아가의 패션 '취향'은 17세기 바로크 시대 화가들의 회화 속 의상을 겨냥하고 있다.

4   비비안웨스트우드

**편협한 여성성에
메스를 들다**

브랜드는 도발이다. 내면에 박제된 폭력 속에서
차별 없는 세상을 만들자고 도발하는 것.
비비안웨스트우드는 로코코 패션을 통해 남성
권력이 낳은 여성의 패션을 과감히 변형시켜
여성의 정체성과 여성을 바라보는 새로운 시각을
제시한다. 로코코풍에는 전통 패션과 신식 패션,
고급문화와 대중문화 사이의 어떤 혼재가 있다.
그 혼재 속에서 웨스트우드는 새로운 인간 세상을
꿈꾼다.

루이 15세와 쫓겨난 귀족들

루이 15세는 다섯 살에 왕위에 올랐지만 일찍 어머니를 여의고 섭정과 함께 나라를 다스렸다.

어린 왕이 말했다
"이것 봐, 이 거대한 성에는 누가 살고 있어? 수천 명의 시녀들과 나를 끌어내려야 직성이 풀리는 수백 명의 신하들이 살고 있지 너는 겁먹은 게 틀림없어 하지만 너는 어린애가 아니야 약간 피가 나는 거지"
시녀가 말했다
"제게서 내려오세요"
어린 왕이 말했다
"나는 절대로 내려가지 않아, 나는 여기서 영원히 살 거야!"
—— 황병승, 「병 속의 좀길앞잡이」에서

시녀가 아니라 어린 왕이 떨고 있다. 신하들이 무서운 것이다. 어린 왕은 애꿎은 시녀 위에만 군림하려 든다. 그것도 영원히. 왕은 시녀에게라도 사내 구실을 해야 하는 걸까? 차라리 황병승의 시 「여장남자 시코쿠」에서처럼 "열두 살, 그때 이미 나는 남성을 찢고 나온 위대한 여성"이라 외치고 권위적 남성의 가면을 벗었으면 낫지 않았을까? 적어도 '시녀'를 괴롭히는 '방안퉁소'는 되지 않았을 터, 어쭙잖은 허세로 괜한 사람 잡지도 않았을 테니까.
어린 왕 루이 15세(1715-1774년 재위)가 통치하던 시기에 가장

비비언 웨스트우드(1941-)

성행했던 로코코. 루이 15세는 감수성이 풍부했지만 절대왕권의 최고봉이라던 그의 선왕 루이 14세와 대조적으로 엄격한 궁중 법도나 정치 같은 것에 신물이 났다. 끝내 루이는 선왕이 베르사유궁전에 모이게 했던 수많은 신하들을 각자의 고향으로 돌려보낸다. 그러고는 한가한 궁전에만 머물면서 많은 여인들을 주무르며 사생활에 몰두한다. 왕실은 점차 기력을 잃어 갔고, 궁전 밖으로 물러난 귀족들과 신흥 부르주아들이 살롱을 열자 역설적이게도 로코코는 화려하게 꽃피웠다. 로코코풍은 왕실보다는 귀족과 부르주아들에게 더 유행했던 스타일이다.

로코코, 시대를 앞선 디자인에서 부활하다

당신은 일찍부터 로코코의 부활을 경험했다. 간혹 가지고 놀았던 종이인형, 혹은 좀 더 커서는 만화방 캐릭터들 속에서. 종이인형이든 만화책이든 몽롱한 파티든 간에 지금도 가끔 판타지를 꿈꾸며 용기 내 입는 가상의 현실 속에서, 당신은 우연히 로코코풍으로 현실을 잠시 잊고 또 다른 세상을 즐기고는 한다. 현대 오트쿠튀르 패션과 스트리트 패션에서도 록로코코, 모던로코코, 롤리타룩, 갸루패션 등 로코코의 변형된 스타일은 계속 성행한다. 이른바 로코코풍의 부활이다.

1983년에 비비언 웨스트우드는 연인과 결별했다. 그녀는 펑크패션의 영감을 주면서 자신을 패션계로 이끌어 성공시켰던 애인 말콤 매클래런과 전혀 다른 길을 가기로 결심한다. 그러고는 1984년 10월 파리에서 발표한 '미니-크리니' 컬렉션에서 센세이션을 일으킨다. 미니-크리니는 20세기 여성의 자유를 상징하는 미니스커트와 과거 여성의 신체를 구속하던 크리놀린[1]을 결합시킨 것. '드러냄과 감춤의 미학'을 융합시켰다는 찬사를 받으며 웨스트우드는 시대를 앞서가는 독창적인 디자이너로 인정받는다.

하지만 그녀는 더 근원적인 고민 속에서 자신만의 패션 정체성을 끌어낸다. 이때 그녀가 택한 아이콘이 바로 로코코. 단순한 모방이나 재현을 넘어 로코코 시대를 관통하는 주제를 새로운 시각으로 재해석하고 자신의 패션에 반영한 것.

이후 비비언 웨스트우드의 컬렉션은 로코코 시대 회화를 옮겨 놓은 박물관인 듯했다. 1989년 장 앙투안 바토의 작품 「키테라섬으로의 순례」와 「할리퀸과 콜럼바인」 속 의상에서 형태와 패턴을 가져온 컬렉션은 그 타이틀도 "키테라섬으로의 순례", 그리고 1990년 프랑수아 부세의 작품이 프린트된 코르셋을 제시하고 그 코르셋을 재해석한 컬렉션 "초상화", 1992년 프랑스 여성들의 사회적 영향력을 상징하면서 로코코풍을 보여 주는 컬렉션 "살롱", 같은 해 영국의 로코코 화가 토머스 게인즈버러, 17세기 네덜란드 거장 프란스 할스의 작품을 프린트하여 사용한 컬렉션 "올웨이즈 온 카메라", 1996년 바토의 그림에서 착안한 이브닝드레스를 선보인 컬렉션 "여성".

코르셋의 다양한 변형과 여성의 힙을 강조하는 다양한 구조물, 테일러드재킷을 통한 여성 몸의 아름다움 강조, 그리고 남성의 성적 이미지의 거침없는 활용 등등, 그녀의 패션은 독창적이다 못해 파격적이었다.

로코코 화가로는 남녀의 사랑과 여자의 신체를 회화의 주제로 삼은 와토와 부세, 그리고 장 오노레 프라고나르가 대표적인데, 웨스트우드가 이들의 그림 속 다양한 요소들을 자신의 창조적 영감으로 사용하고 재해석한 것이다. 그녀가 가져온 요소들은 단순히 레이스와 리본 장식 등만이 아니다. 비비언 웨스트우드는 로코코 시대의 재해석을 통해 여성의 정체성과 여성을 보는 우리의 시각에 교정을 명령한다.

그렇다면 관능과 쾌락에 가장 솔직해서 오히려 천박하고 가볍다는 미술사적 평가를 받는 로코코 시대를 그녀가 주목한 이유는 무엇일까?

'올웨이즈 온 카메라' 컬렉션(1992년)
프란스 할스, 「카타리나 후프트와 유모」(1620년경)

미니-크리니(1987년)

장 앙투안 와토, 「키테라 섬으로의 순례」(1717)

장 앙투안 와토, 「할리퀸과 콜럼바인」(1684)

'키테라 섬으로의 순례' 컬렉션(1989년)

살롱문화와 마담들

궁정문화에 이미 흠뻑 빠졌던 귀족들은 베르사유에서 쫓겨나 고향 대신 파리 '생폴' 지역에 모여든다. 당시 파리는 어떤 건물도 새로 지을 수 없을 만큼 조밀한 상태였고, 귀족들은 하는 수 없이 기존의 대저택들을 사들여 도심을 형성했다. 거기서 이들은 궁정을 모방한 살롱을 열게 된다. 살롱은 프랑스 앙리 4세가 궁정 안에서 개최한 것이 그 기원이지만 본격적인 살롱은 17세기 초에 꽃피웠고, 이후 귀족들의 대저택으로 옮겨 가 18세기까지 지속되었다.

그리고 신흥계급이던 부르주아도 살롱을 열게 된다. 로코코 시대는 바로 앞 시기인 바로크와 달리 귀족들의 살롱이 문화 활동의 본거지가 된다. 보다 늦게 등장하면서 합류하게 된 부르주아 살롱에서도 로코코식 의상은 한결같다. 발랄하고 생기 넘치고 화사하고 우아하며 관능적이다. 18세기는 자연스럽게 궁중과 귀족, 그리고 부르주아, 즉 왕실과 귀족과 동시에 시민의 전통에도 로코코가 유지되는 시대였다.

이 시대를 선도하는 살롱의 주인인 마담들은 랑부예 후작부인,[2] 랑베르 후작부인,[3] 탕생 부인, 조프랭 부인, 에피네 부인 등으로 그들이 운영하는 살롱이 유명했다. 로코코는 여성이 살롱문화를 주관하면서 어떠한 파격적 상상도 가능해진다. 살롱에서 차와 술을 마시고, 정치를 논하며 연애를 즐겼다고 한다.

유명한 살롱은 프랑스뿐 아니라 유럽의 인사들까지 출입하는 국제 명소가 된다. 그곳에서 정치인, 예술가, 철학가, 문인 등 다양한 계층이 만나 사회적 쟁점과 가치관을 소통하며 자극받는다. 그리하여 로코코 시대 살롱들은 지식인과 대중 사이의 가교 역할과 함께 인간이 계몽되는(깨어나는) 계기를 마련한다.

비비안웨스트우드의 도발

웨스트우드는 버킹엄궁전에서 엘리자베스 여왕이 수여하는 훈장을 수상할 때 속옷도 입지 않은 채 훤히 비치는 망사드레스를 입고 갔다고 한다. 훈장 수여의 이유는 백인, 앵글로색슨, 프로테스탄트, 남성이라는 국가 이미지로 고착된 영국의 정체성을 여성 섹슈얼리티와 결합시킴으로써 새로운 영국적 이미지를 탄생시킨 공로 때문이었다.

영국 디자이너 데이비드 실링에 의하면, 그동안 영국에는 모나키(왕정)와 아나키(무정부)의 이원적 패션이 공존했다. 그 대표적인 예가 모나키적인 버버리와 신사복, 그리고 아나키적인 비틀스와 펑크 스타일의 혼재를 들 수 있다. 그런데 웨스트우드가 이데올로기적으로, 그리고 성차로 양립된 패션을 넘어서는 패션으로 만든 것. 기인 같은 퍼포먼스에도 불구하고 그렇게 그녀는 영국이 낳은 디자이너로 인정받는다.

웨스트우드는 권력형 사회가 만든 성정체성에 대해 패션으로 조롱한다. 웨스트우드는 여성의 성(性)을 상징하는 신체 부위를 과장해서 왜곡하거나 행동을 구속하는 착용, 때로는 남성의 의상을 여성 패션에 사용함으로써 고착화된 보수적 여성성에 파격적으로 도전했다. 생물학적 차이의 성을 정도 이상으로 과장하여 여성의 신체를 더 당당하게 드러내기도 했다.

코르셋이라는 전통적 속옷이 웨스트우드를 통하면 항상 겉옷 패션으로 탄생한다. 성역할이 고정된 패션에 대해서는 과감히 경계를 무너뜨린다. 코르셋, 크리놀린 등 역사 속 여성들의 패션에 사용된 도구들은 그 시대 그 사회가 자신들의 권력을 위해 만들어 놓은 것이다. 그 도구들을 그대로 내버려 둔다면 벗어날 수 없는 하나의 굴레로 작용하게 된다. 웨스트우드는 이것들을 변형하여 자신의 패션에 사용하면서 여성에 대한 미의 기준과 고정관념을 노골적으로 풍자한다.

여성의 신체 부위가 드러난 채 남성의 상징을 옷에 프린트해서 한 명의 여성 신체를 남성의 몸과 병치시켜 양성이 혼합되게 하는 패션은 성을 초월한 인간에 대한 강조이자, 생물학적 성이 아닌 사회가 만든 성역할에 대한 풍자이자 도발이었다.

그녀는 여성성을 끊임없이 변형시키고 표현하며 창조해 내고 있다. 그러면서 역사와 현실 속에서 만들어진 여성의 정체성이 아닌, 계속 창조되는 여성 정체성을 새롭게 만들어 나간다. 우리 내면에 박제된 남성적 권력을 뽑아내어 여성 외부에 표현함으로써 온갖 권력 구조와 대치하게 된다.

스노비즘과 욕구불만

귀족과 부르주아의 살롱들이 생기면서 파리는 살기 좋은 세상을 만난 듯했다. 하지만 절대왕권이라는 권력의 '대타자'가 몰락해

금지를 명할 수 있는 국부(國父)의 기력이 쇠하여 가는 마당이니, 신흥 부르주아와 새 둥지를 튼 귀족들은 서로를 향해 욕망을 발산하고 있었다. 그리고 그 욕망이 서로 경쟁하듯 당시 유행하던 로코코풍에 집착하게 만든다.

이전보다 나아진 환경 속에서도 계급 간에는 하나의 상처가 있었다. 마르셀 프루스트는 『잃어버린 시간을 찾아서』에서 귀족 살롱과 부르주아 살롱이 서로를 향해 갖는 경쟁심과 욕망을 '스노비즘'(속물주의)이라 묘사했다. 몰락해 가는 귀족은 돈 때문에, 졸부가 된 부르주아는 귀족의 품위 때문에 서로를 욕망한다. 귀족과 부르주아 계급의 이 고민은 계급 간 결혼을 통해 극복되는 듯했다. 하지만 그것으로도 해소되지 못하는 귀족과 부르주아의 열등의식은 로코코풍의 유행을 더 가속화했다.

이 걷잡을 수 없이 가속화되는 로코코의 과열은 1789년 프랑스혁명을 거치면서 비로소 전소된다. 몰락한 귀족은 살롱을 그리워하며 카페에서, 그리고 주점에서 현실 너머의 세상을 꿈꾼다. 졸부는 품위를 얻을까 해서 또한 그런 곳들을 두리번거린다. 민중은 자신들이 무너뜨렸던 그 권력을 욕망하며 귀족과 졸부의 흉내를 내느라 들락거린다. 모두 그 너머를 그리워하며 자신들의 열등의식을 드러낸다. 집단무의식이다. 한참이 지난 뒤에도 로코코 스타일은 미래가 그것처럼 근사할 것이라는 위로를 준다. 살롱처럼, 주점처럼.

왜 귀족과 부르주아, 이제는 대중까지 욕구불만에 사로잡혔을까? 자신들이 또다시 욕망의 법에 스스로를 종속시켜 무한경쟁으로 치닫고 있기 때문이다. 일을 하면 할수록 할 일은 많아지고, 돈을 벌면 벌수록 쓸 일이 많아진다. 황병승 시인의 '어린 왕처럼' 저마다의 살롱에서 "나는 절대로 내려가지 않아, 나는 여기서 영원히 살 거야!"라고 외치고 싶은 것이다. 강압적으로 권력자가 되어서. 왕이 됐든 귀족이 됐든 부르주아가 됐든, 그런 연애에 관련된 일에만 관심을 갖는 것은 좌절된 스노비즘의 치유책이 되었다. 그렇다면 로코코풍은 그저 감정 해소에 지나지 않을까?

속물주의 속에서 생존하는 당신의 딸에게

"축하합니다. 무사히 출산했습니다. 어여쁜 공주입니다." 방금 당신은 순산했다. 하지만 '딸'이라는 소리에 참았던 눈물이 왈칵 쏟아진다. 아들을 못 낳은 슬픔이 아니라 속물주의와 아직까지도 박제된 가부장적 폭력이 당신의 딸에게 줄 상처 때문이다. 혹시 그런 가혹한 운명을 운 좋게 당신은 살지 않았다 해도 아직은 딸에게 안전한 사회는 아니므로.

어머니 없이 자란 소녀들은 어느새 주먹만 한 유방을 달고 어머니를 쏙 빼닮은 얼굴로 크고 작은 고민에 빠진다 아름다운 것 비극적인 것에 이끌려 진정한 로맨스란 무엇인가 만남과 이별 눈물과 후회 날마다 수다를 떨고 솜털의 소년들은 소녀들의 꽁무니를 따라다니며 나의 이름은 구름이다, 구름만큼이나 낡아 빠진 목소리로 위대한 것 웅장한 것을 노래하느라 정신이 없다 꿈속의 수많은 아버지들이 짓다 허문 모래성이라는 것 이미 들통났는데 창밖의 판타스틱 로맨스 소년 소녀들은 뭉쳤다 흩어지고 다시 뭉쳤다 흩어지며 오후 내내 구름만큼이나 시시한 짓들을 벌이고 있었다

— 황병승, 「판타스틱 로맨틱 구름」에서

시인에게 비친 소녀와 소년은 구름과 같다. 계속 생겨나는 소녀와 소년들, 아버지들의 권력은 '모래성'이라 들통났지만 진정한 여성성인 어머니가 없어서 아버지들의 허풍에 세뇌되었다. 또 다른 권력을 욕망하면서 스스로 박제된 세상을 만드는 "소년 소녀들은 뭉쳤다 흩어지고 다시 뭉쳤다 흩어지며 오후 내내 구름만큼이나 시시한 짓들을 벌이고 있었다." 그리고 그것을 "판타스틱 로맨스"라 부르며 되물림된 속물주의를 애써 감추고 있다. 하지만 그 로맨스에도 로코코풍의 화려함만 있을 뿐 우리의 마담들은 없다.

웨스트우드는 속물주의에 수술용 메스를 집어 들었다. 생물학적 성차, 의존이나 맹종도 아닌, 그렇다고 권력도 아닌, 진정 평등한 사랑의 성차에 대한 각성을 위해서 그녀는 과감하게 시대를 향해 메스를 든 전사임이 틀림없다. 그녀의 패션을 대할 때 새로운 인간관이 창조된다.

"나는 크리놀린과 같이 결코 개발되지 않은 일종의 생명력을

가진 과거로부터 무언가를 수용한다. 아이디어는 형태를 가지고 나오는 무엇이지만, 이는 당신이 (생각)하는 대로 성장한다."

— 비비언 웨스트우드

당신은 어떠한 여성성을 지녔는가? 괴테의 『파우스트』는 말한다. 남녀를 뛰어넘는 새로운 "영원한 여성성이 우리를 이끌어 올리리니."

---

1   크리놀린: 드레스를 부풀리기 위해 철사나 고래 뼈를 바구니 모양으로 엮은 도구로 19세
     기 중엽에 유행했다.
2   랑부예 후작부인(1640-1707): 프랑스는 프롱드의 난으로 사회가 혼란해지자 거칠고 과
     격해진 언행에 대한 반감과 함께 이탈리아에서 시작된 르네상스가 북상하면서 세련된
     문화에 대한 갈망이 생겼다. 이러한 배경에서 랑부예 후작부인이 최초로 프랑스에 살롱
     을 열게 된다.
3   랑베르 후작부인(1647-1733): 당시 귀족 여성은 글을 쓰면 안 된다는 편견을 무색하게
     만든 최초의 '문학여성'으로서 유명했으며, 아카데미프랑세즈 회원들과 몽테스키외 등
     이 단골손님이었다.

5 아마존

기존 상거래를 벗어나
접속의 통로를 만들다

브랜드는 플랫폼이다. 플랫폼은 목적지와 여행객을
접속시키는 통로. 새로운 접속을 위해서는 또 다른
플랫폼이 필요하다.
아마존은 기존 상거래를 벗어나 문자의 디지털화,
클라우드웹 서비스, 공중 배송 서비스를 위한
새로운 플랫폼을 제시한다.

접속, 소유의 새로운 개념

　'접속'이 대세가 되었다. 제러미 리프킨의 『소유의 종말』에 따르면 접속은 소유의 새로운 개념. 수익은 접속으로부터 생긴다. 요즘 이 말을 증명할 수 있는 가장 좋은 예가 '검색엔진'이다. 검색엔진의 핵심이 바로 접속. 검색엔진은 정보를 얻고자 하는 특정 웹페이지로 접속시킬 뿐 그 웹페이지의 저작권을 소유하지는 않는다. 더 많은 정보는 더 많은 검색을 유발하고, 더 많은 검색은 더 많은 광고를 노출시켜 수익을 창출한다. 사랑도 일종의 접속이라 상상해 보자.

　　사랑이란 돌에 새긴 최초의 문자보다 사뭇 지우기 쉬운 문자 메시지 우리가 문자로 사랑을 하기엔 너무나 가벼워 0과 1로 전부 표현하기 네가 그리워 가만, 화성인의 수신기에 접속을 시도하려는 수백만 헤르츠 전파가 우주의 극점에 닿지 못하고 블랙홀에서 길을 잃는다
　　　　　　　　　　　　─ 윤석정, 「문자 메시지에 대하여」에서

　0과 1의 이진수로 표현되는 디지털 문자는 전파를 타고 사랑하는 사람에게 접속된다. 화자에게 고대인들의 사랑은 돌에 새겨졌기에 묵직했을 것이지만 0과 1의 조합에 불과한 현대인들의 디지털 사랑은 "사뭇 지우기 쉬운 문자 메시지"에 불과하다. 그대를 향한 나의 사랑은 "문자로 사랑을 하기엔 너무나 가벼워" 아무리 문자를 주고받아도 "0과 1로 전부 표현하기"에는 "네가 그리워"서 이진수 외에 또 다른 언어로 접속하려 든다. 그 언어는 '화성인의 수신기'에나

잡힐 수 있는 화성어였지만 그 접속은 "우주의 극점"인 내 사랑 그대에게 "닿지 못하고 블랙홀에서 길을 잃는다." 접속의 도구가 가벼운 만큼 실패한 접속은 수많은 디지털 신호가 되어 우주상에 떠돌고 있다.

1995년 7월 아내와 단 한 명의 엔지니어와 함께 온라인서점 아마존을 시작한 제프 베이조스는 "아마존, 세상의 모든 것을 팝니다."라는 모토 아래 도서, 컴퓨터, 장난감, 가구, 의류 등 소비재와 관련된 거의 모든 제품을 판매하고 있다. 베이조스는 단지 제품을 파는 것에 역점을 둔 것이 아니라 수많은 '접속을 시도하려는 전파'가 되었다.

플랫폼은 아케이드, 경계공간, 탈주선이 된다

타 지역에 갈 일이 생기면 나는 광명역을 찾는다. 그 역에서 부산 가는 사람도 있고 광주 가는 사람도 있다. 같은 광명역이라도 이들은 동일한 곳에서 승차하지 않는다. '4'라고 쓰인 곳에는 호남선, '2'라고 쓰인 곳에는 경부선. 이곳을 플랫폼이라 한다. 역이 모든 기차 여행자들의 집결지라면, 플랫폼은 목적지와 여행객을 접속시키는 통로다. 그때그때의 목적지와 여행객을 연결하는 통로가 이제는 모든 디지털 유목민과 서로의 필요를 접속하는 통로가 되었다.

인기 많던 그 많은 기업은 어디로 갔나? 시장의 규칙이 바뀌고 있다. 최근 급부상하는 기업들은 플랫폼, 접속의 통로를 만든다. 온라인을 플랫폼의 문제로 이해한다는 것은 접속의 장, 소통하고 공유하는 마당으로 본다는 것. 그 마당은 발터 베냐민식으로 본다면 '아케이드'가 되고, 조르조 아감벤의 '경계공간' 또는 질 들뢰즈와 펠릭스 가타리의 '탈주선(linge de fuite)'이 된다.

특히 『천 개의 고원』의 저자 들뢰즈와 가타리는 탈주선을 묘사하는 열두 번째 고원에서 유목민의 주인공으로 칭기즈칸을 등장시킨다. 그를 기념하기 위해 그가 죽은 '1227년'을 그 장의 제목으로 삼았다. 탈주선은 닫힌 경계선이 아닌 열린 공간을 만들며 끊임없이 접속하고 있다. 유목민에게는 "성을 쌓는 자 망하고, 길을 뚫는 자 흥한다."는 모토만 있을 뿐. 그들은 길을 만들고 플랫폼에 기대서서 물건을 이동시키며 수수료를 얻었던 것이다.

지금은 플랫폼의 시대. 오늘날 우리는 대부분의 시간을 온라인, 그러니까 스마트폰, 컴퓨터, 태블릿 인터넷에 접속하며 보낸다.

아마존 웹서비스, 수천 개의 인터넷 기업을 탄생시키다

접속의 통로이자 공간인 플랫폼의 중요성을 누구보다 더 정확히 간파하고 있었던 제프 베이조스는 온라인서점의 주인치고는 기상천외한 사업을 추진했다. 그는 새로운 플랫폼이 웹이라는 신념을 가졌고, 플랫폼을 제공하고 원하는 모든 이들이 접속하도록 만들었다.

그 결실이 아마존 웹서비스(Amazon Web Services, AWS). 저장 공간, 색인 작업, 매매 공간 구축과 같은 기본 플랫폼을 제공하는 사업이다. AWS는 수도, 전기, 가스처럼 웹서비스 사용량에 따라 요금을 지불하는 방식으로 운영되었다. 이 사업은 클라우드라는 온라인

저장의 신개념을 소개했고, 이것은 신규 판매 업체들에게 창업에 대한 두려움을 떨치고 도전할 수 있는 자극제가 되었다. 저렴하면서 접속이 용이한 아마존 웹서비스는 수천 개의 인터넷 신규 기업들을 탄생시켰다. 또한 금융, 정유, 천연가스, 건강, 과학 같은 분야에 온라인 저장 공간을 활용케 했다. 현재 핀터레스트와 인스타그램 같은 신규 업체뿐만 아니라 넷플릭스, 심지어 NASA와 CIA 같은 미국 정부 기관들도 아마존의 웹서비스에서 플랫폼을 빌리고 있다.

원클릭, 접속의 핵심은 용이성

『천 개의 고원』에서 들뢰즈와 가타리는 리좀(Rhyzome)이라는 땅속줄기식물을 근거로 접속의 개념을 설명한다. 접속하는 것들은 앞서 밝혔듯 이질적인 것들, 팔다리가 따로 노는 다양체들인데, 이들의 특징은 절단당해도 끝내 줄기식물이 된다는 것이다.

> 리좀은 어느 한 지점에서 끊어지거나 산산이 부서지더라도 예전의 선들 중의 하나나 또는 새로운 선들 위에서 다시 시작할 수 있다.
>
> — 질 들뢰즈, 펠릭스 가타리, 『천 개의 고원』에서

우리는 개미 떼가 만든 선을 절단할 수 없다. 그 선 중간이 끊어지더라도 다시 이어지거나 다른 방향으로 선들이 만들어진다. 이 개미떼를 리좀의 줄기라 친다면 줄기는 절단되더라도 다시 줄기를

질 들뢰즈와 펠릭스 가타리

형성한다. 접속은 네트워크에서 끊어져 소외되더라도 거기서 또 다른 네트워크를 형성할 수 있어야 한다. 그것이 리좀이다.

　우리는 온라인 주문을 할 때 한 단계만 실수해도 처음부터 주문을 다시 진행하고는 한다. 주문하려는 품목이 많을수록 구매 과정이 점점 더 복잡해지다 보니 주문 사이트에 접속하는 일도 영 짜증이 난다.

　온전한 플랫폼이 갖추어지면 이런 일은 없다. 접속이 용이해야 한다는 말이다. 사용자는 각자 자신의 취향에 따라 제품, 정보, 음향, 영상을 쉽게 만들고, 소비하며, 공유하길 원한다. 좀 더 간편하고 쉽게, 자신의 방식으로 다른 사람들과 접속하기를 원한다.

　1999년 가을에 아마존은 '원클릭'이라는 이름을 상표 등록했다. 이것은 사용자의 신용카드 정보와 주로 쓰는 배송지 주소를 미리 불러와, 고객이 물건을 주문할 때 단추 하나만 누르는 시스템이다.

문자의 디지털화

제프 베이조스는 온라인서점을 열면서 접속을 쉽게 하려는 또 하나의 계획을 세운다. 이른바 '알렉산드리아 프로젝트'다. 이것은 도서 목록만이 아니라 책의 콘텐츠까지 제공하겠다는 야심작이었는데, '문자의 디지털화'를 전제로 한다. 2003년 10월 '책 내용 검색' 서비스가 시작됐다.

아마존이 문자의 디지털화에 박차를 가하게 된 시점은 2004년 애플이 '음악의 디지털화'를 주도하면서부터다. 그해 아마존 연매출의 74퍼센트는 종이책, CD나 DVD로 된 음악과 영화였다. 음악의 디지털화가 급물살을 타게 되면 아마존의 매출에 타격이 있는 것은 빤한 일. 베이조스는 애플이 디지털 음악 사업을 선도한 것처럼 아마존도 도서의 디지털화를 선도해야 한다는 결심을 굳혔다. 출판사들은 처음에 온라인상의 저작권 침해가 급증할 것을 걱정했지만 자신들의 도서가 온라인에서 검색되면 판매량이 늘어난다는 점에 관심을 보였다. 드디어 출판사들이 아마존의 전자책 사업에 적극 협조하게 된 것이다.

이후 아마존은 검색 알고리즘을 통해 검색과 색인을 만들 수 있었다. 그리고 도서 검색자들이 저작권을 침해할 가능성을 줄이기 위해 아마존은 도서 일부 내용만 제공하는 시스템을 개발했다.

아마존의 드론 배송 서비스 '프라임에어'

탈주하는 배송 시스템

우리는 능동적이고 긍정적인 탈주의 선들을 제시하려 합니다. (……) 그것은 개인적으로 도피하자는 것이 아니라, 파이프나 종기를 터뜨리듯 무엇인가가 새도록 하자는 것입니다. 이러한 흐름들을 막으려는 사회적 코드 아래에서 그것들을 풀어헤침으로써 흐르게 하자는 것입니다.

— 질 들뢰즈, 펠릭스 가타리, 『천 개의 고원』에서

들뢰즈 철학의 핵심인 '탈주'는 현실을 외면하는 도피나 도주가 아니라 새로운 것의 생성에 강조점이 있다. 새로운 리좀을 형성하기 위해서는 닫힌 경계를 벗어나야 한다.

2013년 12월에 아마존은 1초당 300개까지 주문품이 늘어난 데다 교통체증이 점점 심각해지자 전혀 새로운 도전을 한다. 미국 내

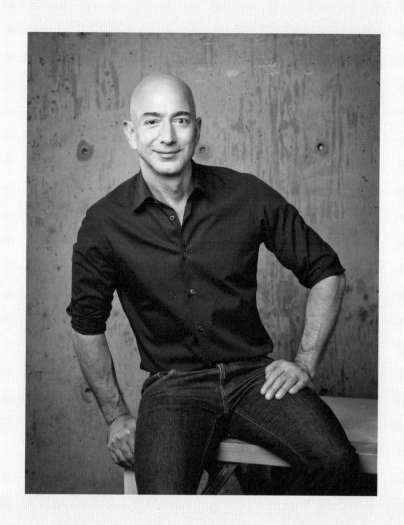

제프 베이조스
들뢰즈 철학의 핵심인 '탈주'는 현실을 외면하는 도피나 도주가 아니라 새로운 것의 생성에 강조점이 있다.
드론을 이용한 배송은 미국 정부로부터 아직 승인을 얻지 못한 상태다. 그 옛날 유목민들이 "성을 쌓는 자
망하고, 길을 뚫는 자 흥한다."고 외친 것처럼, 아마존은 명한다. 새로운 접속의 통로인 플랫폼을 만들라고.

에서 가장 신속한 배송 서비스를 위해 드론을 이용한 '프라임에어' 를 사오 년 이내에 상용화하겠다는 것. 미국 전역의 아흔여섯 개 아 마존 물류센터에 주문품이 모이면 그것을 드론이 소비자에게 30분 내로 전달한다는 계획이었다.

하지만 드론을 이용한 배송은 미국 정부로부터 아직 승인을 얻 지 못한 상태다. 이런 상황에서 베이조스는 또 한 번의 탈주를 시도 한다. 미국의 영토를 벗어나 영국(시민항공청)에서 아마존의 드론 배 송 실험 비행을 승인받은 것. 결국 영국에서 주문을 받은 지 13분 만 에 아마존 프라임에어로 배송에 성공했다.

서두에 소개한 시를 아마존과 같은 탈주의 의미로 읽어 보자.

빛의 속도로 너에게로 달려가는 전파가 지구를 헤맨다 노골 적으로 말하자면 너에게로 보낸 문자가 다시 나에게로 돌아오 는 속도는 파장이 헤맨 시간과 비례한다 (……) 더러는 해저 심 해어의 부레에서 오리무중이 된다 양철 지붕을 탁탁 쳐 대는 빗줄기처럼 한사코 버림받은 나에게로 넘쳐 버린다
— 윤석정, 「문자 메시지에 대하여」에서

'너에게로 보낸 문자"는 왜 "다시 나에게로 돌아"온 것일까? 이 진수 문자로 보냈다면 접속될 것이지만 "문자로 사랑을 하기엔 너무 나 가벼워"서 디지털 문자를 외면하고 화성인의 문자를 만들었다. 화자는 "화성인의 수신기에 접속을" 시도하지만 실패하자 "블랙홀 에서 길을 잃는다." 그래서 "너에게로 보낸 문자가 다시 나에게로 돌 아"왔다. 더러는 깊은 바닷속 물고기의 "부레에서 오리무중이" 되었

고, 그대의 수신기에 접속을 실패한 나의 새로운 사랑의 언어는 "양철 지붕을 탁탁 쳐 대는 빗줄기처럼 한사코 버림받은 나에게로 넘쳐 버린다."

아마존의 신개념 배송 전략은 헛된 시도였을까? 지구어가 아닌 새로운 언어로 시도한 접속은 영영 실패한 것일까? 당신의 사랑은 최고 절정인 "우주의 극점에 닿지 못"하였고 새로운 접속을 시도한 또 다른 진법의 "수백만 헤르츠 전파가" "길을 잃"었을지 몰라도, 그 맥놀이는 "블랙홀에서" "파장"을 일으키고 돌아오기를 반복할 것이다. 또 다른 언어로 '차이' 나는 파장이 당신에게 '반복'해서 메아리쳐 온다. 하지만 '어라!' 거기에 파장이 너울대는 공간인 플랫폼이 근사하게 만들어졌다. 아마존이 새로운 웹과 공중 배송 서비스를 시도한 것처럼.

그 옛날 동서양의 길을 뚫었던 유목민들이 "성을 쌓는 자 망하고, 길을 뚫는 자 흥한다."고 외친 것처럼, 아마존은 명한다. 이질적인 것들에 접속하라! 익숙한 곳을 탈주하라! 새로운 접속의 통로인 플랫폼을 만들어라!

탈주하면서 이리저리 떠돌던 당신도 제법 근사한 플랫폼을 하나 만들었다. 거기서 당신과 같은 처지의 나그네들이 행선지를 알게 되었고 그만큼 수월하게 여행을 시작할 수 있다. 당신의 탈주와 접속은 결코 헛되지 않다. 아마존의 끝없는 시도가 쓸모없지 않듯.

2부

감각과
욕망

"만일 지금 하고 있는 일에, 혹은 어떤 가치 있는 기업에 마음을 쏟아 붓는다면, 다른 사람들이 불가능하다고 생각하는 꿈을 실현할 수 있을 것이다."
　　　　　　　　　　　　　　　　　　　　　　　　　　—하워드 슐츠

"그저 느끼고 느끼고 또 느낄 뿐이지. 그것만으로도 인간에게는 충분히 설레고 흥분되는 일이야."
　　　　　　—허먼 멜빌

"허리 꺾인, 곱사등이 된, 혹은 뒤틀린 이 괴물들을 사랑하자!"
—샤를 보들레르

"메두사와 사랑에 빠지면 도망갈 수 없으니까." 　—잔니 베르사체

"위반이란 금기를 제거하는
것이 아니라, 금기를 한 번 더
고양시키는 행위다."

　　　　　　　—조르주 바타유

"나는 지나치게 낭만적이다."

　　　　　—알렉산더 매퀸

"기하학은 '뼈대'이고 색채는 감각,
즉 '착색 감각'이다."　　—질 들뢰즈

"러시아 인형
마트료시카처럼 꺼내도
꺼내도 새로운 다른 초록을
찾아야 한다."

　　　—루치아노 베네통

감각 자극으로서의 브랜드

접속과 배치를 통해 특정 방향으로 향하던 '욕망'이 몸에 배면 취향이 된다. 이때의 욕망을 질 들뢰즈와 펠릭스 가타리는 '기계적 욕망'이라 불렀다. 브랜드에 대한 욕망도 그와 같다. 우리 손이 운전대와 접속하면 운전하는 손이 되고 지휘봉을 잡으면 지휘하는 손이 되지만, 다른 사람의 손과 접속하면 악수하는 손이 된다. 운전자인지 지휘자인지, 아니면 친구인지 하는 정체성은 내 손 자체에 있지 않고 접속과 배치를 통해 확립된다. 그때 무엇과 접속하고 싶은지는 전적으로 나를 자극하는 대상과 내 욕망의 문제다. 브랜드의 소비도 이런 시각으로 볼 수 있다. 저 브랜드가 내게 다가왔고 내가 그것을 택했다.

선택을 통해 브랜드와 접속한 우리는 나름의 정체성이 형성된다. 선택이 있기 전 브랜드와의 마주침과 나의 선택 사이에서 벌어지는 감각의 자극은 우리 안에 묻힌 과거를 떠올리게 만든다. 묻힌 우리의 과거를 들뢰즈는 앙리 베르그송의 이론을 따라 '잠재력'이라 불렀다. 이런 관점으로 본다면, 특정 브랜드와 접속하여 생기게 된 우리의 정체성은 잠재력이 현실화된 것이다.

하지만 일상의 권태와 탈진 속에서 어떤 욕망도, 어떤 삶의 의욕도 생기지 않을 때가 있다. 그렇다면 이런 상황에서 필요한 것은 무엇일까? 들뢰즈는 아리스토텔레스의 이론을 활용하여 아직 실현되지 않은 잠재력은 감각으로 자극받을 때 실현될 수 있다고 보았다. 무한한 잠재력이 있다 할지라도 감각 자극이 없거나 그 강도가 약하면 그 능력은 발휘될 수 없다. 그래서 우리는 어떤 감각에 자극받아 무엇을 욕망하게 되는지 세심하게 살펴야 한다. 욕망은 저마다의 잠재력을 깨우는 것이다. 어떤 브랜드에 대한 끊임없는 욕망은 자신의 정체성과 맞닿아 있다.

감각의 논리

브랜드를 대상이라 할 때 그 브랜드에 대한 감각은 두 방향으로 향한다. 질 들뢰즈는『감각의 논리』에서 감각의 대상 자체가 우리에게 막 쏟아져 들어오고 있다고 한다. 그는 감각을 감각 대상이 주체로 향하고 다른 한편에서는 주체가 대상으로 향하는 상호작용으로 해석했다. 우리가 본 사물은 죽어 있는 대상이 아니라 어떤 에너지를 우리에게 발산하는 우주적 생명의 한 부분이다. 들뢰즈는 이때 빗발치는 에너지의 발산을 취사선택하는 것이 감각이라고 여겼다. 그래서 감각은 두 방향으로 흐른다.

질 들뢰즈는 여러 감각 중에서 특히 착색 감각에 대해 자세히 설명한다. 그에 따르면 색은 허공에 독자적으로 존재하는 것이 아니다. 빨강은 물체 외부에 따로 있는 것이 아니라 사과에 있고, 가을 단풍에 있으며, 우연한 상처의 살갗에 묻어 있다.

색이 신체 속에 있고 감각도 신체 속에 있다. 공중에 있는 것이 아니다. (······) 그림 속에서 그려지는 것은 신체다. 그러나 신체는 대상으로서 재현된 것이 아니라, 그러한 감각을 느끼는 자로서 체험된 신체다.

— 질 들뢰즈, 『감각의 논리』에서

색은 그 색을 가진 '신체' 속에 있다. 들뢰즈는 '신체'라는 이름을 정물화나 풍경화에 그려진 대상에 붙인다. 그가 '신체'라는 이름을 독특하게 사용하는 이유는 그림의 대상이 단지 "재현된 것이 아니라" 색이 '체험'된 것이기 때문이다. 색은 "체험된 신체" 속에 있다. 그리고자 하는 대상을 체험하고 그 대상을 느끼고 얻게 된 것이 색이다. 그래서 착색 감각을 지닌 화가들은 그림을 그릴 때 각자가 지금까지 보던 색과는 전혀 다른 빛깔, 색채를 체험하고 그것을 드러낸다. 따라서 "색은 신체 속에 있다." 사물의 신체 속에 있으면서 그림을 그리는 자의 신체 속에 체험된 것이 착색 감각이다.

색깔과 색의 범주는 '저 바깥 세계'에 있는 것이 아니라 한편으로는 대상의 파장 반사율과 조명 조건이, 다른 한편으로는 우리 시각의 원뿔세포와 신경회로가 상호작용하여 나타나는 결과다. 즉 색의 개념과 색을 토대로 한 추론은 우리의 신체와 뇌를 통해 구조화한(된) 것이다.

감각의 영역을 여는 표시들

들뢰즈는 색채 감각보다 더 많은 감각 영역이 열리기를 바라는 마음으로 '도표(디아그람)'에 대해 말하고 있다.

디아그람(diagramme)은 "감각적인 영역들을 연다." (……) 도
표란 그러니까 비의미적이고 비재현적인 선들, 지역들, 흔적들,
그리고 얼룩들의 전체다. 사용된 디아그람의 행위와 기능이란
(……) '환기하기'다.

— 질 들뢰즈, 『감각의 논리』에서

일부 브랜드에는 우리를 "판에 박힌 것으로부터 끌어내기 위
해" 사용하는 '디아그람'이 있다. 이런 브랜드를 통해 대상으로 나아
가는 독특하고 유일한 자신만의 감각 영역이 열리게 될 것이다. 감각
자극이 중요하다. 그것에 대한 우리의 선택이 중요하다.

6 스타벅스

**귀향할 때, 죽음충동은
비로소 예술이 된다**

브랜드는 주이상스[1] 다. 나는 브랜드 스타벅스를
「돌아와요 부산항」으로, 그 로고 세이렌을
「고래사냥」으로 읽는다. 송창식의 「고래사냥」에는
어떤 주이상스가 있다.

스타벅스의 최초 네이밍은 현재의 CEO인 하워드 슐츠의 아이디어가 아니었다. 스타벅스를 인수할 당시 슐츠는 이미 '일 지오날레'라는 커피하우스를 열어 성공하고 있었지만, 자신의 기존 커피점 이름을 따오지 않았던 것이다. '스타벅스'라는 상호명은 인수 이전 최초 세 명의 공동 주인들이 만들었는데, 이들은 모두 인문학도들이었다. 한 사람은 문학 전공자, 또 한 사람은 작가, 그리고 나머지 한 사람은 역사 전공자였다.

이들이 만들어 낸 로고인 세이렌은 희랍 신화를 통해, 상호명에 포함된 이름 '스타벅'은 11학년 교과서에 실린 『모비딕』을 통해 미국인들에게는 어릴 적부터 익히 알려진 소재다.

세이렌이 유혹한 미끼는 무엇인가

우선 스타벅스 매장을 생각하면 떠오르는 것이 흰색과 초록색으로 구성된 로고 세이렌이다. 희랍 신화에서 세이렌은 뱃사공들을 유혹한다. 세이렌의 얼굴은 여자이지만 하체는 새의 모습이기 때문에 뇌쇄적인 자태를 뽐낸다는 것이 시각적으로는 불가능하다. 그런데 청각이 시각보다 더 섬세하고 성찰적인 감각이라 우리의 신경은 온통 그 소리에 곤두서게 된다.

하지만 그 소리가 곡조나 악보로 전해지지 않는 이상, 우리는 별 도리 없이 가사에 집중해야 한다. 세이렌은 노래한다.

"자, 이리 와요. (······)

여기 배를 대어 놓고, 우리 둘의 음성에 귀 기울여 봐요. (……)

그럼 그 사람은 즐긴 후 더 많은 것 알아 귀향하죠.

우리는 아르고스인들과 트로이아인들이 저 광활한 트로이

아에서

신들의 뜻대로 체험한 전부를 알고,

풍요한 땅에서 벌어진 온갖 것 다 알고 있죠."

———『오디세이아』(12권 184-191행)에서

요약하자면, 두 명의 세이렌은 오뒷세우스에게 "더 많은 것 알

아 귀향"하게 된다고 노래했다. 이때 '앎'은 적어도 호메로스에게는

이성만의 작용이 아닌 어떤 대상과 몸으로 직접 겪는 체험(體驗)을

말한다. 그렇다면 도대체 세이렌은 무엇을 체험할 수 있다고 유혹한

것일까? 체험이라는 말도 유혹적이지만 그 대상이 오뒷세우스를 더욱 자극했을 것이니 하는 질문이다.

"더 많은 것을 앎"이 의미하는 오감의 세계

"더 많은 것을 앎"[2]은 『오뒷세이아』에서 이곳 한 군데에서만 나온다. "더 많은 것"이란 어구는 '많은 것'의 비교급으로 타자와 비교해서 더 많은 것을 알고자 하는 욕망을 부추겼을 것이다. 그런데 오뒷세우스는 트로이전쟁의 영웅 아킬레우스에게 다음과 같이 말한 적이 있다.

> "지혜에 있어서는 내(오뒷세우스)가 자네(아킬레우스)보다 훨씬 뛰어날 것이네. 자네보다 내가
> 먼저 태어났고 더 많은 것을 알고 있기 때문이지."
> ──『일리아스』(19권 218-219)에서

이 말로 추측하건대 세이렌이 오뒷세우스에게 유혹하는 "더 많은 것"의 비교 대상을 타자로만 못 박을 필요는 없을 것이다. 그에게는 최고의 영웅보다 자신이 더 많이 안다는 자부심이 있었기 때문이다. 그렇다면 이 비교 대상을 자기 자신이라고 하면 어떨까?

세이렌의 노래가 오뒷세우스를 흥분하게 해서 몸부림치며 결박을 풀게끔 하는 이유는 바로 이것, 자신이 지금까지 체험한 그 이상을 체험하게 한다는 가사 때문이다. 매력적인 이 노랫말을 듣기 전

오뒷세우스와 세이렌들

에 오뒷세우스는 귓구멍만 열어 놓으면 될 것으로 여기고 이미 온몸을 돛대에 칭칭 묶어 놓은 상태였다. 하지만 그 하나의 구멍만으로는 만족할 수 없었다. 그는 또 다른 감각으로 느끼고 싶어서 자신을 풀어 달라고 발버둥 친다. 지금 그는 차돌보다 더 탱탱하게 부풀어 오른 몸뚱이를 동원해 그 흥분의 절정에 도달하고 싶다. 세이렌이 던진 '더 많은 것을 앎'의 미끼는 모든 오감, 아니 그 이상의 감각까지도 총동원해 온몸이 저려 오고 숨이 턱 막혀 숨쉬기도 힘들 만큼 훌렁 최고조에 이를 오르가슴이었다.

세이렌이 노래한 귀향이란 무엇일까

그 흥분의 끝은 무엇이던가! "그들 주위에는 온통 썩어 가는 남자들의 뼈들이 무더기로 / 쌓여 있고, 뼈 둘레에서는 살가죽이 오그라들고"(『오뒷세이아』 12권 45-46)라는 정보를 오뒷세우스는 미리 알고 있었다. 앗, 뼈다귀들! 세이렌의 섬에는 더 많은 감각으로 가득 긴장됐던 몸뚱이들이 어느덧 바람 빠진 풍선마냥 살가죽과 뼈로 앙상스레 남겨졌다. 그러므로 더 많은 것을 알아 '귀향'한다고 세이렌이 말한 속뜻은 곧 '죽음'이다. 눈구멍, 귓구멍, 콧구멍, 입구멍, 땀구멍이 다 열린다 해도 그 주위로 나뒹구는 뼈다귀들을 떠올린다면 우리는 모골이 송연하게 무섭겠지만 감각의 과잉에 빠진 오뒷세우스는 죽음도 두렵지 않다.

하지만 오뒷세우스는 미연에 제동장치를 준비해 두었다. 귀를 틀어막은 부하들 페리메데스와 에우륄로코스는 몸소 다른 감각까지 맛보려고 풀어 달라는 오뒷세우스의 발악에도 불구하고 선장을 감은 밧줄을 더욱 꽁꽁 묶어 버린다. 그리고 오뒷세우스와 부하들은 세이렌이 있는 섬을 지나쳐 유유히 귀향할 따름이었다.

『모비딕』의 일등항해사 스타벅의 밧줄

자, 이제 스타벅을 살필 차례다. 스타벅이 등장하는 소설 『모비딕』(백경, 1851)에서는 돛대의 밧줄을 맡은 사람이 흥미롭게도 일등항해사 스타벅이었다. 브랜드 '스타벅스'는 스타벅에 's'를 붙인 것, 그

연극 「모비딕」에서
아합 선장과 스타벅

러니까 '스타벅의 집' 정도일 것이다. 소설 『모비딕』에서 아합 선장은
자신의 다리를 집어삼킨 흰 고래에게 복수하려 '죽을 때까지 추격'
(죽음충동)한다. 이 고래만 나타나면 선장은 고래잡이 보트에 몸을 싣
고 커다란 포경선은 스타벅에게 맡긴다. 스타벅은 아내와 아들을 그
리며 귀향을 소원하고 선장의 무모한 도전을 막으려 하지만 역부족
이다. "오오, 선장님. 나의 선장님! 고귀하신 분이여. 가지 마세요!"
  백수광부의 아내도 경탄해 마지않을 애절함이 녹아 있건만, 멀
찍이서 보는 것으로는 성에 차지 않는 선장은 흰 고래를 향해 몸소 보
트에 오른다. 이제 흰 고래와 가장 근접한 거리, 그것으로도 욕구불만
인 선장은 기필코 밧줄을 던져 흰 고래와 제 몸의 연을 맺는다. 이윽고

  밧줄의 고리가 허공을 날아와 그의 목을 감았기 때문에, 그
  는 희생자가 교살될 때처럼 소리 없이 보트 밖으로 날아갔다.

(……) 다음 순간, 밧줄 끝에 달린 묵직한 고리가 완전히 텅 빈 밧줄통에서 튀어나와 바다의 표면을 친 뒤 깊은 물속으로 사라졌다.

— 허먼 멜빌, 『모비딕』(135장)에서

『오뒷세이아』에서 선장을 돛대에 묶어야 할 밧줄이 『모비딕』에서는 그를 물속 깊은 해저에 꽁꽁 동여맸다. 모비딕과 조우하여 사흘 동안 맞대결한 이 일행은 한 사람만 제외하고 전부 바다에 수장된다. 결국 귀향에 실패했다!

아합 선장의 주이상스

포경선 피쿼드 호가 침몰하게 된 데에는 "더 많은 것"을 체험하려는 한 인간의 '과잉'(주이상스)이 문제였다. 한 사람의 그 과잉이 너무 지나쳐 서른 명이 넘는 선원을 모두 제압해 버린 탓이다.

"모두 내 주위에 서라. 모두들 보아라. 한 늙은이가 다리를 잘리고 부러진 창에 기대어 한 발로 버티고 서 있다. 그것이 아합, 그의 육신이다. 하지만 아합의 영혼은 백 개의 다리로 움직이는 지네다."

— 허먼 멜빌, 『모비딕』(134장)에서

고래에게 삼켜진 아합의 다리뼈는 이미 고래뼈로 대체된 상태

경계를 아슬아슬 유영하되 경계 너머로 가지 말 것. 설령 넘었다 하더라도 우리의 일상을 잊지 말
것. 도취될라치면 『모비딕』의 스타벅은 귀향하라 외칠 것이며, 좀 과격하게는 오뒷세우스처럼 우리를
귀향의 돛대에 묶을 수도 있다. 그만큼만 우리의 감각을 열어 두자.

였다. 자신의 일부로 받아들인 고래뼈로도 그 과잉은 멈추지 않는다. 특히 고래와의 조우 둘째 날, 선장은 사투 끝에 그 다리의 뼈다귀마저 으스러졌지만 그것을 세이렌 섬의 말라빠진 뼈다귀로 여기지 않는다. 아합 선장은 온 감각으로 '더 많이' 그를 느끼고 싶을 뿐이다. "그저 느끼고 느끼고 또 느낄 뿐이지. 그것만으로도 인간에게는 충분히 설레고 흥분되는 일이야." 선장의 말에 서슬이 퍼렇게 서 있다.

"하지만 뼈 하나쯤 부러져도 늙은 아합은 끄떡없어. 나는 살아 있는 내 뼈도 잃어버린 그 죽은 뼈와 마찬가지로 나의 본질이라고는 생각지 않아. 흰 고래도 인간도 악마도 이 늙은 아합의 진정한 본질, 가까이하기 어려운 그 본질은 건드릴 수 없어."
— 허먼 멜빌, 『모비딕』(135장)에서

이쯤 되면, 풀어 달라 몸부림치는 오뒷세우스를 더 꽉 묶었듯이, 『모비딕』의 스타벅은 아합 선장을 돛대에 묶었어야 했다. 고래사냥의 꿈으로 잔뜩 부풀었던 포경선의 선원들은 끝내 귀향하지 못했다.

모든 브랜드에는 주이상스가 있다

『오뒷세이아』의 세이렌 에피소드와 『모비딕』은 죽음충동으로 발악하는 인간의 주이상스를 보여 준다. 그 점에서 브랜드명 '스타벅스'와 그 로고 세이렌이 맞닿아 있다. 경계를 아슬아슬 유영하되 경계너머로 가지 말 것. 설령 넘었다 하더라도 우리의 일상을 잊지 말 것.

도취될라치면 스타벅은 귀향하라 외칠 것이며, 좀 과격하게는 우리를 귀향의 돛대에 묶을 수도 있다. 그만큼만 우리의 감각을 열어 두자.

　이제 우리는 신비함에 대한 세이렌의 유혹, 하지만 거기에 빠지지 않고 다시 일상으로의 귀향을 권유하는 저마다의 일등항해사 스타벅이 필요하다. 더 많은 뭔가가 그리울 때, 다시 세이렌의 매혹에 끌려 우리는 이 커피점을 찾아 일상의 권태를 달래기도 한다. 그러다 다시 돌아가라는 스타벅의 외침은, 체험하되 그 과잉이 지나쳐 귀향을 잊지 말라고 우리를 독려한다. 현실에서 이상으로의 도전, 그리고 이상에서 현실로의 귀향, 일상에서 신비로의 모험, 그리고 신비에서 일상으로의 복귀가 되풀이된다. 20년 만에 자신의 고향 이타카로 돌아온 오뒷세우스가 또 항해를 떠났듯이.

　"더 많은 것"을 체험하려는 주이상스의 궁극은 죽음이다. 하지만 그 과잉의 욕망인 죽음충동은 귀향할 때 비로소 예술이 된다. 예술 같은 삶은 스타벅이 밧줄로 묶어 놓은 돛대에 있다. 자, 귀향하자. 그러다 불현듯 역마살 같은 세이렌의 노래가 들리면 그때 "자, 떠나자. 동해 바다로." 그러다 기어코 고래를 만날 즈음 그때 부를 우리 노래는 「돌아와요 부산항에」다! 모든 브랜드에는 주이상스가 있다. 그런데 내가 의지하고 있는 밧줄은 심해 밑바닥에 있는가, 아니면 돛대에 있는가!

　　술 마시고 노래하고 춤을 춰 봐도 가슴에는 하나 가득 슬픔 뿐이네
　　무엇을 할 것인가 둘러보아도 보이는 건 모두가 돌아앉았네
　　자 떠나자 동해 바다로 신화처럼 소리치는 고래 잡으러

존 윌리엄 워터하우스, 「오뒷세우스와 세이렌들」(1891)

「오뒷세이아」에서 세이렌들은 오뒷세우스에게 "더 많은 것 알아 귀향"하게 된다고 노래했다. 이때 '앎'은 적어도 호메로스에게는 이성만의 작용이 아닌 어떤 대상과 몸으로 직접 겪는 체험을 말한다. 그렇다면 도대체 세이렌은 무엇을 체험하게 한다고 유혹한 것일까? 그리고 그 흥분의 끝은 무엇이던가! 세이렌의 섬에는 더 많은 감각으로 가득 긴장됐던 몸뚱이들이 어느덧 바람 빠진 풍선마냥 살가죽과 뼈로 앙상스레 남겨졌다. 그러므로 더 많은 것을 알아 '귀향'한다고 말한 속뜻은 곧 '죽음'이다. 그러나 감각의 과잉에 빠진 오뒷세우스는 죽음도 두렵지 않다. 밧줄이라는 제동장치를 마련했으므로.

간밤에 꾸었던 꿈의 세계는 아침에 일어나면 잊히지만
그래도 생각나는 내 꿈 하나는 조그만 예쁜 고래 한 마리
자 떠나자 동해 바다로 신화처럼 숨을 쉬는 고래 잡으러

우리들 사랑이 깨신다 해도 모든 것을 한꺼번에 잃는다 해도
우리들 가슴속에는 뚜렷이 있다 한 마리 예쁜 고래 하나가
자 떠나자 동해 바다로 신화처럼 소리치는 고래 잡으러
자 떠나자 동해 바다로 신화처럼 소리치는 고래 잡으러
— 송창식, 「고래사냥」 가사에서

---

1   주이상스: 과잉된 희열을 뜻하는 라캉의 정신분석학 용어.
2   '더 많은 것을 앎'은 희랍어 '플레이오나 에이도스'의 번역어다.

7   베르사체

금기와 위반의 에로티시즘,

그리고 죽음

브랜드는 금기에 대한 위반이다. 권위는 금기를
만들지만 브랜드는 위반을 꿈꾼다. 그 위반의
꿈속에서 문화 에너지가 생성된다. 베르사체의
에로티시즘은 문화를 파괴하기보다 쇄신한다.

경제 위기 속에서 탄생한 베르사체

1994년 여배우 엘리자베스 헐리의 드레스로 일약 유명해진 베르사체. 안전핀 장식의 검정색 실크 이브닝가운은 몸매를 드러내는 타이트한 실루엣, 깊게 파인 네크라인과 슬릿 등 파격적 노출로 영화 배우와 록뮤지션 등에게 사랑받으면서 전 세계의 주목을 받았다. 하지만 한편에서는 베르사체의 디자인은 저속하고 천박하다고 해석되기도 한다.

잔니 베르사체는 1946년 12월 2일, 패전국 이탈리아 남부 칼라브리아에서 태어났다. 어린 잔니는 당시 유행하던 파리 패션 크리스티앙 디오르의 스타일로 옷을 만들던 어머니 곁에서 패션을 익혔다. 대학에서 건축학을 전공했지만, 1960년대 말 이탈리아의 패션 산업이 호황을 누리게 되자 파리와 런던을 오가며 가정에서 만든 의류의 바이어 역할을 한다. 그때까지만 해도 이탈리아는 패션 제국 프랑스의 하청을 도맡는 국가였다. 이때 이탈리아의 의류 산업은 기성복 생산체계로 전환되고 있었다. 그도 그럴 것이 프랑스와 영국에

베르사체에 영감을 준 예술가 소니아 들로네

서 소득 향상에 따른 중산층의 증가로 간편하고 저렴한 기성복이 날
개 돋친 듯 팔렸기 때문이다.

　하지만 1970년대에 이탈리아의 의류 산업은 세계 경기가 1차
석유파동으로 위축된 데다 아시아 신흥 공업국에서 저가품이 쏟아
지면서 최대 위기를 맞게 된다. 잔니는 가정 의류 생산을 중단하고
1973년부터 1975년까지 2년여 동안 밀라노에서 패션 프리랜서로 디
자인을 익힌다. 세계경제 위기 속에서 잔니는 오히려 고품질의 고가
품이 필요하다는 것을 직감했다. 그는 장인정신과 예술혼을 담은 브
랜드를 만들기로 결심한다. 그리하여 1978년 그의 포부를 담은 베
르사체는 가내수공업 형태로 시작된다.

페트라르카의 메두사

브랜드 베르사체의 로고는 메두사의 머리. 베르사체의 열정과 매력의 상징이다. 메두사는 신화에 따르면 원래 굉장한 미모를 지닌 여인이지만 바다의 신 포세이돈과 사랑을 나누었던 장소가 하필이면 아테나 여신의 신전. 결국 아테나에게 저주를 받아 메두사의 금빛 머리카락은 뱀들로 바뀌게 되고 메두사를 보는 자들은 모두 돌로 변한다. 관능미를 뽐냈던 메두사는 끝내 영웅 페르세우스에게 목이 베인다. 그럼에도 불구하고 이탈리아 르네상스의 강렬한 애호가였던 잔니는 르네상스의 메두사를 통해 긍정적인 상상력을 끌어낸다.

르네상스의 최고 인문주의자였던 페트라르카는 『소네트』 197번에서 자신의 연인 라우라를 메두사에 비유한다.

> 에로스란 메두사와 같은 힘을 지녔으니, (……) 그녀의 그림자에 내 마음 얼어붙고 내 안색 하얗게 변하지만, 그녀의 눈빛에 돌로 바뀌는 힘이라네.

에로스 신이 쏜 화살에 맞아서일까? 페트라르카는 에로티시즘의 상징인 귀여운 에로스를 메두사와 같은 힘으로 묘사한다. 그러니까 에로스의 사랑의 화살은 메두사의 눈빛과 같다는 것. 이 시에서 페트라르카는 자기 이름, 희랍어로 파자하면 '페트라(Petra)'는 '돌', '아르카'는 '근원'이 되니, 우리말로는 '원석이여, 원석이여.'를 반복한다.

르네상스 시인 페트라르카에게 메두사는 자신을 돌처럼 꼼짝 못하게 할 정도로 고혹적인 여인의 비유이자 에로스의 상징이다. 같은 맥락에서 잔니 베르사체도 메두사 로고를 선택한 이유를 "메두사와 사랑에 빠지면 도망갈 수 없어서"라고 천연덕스럽게 밝힌다.

첼리니의 페르세우스와 메두사

르네상스의 메두사에서 베르사체가 긍정적 상상력을 끌어낼 수 있었던 또 하나의 작품이 있다. 1554년 이탈리아 르네상스 문화의 중심지이던 피렌체에 한 점의 청동상이 세워진다. 바로 벤베누토 첼리니의 청동상 「페르세우스와 메두사」. 이 작품은 1530년부터 피렌체를 통치한 코시모 데메디치가 첼리니에게 의뢰한 것. 전제군주였던 코시모는 자신을 반대하면서 공화정을 주장하는 모든 자들을 피렌체에서 추방했다는 상징으로 페르세우스 상이 필요했다. 이 군주에게 예술은 전제군주의 한낱 정치 선전일 뿐 그 이상도 이하도 아니었다.

하지만 이 청동상에 첼리니는 페르세우스뿐만 아니라 이 영웅에게 희생된 상징, 즉 잘린 메두사의 머리와 짓밟힌 그녀의 몸뚱이까지 포함시킨다. 첼리니는 이 청동상으로 전제주의자의 권위와 함께 희생된 자들의 처벌을 애써 드러낸다.

분명 이 청동상에서 코시모를 상징하는 페르세우스는 메두사를 제압하는 모습으로 강조된다. 그렇다면 코시모가 한 역할은? 금기를 정한 것. 청동상은 그것을 위반하면 메두사처럼 목이 베인다는 경고였다. 코시모는 이 청동상으로 피렌체 시민들에게 자신의 전제

주의를 방해하지 말라는 '금기'를 전했다. 하지만 첼리니의 「페르세우스와 메두사」에는 금기하는 자와 위반하는 자가 모두 있다. 이것을 더욱 엄밀하게 나누자면 네 가지, 권력이 정해 놓은 '금기'와 그것을 넘어서는 '위반', 메두사의 '관능미'와 '죽음'이 한꺼번에 나타난다. 첼리니의 청동상을 통해 우리는 금기와 위반, 관능성과 죽음이 서로 얽혀 있음을 알 수 있다.

그렇다면 메디치 가의 르네상스에 주목했던 베르사체는 이 청동상에서 도대체 어떤 긍정적인 상상력을 끌어냈을까?

금기와 위반의 에로티시즘

청동상으로 된 페르세우스와 메두사의 두 얼굴을 자세히 살피면 놀랍게도 동일한 얼굴임을 알 수 있다. 금기하는 자나 위반하는 자의 얼굴이 같다는 점에서 금기와 위반은 동일하며, 관능적인 메두사가 목 베임을 당했다는 점에서 에로티시즘과 죽음도 동일한 성격을 지녔음을 깨닫게 된다.

에로티시즘을 '금기와 위반, 그리고 죽음'의 관점에서 분석한

2017년   1991년

구스타프 클림트, 「팔라스 아테나」(1889)
베르사체가 귀감으로 삼고 있는 예술가들은 '인상주의 창시자' 가운데 하나인 에드가 드가, '색채
마술사' 앙리 마티스, '오르피즘'을 발전시킨 소니아 들로네, '빈 분리파'의 구스타프 클림트, 팝아트의
대가 앤디 워홀 등을 들 수 있다. 이들은 모두 당시 예술 규범을 위반한 대표적인 인물들이다.

철학자가 있다. 조르주 바타유, 그는 에로티시즘이 "동물적 성행위와는 다른 내적 체험의 '직접적인' 상태"라고 말한다. 그리고 '내적 체험'을 다음과 같이 설명한다.

> 에로티슴을…… 알기 위해서는 금기와 위반에 대한 인간의 체험이 모순적이면서도 동일하다는 점을 요구한다. 두 가지 체험을 한꺼번에 하는 일은 흔한 일이 아니다. 에로틱한 이미지는…… 필경 어떤 사람에게는 금기 행위를, 다른 사람에게는 반대의 행위(=위반 행위)를 유발한다. 전자의 행위들은 전통적이다. (……) 위반이란 금기를 제거하는 것이 아니라, 금기를 한 번 더 고양시키는 행위다.
>
> ─ 조르주 바타유, 『에로티즘』에서

에로티시즘은 쉽게 말해 모순적인 금기와 위반을 동일하게 한꺼번에 체험하는 것. 그도 그럴 것이 위반은 금기를 유지하면서 극복시키기 때문이다. 보이는 대상을 내적으로 투영하는 일, 그런 내적 체험으로 그 대상을 이차원으로 옮기거나 삼차원에 떠올릴 수 있는 능력이 바로 에로티시즘이다. 에로틱한 이미지에 금기를 가하는 사람은 전통적이지만, 에로티시즘으로 금기를 위반하려는 사람은 혁신적이다.

바타유의 논의를 좀 더 들어가 보면, 노동은 에로티시즘을 제어하는 금기를 만들지만 모든 위반을 막을 수는 없다고 한다. 위반이 전혀 없는 금기는 더 이상 금기가 아니기 때문이다. 오히려 금기는 위반을 통해 고양된다. 에로티시즘은 금기와 위반을 통해 인간의 심리적 기반에서 발생한다. 그 점에서 성행위를 직접적으로 표현하는 포르노(그래피)와도 다르다. 인간의 에로티시즘은 동물적인 성행위와는 차원이 다르다.

우리의 "생명은 온통 불안정"하여 바타유의 말마따나 "소란스러운 충동이 끊임없는 폭발을 부른다." 하지만 "우리 내부에는 자원을 불태워, 소진 또는 소멸시키려는 욕망이 숨어 있다." 그래서 에로티시즘으로 불타오르고 소멸하려는 충동이 도사린다. 바타유는 "에로티즘, 그것은 죽음까지 파고드는 삶", "에로티즘의 최종적 의미는 죽음"이라고 재차 반복한다.

이보다 일찍이 프로이트는 인간이 성본능과 죽음본능, 즉 에로스와 타나토스라는 두 개의 본능을 쫓아 산다고 말한다. 역설적이게도 죽음과 대면하는 에로티시즘의 본능 속에서 삶의 에너지가 생기는 것이다.

베르사체가 보았을 첼리니의 「페르세우스와 메두사」에서 금기와 위반, 그리고 목 베임 당하는 죽음은 모두 동일하다. 하지만 그것은 이 청동상을 보는 이들에게 긴 여운을 남기는 메두사의 에로티시즘이 삶의 에너지가 되는 지점이다.

패션 규범에 대한 베르사체의 위반

에로티즘(혹은 종교에 대한 명료한 내적 체험)은 금기와 위반이 시소게임의 양상으로 드러나기 전까지는 불가능했었다.

— 조르주 바타유, 『에로티즘』에서

잔니 베르사체
베르사체 브랜드 로고
르네상스 시인 페트라르카에게 메두사는 자신을 돌처럼 꼼짝 못하게 할 정도로 고혹적인 여인의
비유이자 에로스의 상징이다. 같은 맥락에서 잔니 베르사체도 메두사 로고를 선택한 이유를
"메두사와 사랑에 빠지면 도망갈 수 없어서"라고 밝힌다.

이탈리아 바로크 화가 카라바조의 그림

고대 그리스 아테네의 모자이크

벤베누토 첼리니, 「페르세우스와 메두사」(1554)
피렌체의 전제군주 코시모 데 메디치는 자신을 반대한
공화주의자들을 숙청했다는 상징으로 페르세우스 청동상을
주문했다. 그런데 페르세우스와 메두사를 자세히 살펴보면 같은
얼굴임을 알 수 있다. 여기서 코시모가 상징하는 금기와 메두사가
상징하는 위반이 동일해지며, 관능적인 메두사가 목 베임
당했다는 점에서 에로티시즘과 죽음도 같은 성격을 지니게 된다.

금기와 위반이 시소게임처럼 순환 반복되는 것은 에로티시즘만이 아니다. 바타유는 이런 구조를 종교문화에서도 찾는다. 그는 희생제나 인신제를 통해 이 구조를 분석하지만, 우리는 쉽게 금지 규정이 많은 종교에서 위반을 목격하게 된다. 계율을 위반하는 불교의 '파계(破戒)' 전통이나 안식일법을 위반한 기독교의 '주일' 전통 등이 그렇다. 특히 예수께서 음행한 여인을 향해 정죄하지 않고 오히려 유대인들을 향해 "진리가 너희를 자유롭게 하리라."(「요한복음」 8장 32절)라고 말한 구절들은 종교가 지닌 '금기와 위반의 시소게임 양상'에 대한 좋은 예가 될 것이다.

베르사체는 이런 금기와 위반의 시소게임을 패션에 접목시켰다. 베르사체가 귀감으로 삼고 있는 주목할 만한 예술가들은 '인상주의 창시자' 가운데 하나인 에드가 드가, '색채 마술사'라 불리는 앙리 마티스, '오르피즘'[1]을 발전시킨 소니아 들로네, 「팔라스 아테나」에서 메두사를 표현한 '빈 분리파'의 구스타프 클림트, 팝아트의 대가 앤디 워홀 등을 들 수 있다. 이들은 모두 당시 예술 규범을 위반한 대표적인 인물들이다.

베르사체는 패션 규범을 위반했다. 1980년대에는 메탈 소재를 통해 뱀 가죽 효과를, 1990년대에는 폴리우레탄과 고무를 통해 프린팅 효과를 고안했다. 그뿐만 아니라 가죽과 마섬유, 그리고 금속 소재의 결합과 재킷에만 사용하는 가죽 소재를 이브닝웨어로 사용했다.

베르사체는 성모마리아와 마돈나를 동시에 아우르며 표현해 내는 유일한 창조자였다. 그는 이탈리아 르네상스뿐만 아니라 비잔틴과 고대 이집트에 심취하여 그 영감을 관능적인 디자인에 적극 활용했다. 패션 규범에 대한 계속된 '위반'을 통해 베르사체는 문화적

충동을 자극한다.

메두사는 한낱 여성 괴물인가

훗날 정신분석학자 지그문트 프로이트는 메두사의 잘린 머리를 여성 성기의 이미지로 파악했다. 프로이트에 따르면, 메두사를 쳐다본 남자들이 돌로 변했다는 것은 남성들이 여성을 통해 자신의 거세공포를 느낀다는 것. 프로이트는 베르사체에게 신비스러운 창조의 에너지였던 메두사를 거세의 '이빨 달린 자궁(vigina dentata)'으로 바꾸어 공포의 대상으로 한정했다. 우리는 이 위반의 괴물 메두사를 칼로 도려내야 할까?

권력에 의해 위협받고 있는 전제주의 피렌체에서 르네상스 예술가 벤베누토 첼리니가 보여 준 금기와 위반, 죽음과 에로티시즘. 거기에는 메두사가 페르세우스의 얼굴보다 더 높이, 페르세우스의 슬픈 얼굴로 그의 손에 들려 있었다. 20세기에 그 메두사를 로고로 사용하는 베르사체는 '위반'의 미학 속에서 문화 '전제주의'를 극복하는 자유의 쾌감을 맛본다.

바타유가 신체를 "인간의 아름다움을 감상하는 데 있어서도 가장 직접적으로 적용되는 기준"으로 꼽았듯이, 베르사체는 신체의 관능이 눈과 몸을 즐겁게 하여 사회를 유지시킨다고 여긴다. 기존의 체제를 극복하는 힘이 위반이다. 위반은 우리에게 새로운 세계를 열어 놓는다.

브랜드는 금기에 대한 위반이다. 베르사체는 르네상스의 미적 감각을 동경하지만, 그 감각을 낡은 궁전에 가두지 않고 위반을 통해 패션으로 끌어냈다. 권위는 금기를 만든다지만 위반을 꿈꾸는 베르사체는 패션으로 더 강력한 문화 에너지를 생성한다. 에로티시즘은 문화를 파괴하기보다 쇄신한다. 에로티시즘은 타인의 외모가 당신 속으로 들어와 이미지를 만들고 다시 떠올리는 예술이 된다.

---

1   오르피즘: 20세기 초 로베르 들로네와 소니아 들로네 부부가 발전시킨 회화 경향. 그리스 오르페우스교의 정신을 일컫는 용어였는데, 모더니즘 예술사에서도 입체파 사조에서 야수파의 강렬함을, 미래파의 역동성을, 그리고 감각적인 색채를 강조하는 유파다.

8 알렉산더 매퀸

갑갑한 현실 너머로
비상하라

브랜드는 아이러니다. 추함과 그 너머가 동시에
드러나는 것. '불쾌'에서 '유쾌'를 보는 능력이
낭만이다. 우리의 갑갑한 현실(玄室)에서 시원한
광장을 떠올리는 것. 알렉산더 매퀸의 패션은
옷을 입은 자나 보는 자 모두를 현실 너머의 세계로
상승시키면서 이전에 볼 수 없었던 아름다움을
경험하게 한다.
브랜드는 현실의 추함 속에서 아름다움을
상상하게 하는 것, 이제 남은 우리의 몫은
그 너머로 비상하는 것이다.

우리 안을 탈출한 표범

시민혁명의 몸살을 앓던 19세기 초 유럽에서는 그 후유증이라는 듯 갑작스러운 낭만주의 바람이 일었다. 고전주의와 합리주의로 갑갑해진 틈 사이에 개성과 감정을 중시한 낭만의 열풍이 불길같이 타올랐다. 이 불길은 자아를 가두어 둔 세계관을 불사르고 그 너머 상상으로 피어오른다. 낭만을 모르는 대부분은 자위하며 공상하듯 갑갑한 현실에서 쓴웃음만 짓는다. 동물원에 갇힌, 텔레비전에 갇힌 '드가'처럼.

> 아침 티브이에 난데없는 표범 한 마리
> 물난리의 북새통을 틈타 서울 대공원을 탈출했단다.
> (……)
> 저녁 티브이 뉴스 화면에
> 사살당한 표범의 시체가 보였다.
> 거봐, 결국 죽잖아!
> 티브이 우리 안에 갇혀 있는,
> 내가 드가?
>
> ── 유하, 「빠삐용」에서

화자는 서울대공원에서 표범이 탈출했다는 뉴스를 보면서 "한순간 바람 같은 자유가 / 무엇이길래, 잡히고 또 잡혀도 / 파도의 아가리에 몸을 던진 빠삐용처럼 / 총알 빗발칠 폐허의 산속을 택했을까"라고 자문한다. 그리고 화자는 아이러니하게 영화 「빠삐용」의 또 한 주인공 '드가'를 떠올리는가 싶더니 아예 빙의된 듯 중얼거린다. "빠삐용, 난 여기서 감자나 심으며 살래." 저녁 뉴스에 사살당한 표범을 보고 나서는 이렇게 자위한다. "거봐, 죽잖아!" 화자는 드가의 "우울한 눈빛이 서늘하게 / 내 가슴 깊이 박혀 버렸"지만 "난 그들을 욕하지 못한다"고 실토한다. "우리 안에 갇혀 있는, / 내가 드가?"

패션디자이너에게 낭만이란 무엇인가

2011년에 메트로폴리탄 뮤지엄에서 '알렉산더 매퀸' 전시회가 있었다. 매퀸이 죽은 이듬해에 열린 이 전시회에 관객들의 반응은 뜨거웠다. 66만여 명의 관람객이 모인 화제의 전시. 메트로폴리탄 역사에서 패션 전시의 최다 관객수라는 기록을 깼고, 전시 시간을 연장해야 할 만큼 매퀸은 매력적이었다. 전시실 각 방마다 이름이 예사롭지 않다. "낭만적 정신", "낭만적 고딕", "낭만적 민족주의", "낭만적 이국주의", "낭만적 원시주의", "낭만적 자연주의" 등등.

알렉산더 매퀸은 마흔 살에 요절한 영국의 패션디자이너다. 1992년부터 19년간 그가 발표한 컬렉션 작품으로 전시회를 꾸몄는데, 거의 모든 전시실 이름이 '낭만'과 관련되었으니 그의 패션 철학이 낭만주의와 관련이 깊다는 것을 직감할 수 있다.

그리고 그 전시회의 주제는 "알렉산더 매퀸: 야만적 아름다움(Savage Beauty)"이었다. '야만'과 '아름다움'에서 매퀸의 패션이 지닌 아이러니를 볼 수 있다. 그의 디자인은 불길하고 난폭하며 음울하지만, 아름다움을 느끼게 하는 묘한 힘이 있었던 것. 매퀸은 평소 "나

"알렉산더 매퀸: 야만적 아름다움"
(2011년, 메트로폴리탄미술관)

는 지나치게 낭만적이다."라고 했단다. 낭만에 야만과 아름다움이라
는 역설, 그 아이러니가 어떻게 가능한 것일까?

'너머'의 상상과 현실

낭만주의는 영어로 'Romanticism'이다. 여기서 '로망(roman)'
은 중세 시대 각 지역의 토착어를 일컫는 말로, 공신력을 가진 라틴
어와 대립되는 언어였다. 로망어로 전달되는 주된 내용은 그 지역의
역사와 전설, 영웅의 모험담들이었다. 로망어는 라틴어라는 제국의
표준어에 비해 이국적이고 이질적이며 낯설었다. 자연스럽게 17세기

앨프리드 히치콕의 영화 「새」에서
영감받은 컬렉션(1995년)

중엽까지, '로망어와 관련된' 내용에는 자신의 지역 너머의 상상력이 발동한다.

　18세기에 계몽주의를 거치고 난 후, 낭만주의는 신고전주의와 대립하는 말로 등장한다. 라틴어와의 대립이 고전주의와의 대립으로 변하면서, 낭만주의는 이성보다는 감성을 추구하며 무엇보다 체험과 주관을 소중히 여기는 태도를 의미하게 되었다.

　지금도 낭만적인 사람들, 로맨티스트들은 현실 너머의 세계를 꿈꾼다. 혹시 당신의 현실 속에 온갖 상처가 있다면 그 현실의 감옥을 탈출하지 못하는 한 유일한 돌파구는 감옥 너머의 세계를 상상하는 것이다. 그때 비로소 당신은 현실을 버텨 낼 새로운 에너지를 얻게 된다. 바로 이 지점에서 낭만주의와 유토피아의 어떤 접점이 생기기는 하지만, '유토피아'는 희랍어 어원에서 말하듯 '어디에도 없는(ou) 장소(topos)'다.

결코 없는 나라 '네버랜드(Neverland)'를 꿈꾸며 사는 사람은 유토피아니즘으로 사는 것이고, 희망의 나라 '드림랜드(Dreamland)'를 꿈꾸며 만들어 가는 사람은 낭만주의자다. 현실을 무시한 상상은 유토피아가 되고, 현실을 딛고 일어설 수 있는 상상은 낭만주의가 된다. 현실과 상상이라는 이분법적 대립이 낭만 속에서 양립할 때 아이러니가 발생한다.

아이러니는 원래 고전수사학의 개념이었다. 하나의 의미가 전혀 다른 의미로 의도된 것이 수사학적 아이러니였지만, 낭만주의에서 볼 수 있는 아이러니는 철학적이다. 낭만주의에 나타나는 아이러니를 발견한 사람은 프리드리히 슐레겔[1]로 알려져 있다. 그는 낭만주의에 이성과 감성, 정신과 자연, 현실과 이상, 객관과 주관, 필연과 자유, 학문과 예술 등 양립을 통한 갈등 속에서 특정 상황을 넘어서는 힘이 있다고 보았다. 결국 낭만주의는 현실과 상상의 대립이라는 아이러니를 통해 이질성을 극복한다.

불쾌감과 아름다움의 역설

낭만적 아이러니는 매퀸의 유작인 '천사와 악마(Angels and Demons)'라는 의상에서 잘 나타난다. 이 의상은 히에로니무스 보스의 「천국과 지옥」을 주제로 한 직물로 만든 현대적 스타일의 이브닝 드레스. 여기에 대조적인 주제, 그러니까 천사와 악마, 천국과 지옥,

과거와 현대가 서로 양립하고 있다.

그런데 매퀸은 패션에 대립된 주제를 양립시킬 뿐만 아니라 현실을 이질적으로 표현하여 그것을 극복한 상황을 꿈꾸도록 한다. 불쾌감을 일으키는 패션은 우리에게 상상력을 자극하여 새로운 창조의 근간을 이루게 한다는 것이다.

이런 불쾌감을 주는 매퀸의 오브제는 주로 신체 변형이나 이종 교배와 관련된다. 해부학적인 신체나 절단된 신체를 표현한 액세서리, 인간과 금속의 복합체인 사이보그, 인간과 짐승의 반인반수 이미지, 백조의 깃털을 섬세하게 붙인 인간-새의 이미지 등. 이것은 부자연스럽고 비인간적인 현대사회에 대한 고발이고, 어쩔 수 없이 그 문명과 맞물려 나타나는 병리적 현상을 드러낸다.

부모에게 물려받은 그대로의 신체는 성형수술, 인공장기, 유전자 조작과 복제, 그리고 가상현실 등으로 난도질되고 있다. 신체의 변형은 현대 문명의 부정적 산물인 것이다. 하이테크 문명이 고도로 발달한 현대 문명은 이전에는 결코 없었던 불쾌감을 극대화했다. 매퀸의 패션은 현대의 슬픔, 음울, 비참함, 죽음, 타락, 애도 등을 상징하면서 불쾌감을 준다. 그 불쾌감은 자연과 점점 더 멀어지는 병적인 위기의식, 좌절감, 허무감이다.

그렇다면 이런 불쾌감 또는 혐오감이 어떻게 아름다움이 될까? 당신은 성형수술로 얼굴을 바꿨다. 상처가 아물기까지 당신의 코와 턱, 눈은 처참하게 부어올랐을 것이다. 하지만 지금은 혐오스럽더라도 얼마 후 보게 될 얼굴에 대한 기대가 있다. 문명의 발달은 새로운 환상의 시대로 우리를 이끌었다. 의료 기술의 발달로 비정상적인 불쾌함이 있다 할지라도 이후 아름다움을 상상함으로써 극복되

'풍요의 뿔(horn of plenty)' 컬렉션(2009년)

는 것. 매퀸이 의도한 게 이런 것일까? 그런 게 '낭만'은 아니다.

숭고함에 관하여

낭만주의에 영향을 준 아름다움은 숭고미와 관련된다. 이 시기보다 조금 앞서 일단의 화가들은 불쾌감을 주는 장면을 화폭에 그리기 시작한다. 자연재해의 위협이나 그 위협으로 장애가 생긴 사람들, 먹구름, 폭풍우, 천둥번개, 파도치는 바다, 장애인이나 난쟁이 등. 이런 그림이 당시 인기가 있었다. 그렇다고 그림에서 바로 느껴지는 불쾌감이 아름다움을 만드는 건 분명 아니다.

아리스토텔레스는『시학』에서 끔찍한 사건들을 공연할 때 관객의 마음속에 연민과 공포를 통한 정화 작용, 즉 카타르시스가 왜 일어나는지 설명하고 있다. 끔찍한 사건이 주는 '공포'를 불쾌감 내

'플라톤의 아틀란티스' 컬렉션(2010년)

지 혐오감과 연관시킨다면, 거기서 아름다움으로 넘어가는 길이 있을 것이다. 이후 알렉산드리아 시대의 작가인 위(僞)롱기누스는 문체를 통해 숭고함에 도달할 수 있다고 주장한다. 17세기 초까지만 해도 '숭고한 문체'로 숭고함을 얻으려 했다.

하지만 18세기 말에 이르러 숭고함에는 불쾌함에서 유쾌함으로 가는 상승이 있음을 알게 된다. 반면 일반적인 아름다움은 유쾌함에서 유쾌함을 느끼는 것. 그래서 끔찍하며 경악할 만하고 고통스러운 사물 혹은 현상들, 추한 것, 불쾌한 것, 혐오스러운 것, 괴물, 죽음이 아름다움으로 상승된다는 것을 인정하게 된다.

계몽주의는 로코코라는 인큐베이터 안에서 잉태되었다. 하지만 프랑스혁명을 거치고 계몽주의를 거치면서 로코코는 감각을 배제한 형태로 성장했다. 이러한 기형적 계몽정신은 낭만주의의 세례를 받으며 비로소 감각에 대해 숙고하게 되었고, 숭고함이라는 또 다른 감각이 열리게 된다. 낭만주의가 이성이 배제했던 숭고함의 상상력에 불을 댕긴 것. 낭만주의 속에서 나는 구체적 상황에 대한 구속으로부터 자유로워지는 것이다.

그렇다면 알렉산더 매퀸의 불쾌한 패션은 어떤 아름다움을 불러일으킬까? 매퀸의 생전 마지막 쇼였던 '플라톤의 아틀란티스' 컬렉션(2010년)은 이종교배된 인간이 사는 수중 세계를 표현했다. 실패한 디스토피아를 상징하면서 매퀸은 궁극적인 인간성, 존엄성을 염원하는 미학을 반영했다고 할 수 있다. 그의 패션은 '무엇이 인간인가?'라는 근원적인 물음을 제기한다. 인간의 정체성 발견과 고백을 통한 카타르시스가 매퀸 패션의 아름다움이다.

혐오를 넘어 사랑으로

숭고함의 전통을 계승한 시인이 있다. 그는 때때로 여성과 장애인 혐오자라고 낙인찍히기도 한다. 다음의 시가 딱 그런 오해를 낳기 십상이다.

늙은 수도의 구불구불한 주름 속,
모든 것이, 공포마저도 매혹으로 변하는데,
나는 내 타고난 성미에 못 이겨 숨어 기다린다,
늙어 빠져서도 매력 있는, 기이한 생명들을.

이 우그러진 괴물들도 옛날에는 여자였다,
에포닌이거나 라이스였다! 허리 꺾인, 곱사등이 된,

알렉산더 매퀸(1969-2010)

혹은 뒤틀린 이 괴물들을 사랑하자! 아직은 생령들이다.
— 샤를 보들레르, 「키 작은 노파들」, 『악의 꽃』에서

보들레르는 이 시에서 자신의 혐오를 드러내기만 하는 걸까? 이 시에서도 아이러니가 등장한다. 공포와 매혹, 늙음과 매력, 괴물과 여자 등. 이 시를 수해한 황현산 문학평론가에 따르면, 보들레르는 이 시를 쓰고 "늙은 여인들에게…… 그리고 또한 자기 자신의 실책에 의해 수없이 고통을 받은 저 존재들에게 내가 느끼는 억누를 수 없는 연민은 성적 욕구가 전혀 섞여 있지 않다."고 밝혔다. 보들레르는 등이 굽은 할머니들에게 어떤 고귀한, 그러니까 "성적 욕구가 섞이지 않은" 사랑을 느꼈다.

보들레르는 이 시를 망명 중에 있었던 빅토르 위고에게 보냈

낭만에 야만과 아름다움이라는 역설, 그 아이러니가 어떻게 가능한 것일까? 현실을 무시한 상상은
유토피아가 되고, 현실을 딛고 일어설 수 있는 상상은 낭만주의가 된다. 현실과 상상이라는 이분법적
대립이 낭만 속에서 양립할 때 아이러니가 발생한다.

네덜란드 판화가 M. C. 에스허르에게서 영감을 받은 알렉산더 매퀸 디자인(2009년)

고, 위고는 답신을 썼다. "귀하는 예술의 하늘에 내가 알지 못하는 어떤 죽음의 광선을 장치합니다. 귀하는 새로운 전율을 창조합니다." 아픈 현실에 갇혔던 위고는 이 시를 불쾌함으로 읽지 않았으며, 대신 "죽음의 광선"을 통한 "새로운 전율"을 느꼈다. 이들은 낭만주의의 아이러니, 불쾌가 유쾌로 바뀌는 숭고한 아름다움을 본 것이다.

증오가 가득한 현실, 그 현실이 싫다고 "티브이라는 우리 안"에만 갇혀 환상을 본다면 우리의 상처는 아물지 못한다. 가시를 빼내지 않고 상처만 싸맨다면 곪아 터져 병만 키울 뿐이다. 낭만주의는 유토피아가 아니다. '불쾌'에서 '유쾌'를 보는 능력이 낭만이다. 갑갑한 현실(玄室)의 추함만이 아니라 그 너머의 세계를 보는 것. 매퀸의 패션은 옷을 입은 자나 보는 자 모두를 현실 너머의 세계로 상승시키면서 이전에 볼 수 없었던 아름다움을 경험하게 한다.

이제 우리에게 남은 몫은 숨 막히는 현실, 그 우리 안 너머로 날아갈 수 있는 '나비', "파도의 아가리에 몸을 던진 빠삐용"이 되는 것이다. 자, 상상의 날개를 펴 날아오르자.

> 권태와 망망한 근심걱정에 등 돌리고,
> 복되도다, 빛나고 청명한 벌판을 향해
> 힘찬 날개로 날아갈 수 있는 자,
>
> — 샤를 보들레르, 「상승」, 『악의 꽃』에서

1　프리드리히 슐레겔(1772-1829): 독일 낭만주의 이론가로서 당시 괴테의 『빌헬름 마이스터의 수업시대』(1798)를 프랑스혁명(1789)과 연결시킨 탁월한 비평 등으로 동시대인들에게 시대의 징후를 읽어 주었다.

9 베네통

미세한 색채감각으로
세상을 매혹하다

브랜드는 감각이다. 만약 병 깊었던 몸이
건강해지는 데 감각 회복까지 포함시킨다면
베네통은 회복의 수단으로서 색채감각을
선택했다. 브랜드 베네통은 이제까지 접하지 못한
색채감각을 패션에 유감없이 발휘한다. 감각의
힘은 각자가 체험하게 되는 색채로 지속될 뿐이다.

색채감각과 상처의 치유

건강이 회복될라치면 입맛부터 살아난다. 그저 맵고 짜던 음식이었는데 불현듯 그 세밀한 맛까지 느껴진다면 당신의 몸이 회복되고 있다는 증거. 뜻밖에도 미각처럼 색채감각을 몸의 회복과 연관시킨 시가 있다.

그 방에서 초록 물이 들지 않고도 여러 초록을 분별할 수 있었던 건 통증이 조금씩 줄어들었기 때문

초록의 여러 층위를 발견하게 되면서 몸은 느리게 회복되었고 탐구가 게을러지면서 다시 아팠다
러시아 인형 마트료시카처럼 꺼내어도 꺼내어도 새로운 다른 초록이 나오는,
결국은 더 갈 데 없는 미세한 초록과 조우하게 되었을 때의 기쁨이란

— 조용미, 「초록을 말하다」에서

시어에 유난히 색을 많이 표현하는 시인은 "통증이 조금씩 줄어들었기 때문"에 "여러 초록을 분별할 수 있었"다고 한다. 초록이라는 한 가지 색은 시인이 건강을 되찾자 여러 초록으로 보였다. 이 시에 따르면 몸의 회복은 색채감각을 살려 놓는다. 반면 다음 연에서는 "초록의 여러 층위를 발견하게 되면서" "몸은 느리게 회복되었"다. 색채감각이 살아나면서 몸이 회복되었던 것. 전후 관계는 알 수

없지만, 몸의 회복과 색채감각이 서로 연관 깊다는 점은 분명하다. 지난한 앓이가 끝나면 그때 들어오는 쪽빛 하늘, 눈을 들어 그 색을 보면 이전에 감각하지 못했던 빛깔이다. 당신은 가끔 회복을 바라며 눈을 들어 하늘을 본다. 새로운 쪽빛을 찾는 것이리라.

마치 색채에 굶주린 것처럼

2차 세계대전 후 극심한 경기불황으로 이탈리아는 심한 몸살을 앓았다. 하지만 10여 년이 지나 차츰 불황을 회복한 듯 이탈리아는 눈부신 경제 성장을 이룩했다. 그때 나타난 특이한 현상 하나. 전에 보지 못했던 섬세한 색채감각이 이탈리아의 젊은이들에게 살아났다는 점이다!

루치아노 베네통은 2차 세계대전 후 아버지를 잃고 극심한 가난에 허덕이던 열 살의 소년 가장이었다. 그는 세 명의 동생들과 미망인이 된 어머니와 함께 살아갈 일이 막막했다. 갖은 고생 끝에 스무 살이 된 루치아노는 여동생 줄리아나가 짠 스웨터에 '트레조리'라는 브랜드를 붙인다. 매우 단순하지만 노랑, 녹색, 밝은 청색 등 다양한 색채를 강조한 스웨터를 만들어 젊은이들의 생동감을 자극했다.

1965년 스웨터 사업이 안정되면서 루치아노는 이 브랜드를 자기 가문 이름인 '베네통'으로 바꾼다. 루치아노 베네통은 당시를 회고하면서 이렇게 말했다. "손님들은 마치 색채에 굶주렸던 것처럼, 그리고 전쟁으로 억눌려 있던 생동감을 일시에 만회하려는 듯 앞다투어 우리의 알록달록한 스웨터를 사 갔다."

베네통이 만드는 스웨터는 이제까지 사람들이 접해 보지 못한 색을 지녔고, 그들을 폭발적으로 매혹시켰다. 루치아노는 결국 브랜드의 정체성을 '색채'에 맞추게 된다. 전쟁의 상처가 치유되면 사람들의 색채감각도 자연스럽게 살아난 것을 직접 목격했고, 사람의 마음을 치유하는 것은 결국 '색'임을 확신했기 때문이다.

색채감각이란 무엇인가

다른 스타일의 의류도 많았을 텐데 유독 단일한 형태의 스웨터가 색채로 사람들을 매혹시킨 이유는 무엇일까? 그 이유에 대해 질 들뢰즈는 또 하나의 감각인 착색 감각에 대해 다음과 같이 말한다.

> 기하학은 '뼈대'이고 색채는 감각, 즉 '착색 감각'이다. (……) 비록 착색적이라도 감각은 일시적이고 혼돈스럽다. 감각은 지속적이지 못하고 명쾌하지 않다. (그로부터 인상주의에 대한 비난이 나온다.) 하지만 뼈대는 더욱더 불충분하다. 뼈대는 추상적이다. 기하학을 구체적으로 혹은 느껴진 것으로 만들고 동시에 감각에 지속과 명확함을 주어야 한다.
> — 질 들뢰즈, 『감각의 논리』에서

일반적으로 그림은 형태와 색채로 표현된다. 들뢰즈는 형태를 '기하학' 또는 '뼈대'라고, 색채를 '(착색)감각'이라고 한다. 그런데 그는 그동안의 색채는 "비록 착색적이라도 감각은 일시적이고 혼돈스럽다."고 한다. 그 대표적인 예로 베네통은 인상주의를 들어 비판한다. 인상주의는 빛에 따라 변하는 사물의 색채를 잘 표현했지만 그 화가들의 "(착색)감각은 지속적이지 못하고 명쾌하지 않다."는 것.

그러면 그림을 표현하는 또 하나의 요소인 형태는 어떨까? "뼈대(혹은 기하학)는 더욱더 불충분하다. 뼈대는 추상적이다." 여기서 뼈대는 선으로 표현되는 드로잉을 말함과 동시에, 소실점을 중심으로 연장선들이 필요한 기하학, 그러니까 원근법을 말한다. 선은 추상적이라 지성으로만 이해될 뿐이고, 인상주의 색채는 지속적이지도 명쾌하지도 않다. 그렇다면 대상을 체험하고 감각을 명쾌하게 지속시키는 색채를 발견하는 방법은 무엇일까?

색채를 발견한다는 것

체험된 색채를 찾아내고자 베네통은 집안 대대로 몇 대에 걸쳐 염색에 종사해 온 장인들을 영입한다. "러시아 인형 마트료시카처럼 꺼내어도 꺼내어도 새로운 다른 초록"은 루치아노 베네통의 새로운 색채를 발견하기 위한 집념을 잘 말해 준다. 베네통의 초록색은 지금까지 보아 온 빛깔이 아닌 전혀 다른 색채였다.

각자 체험하는 색채감각은 다양할 수밖에 없기에 종래의 고정된 염색 공정을 가지고는 새로운 색채를 표현할 수 없다. 당시까지만 해도 의류 회사들은 이미 염색된 실로 직물을 짰기 때문에 다채로운 색이 나올 수 없었다. 기존의 통념을 깨는 혁명적 발상이 필요했다. 그래서 나온 베네통의 기술이 후염색 기술. 염색하지 않은 단색 실

루치아노 베네통(1935~)

로 옷을 짠 뒤 그때그때 필요한 색채로 염색을 하여 옷을 생산했다. 이 후염색 기술로 베네통은 소비자들이 원하는 색채를 포착하여 재빠르게 대처할 수 있었고, 재고도 남지 않아 사업이 비약적으로 발전하게 되었다.

그렇다면 "꺼내어도 꺼내어도 새로운 다른" 색채는 어떻게 발견할까? 여기서 들뢰즈의 설명을 들어 보자.

색은 신체 속에 있고 감각은 신체 속에 있다. 공중에 있는 것이 아니다. (……) 그림 속에서 그려지는 것은 신체다. 그러나 신체는 대상으로서 재현된 것이 아니라, 그러한 감각을 느끼는 자로서 체험된 신체다.

— 질 들뢰즈, 『감각의 논리』에서

베네통 매장

　들뢰즈에 따르면 색은 허공(공기)에서 찾는 게 아니다. 색은 '신체' 속에 있다. 들뢰즈는 정물화나 풍경화와 같은 그림 속에 그려진 대상을 '신체'라고 한다. 그가 독특하게 '신체'라는 용어를 사용하는 이유는 그리려는 대상이 단지 "재현된 것이 아니라" 체험되어야 하기 때문이다. 색은 그렇게 "체험된 신체" 속에 있다. 그림으로 그리고자 하는 대상을 체험하고 그 대상의 일부, 곧 감각하는 신체가 된 화가에게 분명하게 남은 것이 색이다. 지금까지 보던 색과는 전혀 다른 빛깔, 색채를 발견하게 된다. 그래서 "색은 신체 속에 있다."

　당신이 나무를 그린다고 하자. 당신이 나무를 느끼면서 그 나무의 일부가 되었을 때 비로소 '새로운 다른 초록'이 나오게 된다. 체험된 대상을 시각화하는 데 동원된 것은 윤곽선이 아니라 '색채'인 것이다. 들뢰즈에 따르면 선은 추상적이라 두뇌로만 이해될 뿐 색채처럼 그 대상을 체험적으로 감각하지 못하기 때문이다.

들뢰즈는 색채를 섬세하게 분별하고 발견하기 위해 관찰자가 그 대상 속으로 들어가 그 일부가 되어야 한다고 보았다. 형태로만 표현하는 경우 대상을 느끼지도 (또는 체험하지도) 못하게 만들고, 색채를 보이는 대로만 표현할 경우 '체험된 신체'를 표현할 수도 없다. 들뢰즈는 세잔이 인상주의를 벗어난 이유가 바로 이것이었다고 한다. 당신이 나뭇잎이 되었을 때 그 초록은 더 이상 지난날의 초록이 아니다. 그것이 보이면 당신의 병은 차츰 회복되고 있는 것이다.

베네통의 광고 캠페인: 환기하기

베네통은 충격적인 광고 사진을 통해 전 세계에 파장을 일으켰다. 키스를 하는 신부와 수녀, 나체의 거식증 환자, 탯줄이 끊어지지 않은 신생아의 모습, 남녀의 에이즈양성 문신, 에이즈 행동가의 병원 침대 사망 모습, 참전용사의 피 묻은 군복, 백인·흑인·황인종의 심장, 서로 불편한 관계의 국가나 종교 지도자들의 키스 장면 등.

베네통은 광고를 통해 인종과 문화를 뛰어넘는 연대감을 선언하며 '통합된(united)' 정신을 제창했다. 그래서 만들어진 메시지가 "유나이티드 컬러스 오브 베네통(United Colors of Benetton)"이다. 이 문구로 다인종, 공존, 평화, 환경보호, 인권을 환기시키는 메시지를 대조적인 색채와 함께 이미지화해 전달했다. 파장이 큰 만큼 호불호가 갈리기도 했지만, 조명받아야 할 대상을 향해 관심을 고취시켰다.

이런 부류의 광고는 들뢰즈식으로 말한다면 '도표(diagramme)'다. 그는 이것을 "판에 박힌 것으로부터 끌어내기 위해 사용"하는 것이라고 한다. 그렇다면 도표, 즉 베네통과 같은 광고가 주는 유익은 무엇일까? 다시 한번 들뢰즈의 이야기를 들어 보자.

도표는 '감각적인 영역들을 연다.' (……) 도표란 그러니까 비의미적이고 비재현적인 선들, 지역들, 흔적들, 그리고 얼룩들 전체다. 사용된 도표의 행위와 기능이란 (……) '환기하기'다.

베네통이 사용하는 광고는 파격적이다. 이런 '도표'는 이미 익숙하게 보았던 이미지들에 대해 다른 감각을 열어 놓는다. 그 표시를 통해 그동안 우리가 주의하지 않았던 대상에 대해 '환기'하도록 한다. 하지만 이런 '도표'는 무질서와 혼돈을 주려는 것이 아니라 그 속에서 새로운 세계와 색채를 보도록 한다. 베네통의 광고는 또 다른 감각 영역을 열고 인간의 또 다른 빛깔을 보게 한다.

"병 깊은 몸이 한 올 한 올 구분해 내는" 빛깔

베네통이 취한 회복의 길은 색채에서 찾은 것이었다. 당신은 몸이 회복되면서 보지 않던 하늘과 산과 바다, 그리고 들판을 보게 된다. 색에 대한 탐구도 세밀해져서 조용미 시인의 말마따나 "미세한 초록과 조우하게 되는 기쁨"도 알게 된다. "한 가지 색에 깊이 들어앉은 다른 색을 발굴하기까지의 기나긴 과정에 대해 누군가에게 설명하는 일은 가능할까?"(「미학적 인간에 대해」에서)라며 새로운 색채를 발견하려는 이 시인의 집념은 급기야 또 다른 창조론을 '도표'

베네통의 'UNHATE' 캠페인 광고(2011년)

로 내놓는다.

> 태초에 어둠이 있었다
> 어둠의 세계에 빛이 침입했다 사라지는 걸
> 우리는 하루라 부른다
> (······)
> 病 깊은 몸이 한 올 한 올 구분해 내는 빛은 대침처럼 머리에
> 와 박히고

물색을 두른 나무들은 모두

우두커니

희거나 검거나 붉었다

— 조용미, 「붉은 시편」에서

이 시인의 창조론은 유독 '빛'에 골몰한다. 우리가 익히 알고 있는 성서를 패러디하여 시인은 태초에 있던 "어둠의 세계에 빛이 침입했다 사라지는 걸" "하루라 부른다." 빛의 침입은 "대침처럼 머리에 와 박"힌다. 만병통치를 위해 실력 있는 의사가 몸의 딱 한 군데에 놓는다는 대침. 당신에게로 와 깊숙이 박히는 대침은 '빛의 대침'이다. 이것은 당신의 병 깊은 몸이 회복된다는 징조다.

그리고 당신은 나무와 한 '신체'가 되는 '체험'을 한다. 착색 감각이 살아난 것이다. 그랬더니 결국 종전에 보지 못했던 나무의 색채를 발견했다. "물색을 두른 나무들은 모두 / 우두커니 / 희거나 검거나 붉었다." 그래서일까? 성서는 홍수로 멸망했던 세상에서 인간은 새로운 색채의 '무지개가 구름 사이에 있는 것'을 보고 회복될 수 있었다고 한다.

루치아노 베네통이 주목한 색채, 판에 박히지 않은 새로운 색채 발견, 그 색채를 자유롭게 표현할 후염색 기술, 세상에 대해 새로운 색채를 갖도록 하는 돌발적인 광고. 베네통은 색채로 몸의 회복을 소망한다.

브랜드는 감각이다. 만약 몸의 회복에 감각까지 포함시킨다면 베네통은 회복의 수단으로 착색 감각을 선택했다. 브랜드 베네통은 이제까지 접하지 못한 착색 감각을 패션에 유감없이 발휘하여 또 다른 신체가 되라고 우리를 매혹한다. 감각을 통해 "신체는 대상으로서 재현된 것이 아니라, 체험된 신체"가 된다. 회복에는 색채감각이 살아난다.

이번 주말에는 당신만의 색채를 발견하자. 하늘에서, 거리에서, 집에서, 그리고 사람에게서. "病 깊은 몸이 한 올 한 올 구분해 내는" 회복된 감각의 힘은 각자가 체험하게 되는 색채로 지속될 테니까.

3부

주체성

"나의 생애는 무의식의
　자기실현의 역사다."
　　　　　　—카를 구스타프 융

"진정한 우아함은 단순함이다."　—코코 샤넬

"제화공들은 평범한
　사람들의 대변인
　역할을 했다."
　　　　　　—에릭 홉스봄

"감각은
움직여지고
영향받는 데서
발생하는 질적
변화다."
—아리스토텔레스

"예술은 자연의 모방이다."
　　　　　　—세네카

"옷을 입는 방식이 바로 우리가 느끼는 방식이자 사는 방식이요, 우리가 읽은 것과 우리 선택들의 결과다. 이걸 '구찌'에 재현하고자 한다."
—알렉산드로 미켈레

"디자인은 흉내 낼 수 있어도, 그 편안함을 모방할 수는 없다." —살바토레 페라가모

"여성스러움에 약간의 매력을 더하고자 했을 뿐이다." —잔 랑방

3부 프롤로그

수동적 변용과 능동적 변용

우리는 눈을 뜨면서부터 곧 사방에서 브랜드와 마주친다. 우연이든 혹은 의도한 것이든 계속되는 마주침. 우리는 생명이 있는 한 그 만남을 받아들이고 어느새 변신을 시도한다. 수용하여 변하는 것을 질 들뢰즈는 스피노자의 용어를 빌려 '변용(affectus)'(감응)이라 했다. 변용은 우선 외부 자극에 반응하는 능력인 수동성에서 시작된다. 그리고 그 수동성이 능동성으로 바뀌는 순간에 우리의 지각이 작동한다. 쇼윈도에 걸린 저 브랜드의 가방을 선택하면 자신의 어떤 모습과 행동, 어떤 모임에 어울릴지를 우리는 깊이 숙고하게 된다. 이런 숙고를 들뢰즈는 '필요주관성', '간격주관성', '회상주관성' 등이라 했는데 이것이 바로 주체성이다.

브랜드의 처음 만남에는 주고받음이 있다. 우리는 브랜드에 의해 영향을 받지만 그 브랜드에는 나의 주체성이 개입하기 마련이다. 브랜드를 비롯한 대상, 타자와의 관계 속에서 우리는 스스로 능동적인 존재가 된다. 여기서 능동적 변용에 대한 기쁨이 생긴다. 수동적인 변용은 몸에서 시작되어 이성 작용으로 귀결되는 곳에 기쁨이 있다.

시뮬라시옹과 상품

쇼윈도에 전시된 수많은 상품들은 어떤 생산라인의 시뮬레이션 결과로 우리 앞에 놓여 있다. 여기서는 구태여 원본이 필요 없다. 새로운 복제품들이 원본일 뿐이고 거기서 원본과 복제품의 구분은 더 이상 의미가 없다.

복제를 뜻하는 '시뮬라크르(simulacre)'는 그리스어를 그대로 음역한 것이다. '모상', '이미지'를 비롯한 여러 번역어들이 있으나 모두 부적절해 음역으로 처리한 것 같다. 플라톤 자신은 이것을 '판타스마(phantasma)'라는 말로 더 자주 사용했다. 하지만 플라톤은 이런 복제가 원본의 진상을 향하지 않는다는 이유로 부정적인 입장이었다. 그러던 것이 최근에 와서 장 보드리야르가 시뮬라크르란 말을 사용하면서 더 유명해졌다.

장 보드리야르는 원본이 없는 복제품, 즉 '시뮬라크르'를 반복하여 생산하는 행위를 '시뮬레이션', 프랑스어로 '시뮬라시옹'이라 했다. 복제물들이 더 많이 사용될수록 원본과 복제품의 구별 또한 더 이상 중요하지 않게 된다는 것이 장 보드리야르의 주장이다.

반복과 생명 활동

반면 들뢰즈는 원본의 반복에 있어서 원본과의 '유사성'이 아니라 '차이'가 무엇보다 중요하다고 주장했다. 반복을 통해 원본과의 동일성을 모방하는 것보다 반복 과정에서 차이를 생성하는 것이 생명 활동이라 여긴다. 들뢰즈는 '차이'를 '다름'이자 '분화'라고 보았다. 생명이 있는 것은 분화되는 생명 활동을 하는데, 이런 분화가 없는 것은 결국 사멸한다. 부모가 자녀를 낳아 부모와 다른 자녀로 분화되는 게 생명 활동이며 '차이의 반복'인 것이다.

차이와 주체성

상품을 구매하고 사용할 때 그 상품에 대한 감각에서 지각에 이르기까지 뇌가 개입하고 어떤 행동의 반응이 일어난다. 그런데 명품을 비롯한 어떤 물질에 대한 접촉과 그것에 대응하는 행동 사이에서 일어나는 중간 영역을 규정하는 데에는 상당히 복잡한 문제가 있다. 들뢰즈는 감각과 지각에서 일어나는 이 부분을 '주체'라고 했다. 시뮬라시옹에 나타나는 상품의 문제와 관련해서 본다면 주체성이란 감각과 지각의 활동뿐만 아니라, 상품에 대한 차이와 분화를 만드는 '차이 활동'도 포함한다.

상품들이 넘쳐 나는 세상에서, 쌓고 허물기를 반복하면서 변형된 새로운 개작(改作)들은 또 새로운 원본이 된다. 질 들뢰즈의 말마따나 '차이와 반복'에서 창조가 일어난 것이다. 이런 창조만이 자신의 주체성을 지닐 것이다. 이런저런 상품으로 자신의 옷을 코디하면서, 그리고 내 몸에 치장을 반복하면서 변형된 새로운 개작(改作)들은 창조된다. 그 주체성이 바로 창조성이다.

10 샤넬

잔향이 향기 되어 바람에 날릴 때
멈춰진 잠재력은 깨어난다

브랜드는 발향이다. 얼룩진 상처를 향기로
피어나게 할 때 그 체취는 향수가 된다.
나는 샤넬 넘버 5를 발향(發香)으로 읽는다.

침대, 잔향의 장소이자 발향의 장소

한 뻔뻔한 기자가 메릴린 먼로에게 침대에서 무엇을 입느냐고 물었다. 먼로는 수줍은 척하며 도발적으로 답한다. "난 아무것도 입지 않아요. 오직 몇 방울의 샤넬 넘버 5뿐이죠." 침대는 누군가의 체취가 남아 있는 잔향의 장소다.

이 잔향을 향수로 빚어낸 한 여인이 바로 샤넬이다. 10년간 강렬하게 사랑했던 보이 카펠과 같이 머물던 침대. 몇 주 동안 침대에서 애인의 잔향을 맡으며 절규하던 샤넬은 지옥과도 같은 죽음의 자리에서 일어난다. 그리고 그녀는 샤넬 넘버 5를 우리에게 선사했다.

샤넬의 애인 보이 카펠은 영국 귀족으로 샤넬을 위해 파리에 모자 부티크를 오픈해 주었을 뿐만 아니라 그녀를 지속적으로 사랑했다. 이 남자가 신분상의 이유로 샤넬과는 절대 결혼할 수 없다는 사실을 밝힌 뒤였다. 하지만 둘은 쉽게 헤어지지 못하고 10년간 뜨겁게 사랑한다. 그러던 보이 카펠은 운전 도중 타이어가 터지는 사고로 죽고 말았다. 애인의 체취가 남아 있는 침대에서 괴로워하던 샤넬은 향수를 철저히 공부하기로 다짐했는데, 침대의 잔향 속에서 고향의 향기를 맡았던 것일까? 샤넬 넘버 5에는 그녀가 어린 시절 맡았던 온갖 향이 배어 있다.

악취 나는 어린 시절의 달콤한 향내

그러나 샤넬의 유년기 추억은 아름답지 못했다. 그 시절은 향으로 치자면 없애 버리고 싶은 악취의 시기였다. 그녀는 디자이너로 성공한 뒤에도 자신의 고향 얘기는 누구에게도 꺼내지 않았다. 수년 간 모든 인터뷰에서 샤넬은, 아버지가 미국에 돈 벌러 갔기 때문에 자신은 어린 시절 친척 집에서 성장했다고 꾸며 댔다. 그러나 실제로 샤넬은 만 열두 살에 폐병을 앓던 어머니를 여의고 떠돌이 아버지에 의해 시골 수도원에 버려졌다. 그리고 자신의 천박한 시절의 모든 것을 기억에서 지웠다. 그랬건만 애인을 영영 볼 수 없는 이 마당에 때 아닌 고아원의 특별한 냄새라니…….

붓꽃의 말린 뿌리와 함께 삶은 시트가 마르면서 내던 달콤한 냄새, 담요가 정리되어 있었던 자단나무 벽장의 나무 향과 버베나의 꽃향기, 자신의 작은 몸을 씻을 때 쓰던 비누의 거품향. 그뿐만 아니라 수도원 정원에 만발했던 하얀 동백꽃 향기. 아무리 감추고 싶어도 그녀의 후각은 과거를 떠올렸다. 냄새는 그때를 끊임없이 떠올리게 한다. 이 향들이 도대체 무엇이기에 입에 담기도 싫은 그 시기를 떠올리게 하는 걸까? 도대체 왜…….

가만 생각해 보니 꼭 냄새만이 아니었다. 그 시절 샤넬이 그토록 좋아했던 희가극도 알렉상드르 뒤마의 『동백꽃 부인』(1848)이었다. 이 작품의 감수성은 일찍이 주세페 베르디를 자극하여 「라 트라비아타」(1853)를 탄생시켰다. 이 오페라를 본 뒤 샤넬은 흰 동백꽃을 끝없는 가능성의 상징으로 여기고 있었다. 절망적으로 불행했던 어린 샤넬은 사별한 엄마가 그리웠을 것이고, 가난 때문에 자신을 버린 아버지에게 보란 듯 돈을 쥐어 드리고 싶었을 것이다.

버림받은 샤넬은 꿈을 실현하고자 더 가쁜 숨을 쉬었을 것이고, 그러면 그럴수록 수도원의 향기는 그녀의 가슴속에 하나 가득

스며들고는 했다. 그 향기에 꿈이 영글어 가고 있었던 것이다. 절망했던 샤넬은 죽은 애인의 잔향 속에서 고향의 향기를 찾았고, 그 시대를 추억하면서 자신의 꿈에 재도전했다. 향으로 피어오른 그 시대의 추억은 오로지 꿈을 향한 집념이었기 때문이다.

잠재력은 감각의 자극을 통해 깨어난다

혹자들은 감각의 일종인 후각이 꿈을 실현하는 것과 무슨 상관이냐고 하겠지만, 아리스토텔레스는 말한다. 감각은 "움직여지고 영향받는 데서 발생"하는 "질적 변화"(『영혼에 관하여』)라고. 그러니까 아직 실현되지 않은 능력(잠재력)이 감각으로 자극받을 때 실현되는 능력(현실태)이 될 수 있다.

애인의 교통사고로 또 한 번의 실연을 겪자 잘 발휘하고 있던 샤넬의 능력이 다시 숨어 버리고 만다. 그러나 고아원 시절의 향을 떠올리면서 샤넬은 또다시 어떤 꿈이 꿈틀거리는 것을 느꼈다. 무한한 잠재력이 있다 할지라도 발휘될 수 없다면 그 능력은 매서운 겨울철 고즈넉한 들판처럼 허전할 뿐이다. 그 들판이 샤넬에게는 애인과의 사별이었지만, 다행히 꿈 많던 그 시절을 추억하며 다시 일어서게 되었다. 잠재력은 감각의 자극을 통해 깨어난다.

그런데 이런 향의 자극에는 촉매제가 필요하다. 샤넬 넘버5가 향수의 대중화에 가장 큰 영향을 끼쳤다면 그 공은 바로 알데히드의 활용에 있었다. 알데히드가 함께 섞이면서 다른 향을 더 도드라지게 만든다. 이것을 알데히드의 증강효과라 하는데, 마치 딸기에 레

코코 샤넬과 보이 카펠

향수 넘버5 광고(1957년)

몬즙을 살짝 뿌리면 딸기 고유의 향을 더욱 살려 달콤하게 만드는 것과 같다. 알데히드는 오렌지 껍질을 벗겼을 때 활짝 터져 나오는 처음의 자극적인 향이다. 그것은 시나몬, 씨앗, 레몬 향에도 있는데, 샤넬이 이 촉매제를 화학적으로 분리해 내는 데 성공한다. 과학자들은 알데히드가 신경에 자극을 주어 온냉건습, 희로애락을 떠올리는 독특한 작용을 한다는 것을 알아냈다.

향수에 포함된 알데히드는 톡 쏘는 듯한 신선함과 약간의 전율이 마지막까지 전달되도록 후각을 자극한다. 알데히드 때문에 샤넬 넘버5는 상쾌하고 신선하고 짜릿한 감각을 열어 준다. 재스민과 갖가지 꽃향내가 차가운 땅에 내린 깨끗한 눈의 냄새와 섞이면서 그 알데히드는 꽃향기를 더 그윽하게 만들었다. 샤넬이 화학적으로 얻은 이 새로운 촉매제가 당시 노루의 사향이나 고래의 용연향이 해 온 역할을 대체함으로써 향수 산업은 급물살을 띠게 되었다.

향 문화의 독점 권력

소수의 권력이 감각을 독점하던 시대가 있었다. 고대에는 감각이 오류의 가능성이 많다는 이유로, 중세에는 그것이 육신의 쾌락에 빠지게 한다는 이유로 권력 집단은 자신들만 감각을 충족시켰다. 지배 계층은 맘껏 먹고 마셨고, 마음에 드는 대로 건드리며 원하는 대로 보고 들었으며 노래를 불러 댔다. 피지배 계층은 권력이 주는 식량만 배급받고 어떤 연애도 불가하며 보여 주는 연극만 보고 부르라는 노래만 불렀다.

심지어 냄새마저 권력이 독점했다. 고대 근동에서 향수를 뿌리는 일은 왕이나 제사장의 권위를 상징하는 일이었다. 특히 유대인들은 이집트를 탈출한 이후 성막에서 제사를 드렸는데, 이때 갖가지 향수가 등장한다. 향을 내는 재료를 기름에 섞어 제사장들의 몸이나 옷에만 뿌렸다. 향을 가루로 만들어 짐승을 불에 태우는 제사에 첨가해 향을 내도록 하기도 했다.

향수를 뜻하는 '퍼퓸(perfume)'이 라틴어 '연기(fumus)'와 '통하여(per)'의 결합어라는 점으로 판단컨대, 일반적으로 맡을 수 있는 향은 훈향(薰香)이었을 것이다. 하지만 신과 제사장, 왕 이외의 다른 사람에게 향수를 직접 뿌리거나 향 분말을 사용하는 것은 엄격하게 금지되었다. 권력층은 향을 자유롭게 사용할 수 있었지만, 일반인들에게는 19세기 후반에 와서야 허용되었다. 그때까지 향을 맡을 수는 있어도 낼 수는 없었다. 그러니까 문향(聞香)은 가능했어도 발향은 불가능했던 것.

권력이 독점했던 향 문화는 이후 십자군 전쟁으로 동양에서

샤넬이 어린 시절을 보낸 시토수도회 수도원

다양한 향료들과 연고가 유럽에 들어오면서 꽃피우게 되지만 주로 귀족들의 몫이었다. 또한 18세기에 파리의 악취를 제거할 위생학적 목적으로 향이 사용되기는 했지만 일반인들에게 보급된 것은 19세기 후반에 와서야 가능했다.

그런 점에서 샤넬이 어린 시절을 보낸 19세기 후반의 수도원은 향의 특별한 요람지였다. 샤넬이 있었던 오바진의 고아원은 시토수도회에 속한 곳으로 대표자는 베르나르 드 클레르보(1091-1153)였다. 그는 수도회 생활을 할 때 향유(향수)에 집중할 것을 주장했는데, 성서 중 가장 에로틱한 「아가서」를 강론하면서 처녀의 향기 나는 가슴을 떠올리며 묵상하라고 충고했다. 그러자 수도사들 중 누군가 수도원 근처에 자생하고 있던 재스민, 라벤더, 그리고 장미의 아로마 향기를 맡으면 더욱 효과적일 것이라는 의견을 낸다. 이후 샤넬의 시절까지 이 수도원은 향기에 특별한 관심을 기울였다. 그 영향으로 샤

넬은 더 많은 향을 맡을 수 있었고, 그 향은 그의 꿈을 키우는 보금
자리가 된 것이다.

문향의 천재가 발향하지 못하는 근대의 비극

샤넬 이전에 프랑스의 향수 산업은 파리의 악취를 감추기 위한
자구책에 불과했다. 파리시의 악취는 시체와 관련된 문제였는데 시
체 발생 원인을 따지기보다 향수로 수습하려는 미봉책이었다. 이 방
식은 마치 몸에서 이상한 냄새가 난다고 향수를 들이붓는 것과 흡
사했다. 악취의 원인, 시체의 발생 원인을 밝히지 못한 한계에 대한
자학적 요소가 당시 향수 산업의 일면이었다. 더 정확하게는, 향수
기술로 다른 냄새를 악취라는 이름의 딱지를 붙여 억압하는 갑질이
었다. 그도 그럴 것이, 향을 내려면 향을 담아 두는 기술이 필요했는
데, 파악할 수 없는 향, 즉 원인 모를 향은 모두 악취로 간주했기 때
문이다.

과연 악취는 정말 악한 것일까? 향 자체가 악한 것은 없다. 아
무리 코를 찌르는 된장 냄새도 국에 들어가면 입맛을 돋운다. 아무
리 향기로운 화장품 냄새도 밥그릇에서 난다면 비위가 상할 것이다.
발향의 문제는 사실 조화의 능력에 달려 있다. 악취도 그 능력에 따
라 매력적인 향으로 바뀔 수 있다. 그 자체로는 악취인 사향과 용연
향도 잘 조화시키면 다른 향의 촉매제가 되는데, 근대화와 함께 이
루어진 파리의 향수 산업은 근본 원인을 해결하지 못하는 감각 억압
의 역사였다.

영화 「향수」(2006)에서

　　문향(聞香)은 되지만 발향(發香)하지 못하는 근대의 비극을 드러낸 소설이 바로 『향수』다. 영화로도 유명해진 이 작품의 주인공은 일말의 죄책감도 없이 스물다섯 명의 소녀들을 죽인다. 그는 온갖 악취를 덮을 수 있는 더 자극적인 향수를 만들려는 근대의 대변자다. 하지만 주인공 자신에게는 체취가 없다. 발향하지 못하는 비극, 다른 모든 체취는 아름다운 향을 만드는 데 보탬이 되지만 주인공 자신만은 보탬이 되지 못한다. 결국 자신은 찢겨 죽는다.

　　모든 존재에게는 향이 있다. 그 향은 섞이는 방식에 따라 아름다운 향을 만드는 도구가 된다. 문향의 천재가 그저 악취를 덮고자 향수를 제조하는 것이 아니라 악취의 원인을 찾았다면, 그리고 그 원인을 위해 모든 악취를 재배치할 수 있었다면 우리 사회는 좀 더

1960년대 '샤넬룩'

빨리 살 만해졌을 것이다.

혼돈의 격변기를 살았던 샤넬, 프랑스 내전과 양차 세계대전을 통과하면서 인간의 악취를 겪었던 샤넬은 고향의 향기를 통해 자신의 꿈을 키운다. 자신의 인생에서 악취와도 같은 고아원의 그 수녀들 복장에서 '리틀 블랙 드레스'를, 자신을 영원한 불임녀로 만든 첫사랑이었던 장교의 복장에서 '밀리터리룩'을, 더 이상 어떤 것도 소망할 수 없는 사랑의 상처를 준 남자의 잔향에서 '샤넬 넘버5'를 꽃 피웠다.

우리에게는 어떤 잔향이 있는가? 그 잔향을 무조건 새로운 향수로 덮어 버리지 말고, 그 잔향을 통해 새로운 향수의 촉매제로 삼으면 어떨까. 다음의 노랫말처럼 말이다.

소리 없는 그대의 노래 귀를 막아도 은은해질 때 남모르게

샤넬과 독일 배우 로미 슈나이더(1960년경)

삭여 온 눈물 다 게워 내고 허기진 맘 채우려 불러 보는 그대 이름

향기 없는 그대의 숨결 숨을 막아도 만연해질 때 하루하루 쌓아 온 미련 다 털어 내고 휑한 가슴 달래려 헤아리는 그대 얼굴

그 언젠가 해묵은 상처 다 아물어도 검게 그을린 내 맘에 그대의 눈물로 새싹이 푸르게 돋아나 그대의 숨결로 나무를 이루면 그때라도 내 사랑 받아 주오. 날 안아 주오. 단 하루라도 살아가게 해 주오. 사랑한단 얼어붙은 말 이내 메아리로 또 잦아들어 가네.

— 김동률의 노랫말 「잔향」에서

샤넬에게 시골 수도원에 버려졌던 유년기 기억은 떠올리고 싶지 않은 악취였다. 하지만 붓꽃의 말린 뿌리와 함께 삶은 시트가 마르면서 내던 달콤한 냄새, 담요가 정리되어 있던 자단나무 벽장의 나무 향, 그리고 수도원 정원에 만발했던 하얀 동백꽃 향기에 대한 추억은 샤넬에게 과거의 꿈을 상기시켰다. 그녀는 절망을 딛고 다시 일어나 '샤넬 넘버5'를 만든다.

11 　페라가모

부속품이기를 저항하고
인간의 지문을 고집하다

브랜드는 지문이다. 기계화는 지문이 더 이상
필요하지 않다. 제화공들은 자신들이 부속품이
되는 것에 저항한다. 페라가모는 인간의
지문이 브랜드에 남길 원한다. 브랜드의 흔적은
'인문(人紋)'(인간의 무늬)으로 가능하다.

메릴린 먼로의 각선미에 한몫했던
페라가모의 하얀 구두

세월이 흘러도 잊히지 않는 이미지가 간혹 있다. 영화 「7년 만의 외출」(1955)에서 지하철 통풍구 바람에 스커트가 흘날리는 장면. 메릴린 먼로의 각선미에 한몫하는 것은 통풍구 위에 있는 그녀의 하얀 구두. 이것은 당시 소품을 담당했던 페라가모가 만든 것이다. 그

후 소피아 로렌, 비비안 리, 오드리 헵번, 그레타 가르보 등 유명 여배우들이 그의 주요 고객이 된다.

페라가모가 만든 신발은 너무 편했다. 그도 그럴 것이 편한 구두를 만들려고 그는 야간에 UCLA에서 인체해부학을 공부했고, 몸 전체를 지탱하면서 바닥에 닿는 발의 최소 부분이 겨우 1.5~2인치에 불과하다는 것을 알아냈다. 수많은 시행착오 끝에 그는 바닥에 닿지 않는 발의 부분까지 편안하게 받쳐 주는 신발을 만들었다. "디자인은 흉내 낼 수 있어도, 그 편안함을 모방할 수는 없다."는 일념으로 일구어 낸 성과였다.

제화공들은 왜 정치적일까

유럽의 19세기 변혁가들 중 활동이 두드러진 직업군이 있다. 제화공. "19세기 잉글랜드에서 지역 주민의 대변인이자 조직가로서 그들의 역할은 1830년 '스윙' 폭동이나 농촌의 정치적 급진주의에 관한 모든 연구에서 분명히 드러나 있다."[1] 1864년 파리에서 결성된 최초의 조합도 제화공 조합이었다.

역사학자 에릭 홉스봄이 분석하지 않은 시기에도 제화공들이 중요한 정치적 역할을 맡은 흔적이 여러 곳에서 나타난다. 생각나는 대로 대충 꼽는다면, 셰익스피어의 『줄리어스 시저』 1막, 바그너의 오페라 「뉘른베르크의 마이스터징거」,[2] 톨스토이의 『사람은 무엇으로 사는가』[3]와 『사랑이 있는 곳에 신이 있다』,[4] 그림 형제의 『꼬마 요정과 구두장이』, 헤르만 헤세의 『수레바퀴 아래에서』,[5] 토머스 데커

20세기 초 영국의 제화공들

의 『구두장이의 휴일』[6] 등이다.

그뿐만 아니라 1775년 미국 독립선언문의 기초 작업을 수행한 다섯 명 중 한 명인 로저 셔먼도 제화공 출신이고, 안데르센의 아버지, 프랑스의 철학자 가스통 바슐라르와 에이브러햄 링컨의 아버지, 크리스토퍼 말로의 아버지 또한 제화공이었다. 그렇다면 제화공들이 그 사회에 정치적으로 영향력을 끼친 이유는 무엇일까?

에릭 홉스봄은 『저항과 반역, 그리고 재즈』의 1부 3장 「제화공들의 정치성」에서 이들이 "평범한 사람들의 대변인 역할을 했다."는 것과 "작업장에 '읽어 주는 소년'을 두었다."고 그 이유를 밝힌다. 당시 여러 직종의 공방에는 '읽어 주는 소년'이 있었는데, 다른 공방에서는 작업에 방해가 된다는 이유로 소년들의 소리에 귀 기울이지 않았던 반면 제화공들은 유독 그들의 소리에 집중했다는 것이다.

또한 같은 책에서 홉스봄은 제화공들이 더 나은 기술을 배우고 생계를 위해 여러 지역을 다니면서 보다 넓은 세상의 문화와 정치에 접했다고 한다. 그리고 다른 직업보다 가벼운 연장통 덕분에 제화공이 책을 많이 휴대한 것도 한 요인으로 지적한다. 제화공들은 그당시 장인의 전통을 유지하면서 마을의 지식인, 교육자, 대변자 역할을 했던 것이다.

이런 제화공들 중 20세기 초 본국의 혼란한 상황을 피해 미국 보스턴으로 이민 갔던 두 명의 이탈리아 남부 출신이 있었다. 이 둘은 전혀 다른 인생의 족적을 남기게 된다.

디자이너가 된 제화공 페라가모

그중 한 사람인 살바토레 페라가모는 가난한 농부의 열한 번째 아이로, 1898년 이탈리아에서 태어났다. 아홉 살 때 여섯 살 난 여동생의 첫 성만찬을 위해 그는 근처 구두 공방에서 어깨너머 배운 재주로 손수 구두를 만들어 주었다. 열한 살이 된 페라가모는 자신의 고향을 떠나 큰 도시 나폴리의 구두 공방에서 도제 수업을 받았고, 열세 살에는 집으로 돌아와 제화점을 열었다. 그리고 열여섯 살 되던 1914년, 형들과 누나들이 이민 가 있는 미국으로 향한다. 그때 형과 매형은 미국 보스턴에서 제화공장 노동자로 일했다. 페라가모는 취업을 알아보다 이 공장에서 순식간에 대량생산되는 구두를 보게된다. 당시의 충격을 페라가모는 이렇게 표현했다.

그것은 지옥이었고, 퉁탕거리고 덜컹거리는 소음과 쉭쉭거

페라가모와 오드리 헵번

리는 기계, 그리고 허겁지겁 움직이는 사람들로 가득한 정신과 병동이었다. (……) 여기서 장인정신이라고는 눈곱만큼도 찾아 볼 수 없었다.

— 살바토레 페라가모, 『꿈을 꾸는 구두장이』에서

페라가모는 제화공장에 염증을 느끼고 보스턴에 도착한 지 일 주일 만에 캘리포니아로 이주한다. 처음에는 영화사 '아메리칸 필름 컴퍼니'와 계약을 맺고 영화 소품을 담당했다. 그의 소품들이 너무 훌륭한 나머지, 그 소품을 착용했던 배우들의 일상생활에 사용될 신발까지 페라가모가 만들게 된다. 그러면서 그의 수제화는 할리우드의 영화 스튜디오와 배우들 사이에 입소문이 났다. 메릴린 먼로의

페라가모와 소피아 로렌

하얀 구두도 이때 제작된 것이다.

아나키스트가 된 제화공 사코

또 한 명의 이탈리아 출신 제화공 니콜라 사코. 그는 페라가모
보다 6년 먼저인 1908년에 미국에 와서 보스턴 제화공장의 생산라
인에서 열심히 일하고 있었다. 그렇게 12년을 보낸 1920년 4월 15일
사코는 (반제티와 함께) 긴급 체포된다. 매사추세츠주의 작은 제화공
장에서 발생한 살인강도 혐의를 받았기 때문이다. 7년이나 되는 재
판 과정에서 사코는 범죄 사실에 대해 강경하게 부인했지만, 자신의

이탈리아 출신 제화공 사코와 반제티

급진적인 정치 신념인 무정부주의는 끝까지 고수한다.

담당 판사는 사코의 정치적 신념을 못마땅하게 여겼고, 노골적으로 배심원들에게 유도질문을 가했다. 사코와 반제티의 무죄를 입증하는 알리바이가 분명하게 있었지만, 사건과 관련도 없는 애국심을 운운하며 판사는 미국 사회의 모든 혼란 상황의 책임을 그들에게 덮어씌웠다.

당시 미국은 1차 세계대전이 끝난 후 물가 상승과 빈부격차, 스페인독감의 유행으로 민심이 흉흉해진 상태였다. 이런 와중에 무정부주의자들의 폭탄 테러가 일어나자 미국 정부로서는 희생양이 필요했다. 판사는 사코와 반제티의 정치적 신념을 모든 미국 사람들이 싫어한다는 '마녀사냥' 논리로 배심원들을 이간질시켰다. 결국 성실했던 이탈리아 이민자 두 사람에게 배심원은 유죄 평결로 사형을 언도하고 만다. 온 세계의 비난 여론에도 불구하고 1927년 8월에 두 사

전 세계적으로 일어난 석방 요구 시위(1927년)

람의 사형이 집행되었다.

이들의 사형 집행 소식은 전 세계에 걷잡을 수 없는 강한 반발을 불러일으켰다. 파리에서는 성난 시위대가 미국 대사관 앞에 대치하는 바람에 탱크까지 동원되었으며, 요하네스버그에서는 격분한 군중이 미국 국기를 불태웠고, 로마, 런던, 시드니, 베를린, 암스테르담, 리스본, 아테네 등에서도 미국을 상대로 시위가 끊이지 않았다.

장인의 지문을 찾아 떠나다

공교롭게도 이탈리아를 떠나 미국에 온 두 제화공이 1927년 같은 해에 모두 미국에 없었다. 한 사람은 사형을 당했고, 한 사람은 이탈리아로 급히 떠났다. 페라가모가 할리우드에서 잘나가던 제화점을 뒤로한 채 미국을 떠난 이유는 무엇일까? 대체 무엇 때문에 성공가도를 달리던 페라가모는 황급히 이탈리아 피렌체로 갔을까?

그런데 이제 기계로 제작한 페라가모 구두의 형편없는 품질 때문에 계속해서 불만과 분노가 쌓이자, 나는 걱정과 의심 속에서도 과연 이 교착 상태를 해결할 방법이 무얼까 고민하기 시작했다. (……) "이탈리아에서라면 말이야." 나는 신이 나서 말했다. "필요한 만큼 구두 제작자를 구할 수 있어. 그럼 지금 기계로 처리하는 작업을 그들에게 맡기는 거야."

— 살바토레 페라가모, 『꿈을 꾸는 구두장이』에서

페라가모는 기계로 대량생산되는 구두를 혐오했다. 보스턴을 떠날 때도 그랬고, 미국을 떠날 때도 마찬가지였다. 편안함은 기계가 아닌 인간의 지문으로 만들어지는 것이다. 구두의 가죽과 천에 세심하게 지문이 남지 않는다면 그 구두는 결코 편안할 수 없다. 기계로 찍어 내는 신발은 제각각인 사람의 발 사이즈를 특정 사이즈로 국한시킬 뿐만 아니라 제각각의 발의 형태도 특정 형태로 압박한다. 그로 인해 사람의 발은 상하게 된다.

사업이 번창하면서 구두를 기계로 찍어 내던 페라가모는 기계를 버리기로 결심한다. 하지만 미국 땅 어디에서도 편안한 구두를 만들 수 있는 제화공들을 찾을 수 없었다. 이미 기계화에 익숙해진 미국에서 '장인의 지문'을 찾기란 '하늘의 별 따기'였다. 결국 인간의 지문을 찾아 페라가모는 이탈리아로 간 것이다.

제화공들의 지문을 느끼다

페라가모는 이탈리아로 돌아와 피렌체에 그의 이름으로 된 가게를 열었다. 그리고 자신이 어릴 때 받았던 도제식 공방으로 사업을 끌고 간다. 하지만 5년 만에 그는 파산하고 만다. 자신의 꿈이 무참하게 무너진 페라가모는 '출입금지'라 쓰여 있는 공장 문 앞에서 울고 있었다.

그때, 길에 못 박힌 듯 서 있는 남자 여섯과 여자 한 명이 눈에 들어왔다. (……) "울지 마세요. 이런 일쯤 신경 쓰지 마세요, 살바토레 선생님. (……) 저희는 계속 선생님 밑에서 일하고 싶습니다. 선생님이 저희를 가르치셨잖습니까. 저희는 이제 선생님 방식 말고 다른 식으로는 일할 수 없게 됐단 말입니다. 저희를 데려가 주세요. 다시 시작해야 할 거 아닙니까."
나는 그들의 얼굴을 차례차례 바라보았다. 그렇다. 그들도 역시, 내 피붙이 못지않게, 내가 부양해야 할 식구들이었다.
— 살바토레 페라가모, 『꿈을 꾸는 구두장이』에서

제화공들의 격려 속에서 페라가모는 공터에 천막을 치고 재기를 시도했다. 결국 그 피렌체 땅에 많은 제화공들과 함께 작업할 수 있는 큰 건물을 살 만큼 사업이 번창하게 된다.
요즘에도 장인들을 기계 부속품쯤으로 생각하는 사람들이 있다. 자기 방식의 마녀사냥으로 모든 책임을 덮어씌우는 권력자들도 득실거린다. 미국은 일찍이 그런 태도로 사코를 희생양 삼았다. 미국

살바토레 페라가모(1898-1960)
구두란 인간의 '토대'와 같은 것이다. 우리가 일어나 서도록 땅이라는 투박한 현실과 맞닿는 인간의
여린 살갗을 안전하게 보호해 주는 것이 구두다.

이 페라가모마저 그렇게 만들었다면, 오늘날의 명품 브랜드 페라가모는 없었을 것이다.

우리는 이 땅의 제화공들에게 어떤 태도를 취하고 있는가? 그들의 지문이 필요한가, 아니면 한낱 기계의 부속품이 필요한가? 20세기 초반에 미국이 이주노동자와 제화공에게 했던 '그 짓'을 우리는 반복하고 있는 것은 아닐까.

구두란 인간의 '토대'와 같은 것이다. 우리가 일어나 서도록 땅이라는 투박한 현실과 맞닿는 인간의 여린 살갗을 안전하게 보호해 주는 것이 구두다. 다른 사람들은 발에 신경도 쓰지 않았지만 어느 시대, 어떤 땅을 막론하고 제화공들만은 발바닥의 여린 살갗에 세심했다. 그래서 제화공들은 구두라는 인간의 '토대'에 발이 상하지 않도록 최선을 다했으며, 그 마음으로 사회라는 더 큰 구두 속에서도 우리가 편안하기를 목 놓아 외쳤던 것이다. 그들이야말로 진정한 인간의 지문, 인간의 무늬(인문)를 지녔던 것이다.

"울지 말거라, 단테야! 네 어머니가 일곱 해 동안 고생하면서 많은 눈물을 흘렸지만 달라진 건 아무것도 없단다. 그러니 아들아, 울지 말고 씩씩하게 어머니를 위로해 주고 소중한 이들을 사랑하고 곁에서 보살펴 드려라. 네 어머니와 함께 조용한 시골길을 산책하며 여기저기 피어 있는 들꽃을 꺾고 나무 그늘에서 쉬렴. 항상 기억해라. 행복한 유희 속에서 젊음을 보내기보다 박해당하고 희생당하는 이들을 도와라. 네 용감한 마음과 선량함이 그들에게 기쁨을 주리라 믿는다. 인생에서 너는 더 많은 사랑을 발견할 것이고, 사랑받게 될 거야."

── 브루스 왓슨, 『사코와 반제티: 세계를 뒤흔든
20세기 미국의 마녀재판』에서

제화공 사코는 어린 아들에게 이렇게 마지막 편지를 남기고 1927년 8월 어느 날 우리 곁을 떠났다. 그 순수한 마음이 곧 그의 지문이고, 인간의 무늬였다. 그 제화공의 마음을 페라가모도 지녔기에 그의 구두는 편하다. 우리 땅 한국에서도 이런 제화공들의 지문이 온전하게 묻어 있는 구두를 신고 싶다. 수제화 브랜드는 인간의 지문이기 때문이다.

---

1   에릭 홉스봄, 『저항과 반역, 그리고 재즈』 참고.

2   「뉘른베르크의 마이스터징거」: 중세 음유시인 전통을 계승하여 15~16세기 독일에서도 길드 수공업자들이 예술적 기량을 연마하여 부업으로 노래를 부르는 마이스터징거들이 활동했는데, 이 작품에서 제화공 마이스터 한스 작스가 주인공들의 사랑을 도와주는 역할로 등장한다.

3   『사람은 무엇으로 사는가』: 가난한 구두장이 시몬이 하늘에서 내려와 얼어죽을 뻔한 천사 미하일을 도와주는 이야기로, 작가 자신의 신앙인 러시아정교의 본질로 '사랑'을 강조하고 있다.

4   『사랑이 있는 곳에 신이 있다』: 사랑하는 아내와 자식을 모두 잃은 구두장이 마틴이 하나님께 자신도 데려가 달라고 기도하다가 어려운 이웃을 사랑하는 숭고한 가치를 깨닫고 다시 삶의 의지를 되찾은 이야기다.

5   『수레바퀴 아래서』: 주인공 한스는 부모와 마을 사람들의 기대 속에 진학하던 명문대를 자퇴하고 고향으로 돌아왔을 때 냉대 속에서 좌절하는데 그를 위로하는 인물로 구둣방 주인 플라이크 아저씨가 등장한다.

6   『구두장이의 휴일』: 16세기 영국 극작가 토머스 데커의 희극.

12 구찌

기계가 야기한 상실감에
치유를 선사하다

브랜드는 문양이다. 문양은 삼차원 자연물을 점,
선, 면, 형의 이차원으로 표현하는 것. 문양이
일정한 간격으로 반복되면서 장식 효과는
극대화된다. 구찌는 기계문명으로 피폐해져 가는
인간에게 대나무란 자연 소재와 아르데코 문양을
선보였다. 여기서 상실감에 빠진 인간에게 자연과
추상, 그리고 치유를 가능하게 했다.

보들레르의 파리에서

구찌의 창립자 구초 구치는 1897년 열여섯 살 되던 해, 고향 피렌체에서 런던으로 향한다. 당시 전 세계 부자들이 모이던 런던의 사보이호텔. 그는 거기서 벨보이로 지내며 "낮 동안의 노동"에 지쳐 있었다.

날이 저문다. 낮 동안의 노동에 지친 가엾은 사람들의 마음에 안정이 찾아든다. (……) 한 친구는 마음에 상처를 입은 야심가였는데 낮이 저물어 감에 따라 차츰 더 거칠고 더 침울하고 더욱 심술궂어졌다. 낮 동안은 관대하고 상냥했으나, 저녁이 되면 냉혹해지는 것이었다. 그리고 그의 황혼의 발작은 다른 사람뿐 아니라 그 자신에게까지 미친 듯이 발휘되었다. (……) 끊임없는 위기감에 대한 불안을 가슴속에 품고 있었다.
　　　　── 샤를 보들레르, 「어스름 저녁」, 『파리의 우울』에서

구초 구치가 런던에서 생활한 거의 비슷한 시기 파리에서 살았을 한 사나이를 샤를 보들레르가 묘사한 것이다. 보통은 날이 저물면 "낮 동안의 노동에 지친 가엾은 사람들의 마음에 안정이 찾아"들지만 이 사나이는 "더 거칠고 더 침울하고 더욱 심술궂어졌다." 그 이유는 "끊임없는 위기감에 대한 불안" 때문. 구치가 십 대 후반을 보

낸 런던은 이 묘사와 마찬가지로 불안감이 물씬 풍기고 있었다.

미술공예운동과 벨에포크

18세기 후반 영국은 산업혁명 이후 전례 없는 풍요를 누렸지만, 19세기에 접어들면서 원인 모를 불안감에 휩싸였다. 점차 모든 분야에서 기계가 야금야금 인간을 대신하게 되자, 정작 사람들의 마음속에는 자연과 과거에 대한 향수가 자리 잡게 되었다.

이런 경향은 1870년부터 시작된 윌리엄 모리스의 '미술공예운동(Art and Crafts Movement)'에서 분명하게 드러났다. 모리스는 "기계란 본질적으로 아름다움을 파괴하고 문명을 타락시키는 것"으로 규정하고 장인의 예술성을 강조했다.

프랑스 파리도 19세기 말 근대화로 인해 심한 몸살을 앓았다. 에밀 졸라가 1883년에 쓴 소설 『여인들의 행복백화점』에 보면, 원인 모를 불안과 두려움을 보상받으려는 듯 여인들은 백화점에 운집한다. "지나가는 사람들마다 시선을 그곳으로 향했고, 모두가 탐욕으로 인해 거칠어진 듯 그 앞에서 발길을 멈춘 여자들은 서로를 떼밀었다."

하지만 백화점을 불타오르게 하는 공장 같은 열기는 무엇보다도 벽 너머로 느껴지는 판매대의 부산스러움과 엄청난 판매에서 비롯되었다. 쉬지 않고 힘차게 돌아가는 기계의 윙윙거림이 느껴지는 가운데, 전시된 상품들에 정신을 빼앗긴 고객들이 화덕 속으로 뛰어들 듯 너도나도 매장 앞으로 몰려들었다가는 다시 서둘러 계산대로 향했다. 이 모든 건 기계 같은 정확함으로 계획되고 작동되고 있었다. 마치 온 나라의 여인들이 톱니바퀴 장치의 힘과 논리에 따라 움직이는 듯했다.

— 에밀 졸라, 『여인들의 행복백화점』에서

"자유입점, 정가제 실시, 박리다매, 반품 제도, 세련된 상품 진열, 통신판매, 바겐세일, 판매원들에게 매출액에 따른 수당 지급" 등으로 백화점 영업은 성황을 이루었다지만, 발터 베냐민은 당시 사람들이 '물신주의'에 빠졌다고 단언한다.

예민한 감수성을 지닌 시인, 소설가, 음악가와 예술가들은 편리한 대량소비 속에서 마음 둘 곳 없는 불안과 상실을 드러낸다. 문명의 진보와 혁신 속에 스멀대는 불안감에 대한 치유책으로 자연으로의 회귀와 복고주의가 제시된 이후에야 비로소 '벨에포크(La belle époque)', '아름다운 시절'이 된다. 유럽의 19세기 말부터 20세기 초 20년을 지칭하는 '벨에포크'에 미술과 음악, 문학이 활짝 꽃피웠다.

구찌의 장인정신과 자연주의

십 대 후반의 풍부한 감수성으로 산업화의 불안 속에 있던 구초 구치에게 안정을 가져다준 것은 바로 '미술공예운동'과 '벨에포크' 양식이었다. 5년 후 스물한 살이 되자 그는 부푼 꿈을 안고 고향 피렌체로 돌아간다. 그리고 이전의 호텔 생활과는 상반되는 침묵 속에서 가죽 도제 생활을 시작한다. 장인 기술을 수련한 지 거의 20년이 되는 1921년, 적지 않는 나이 마흔에 구치는 자신의 이름 '구찌'로 가죽 전문 매장을 열었다.

승마용품으로 시작된 구찌의 제품은 금세 '장인의 손길'이라는 입소문을 타며 핸드백, 트렁크, 장갑, 신발, 벨트 등으로 확대되었다. 하지만 1940년대 파시즘의 영향으로 모든 군수 물자들이 징발된데다 국제연맹이 대이탈리아 제재를 결정하면서 구찌는 원자재 부족으로 최대 위기를 겪게 된다. 하지만 구초 구치의 창립 정신은 그 어려운 고비를 넘을 수 있게 해 준 원동력이 된다. 그는 미술공예운동과 벨에포크 전통에 따라 장인정신과 자연주의, 그리고 복고주의를 구찌 브랜드의 모토로 삼았던 것이다.

구초 구치의 첫째 아들 알도는 아버지의 정신을 이어받아 가죽의 대체품으로 식물 소재를 찾아냈다. 이탈리아 나폴리에서 생산되는 대마와 삼마, 황마, 대나무 등을 이용하여 직조로 엮은 가방을 만든 것. 그 엮인 형태가 작은 다이아몬드 형을 이루면서 이후 다이아몬드 형태를 문양에만 남기고 식물 소재는 캔버스 소재로 바뀐다. 캔버스에 구찌의 상징인 다이아몬드 문양이 만들어진 것이다.

다이아몬드는 벨에포크 양식에서 인기를 끌었던 보석이었는데, 벨에포크에 대한 창립자의 향수를 드러내 주는 문양이었다. 이후 구찌의 자연주의는 가방 손잡이에 남게 되며, 그것이 바로 일본산 대나무를 활용한 '뱀부백'이었다.

1961년 알도는 창립자의 창업 정신에 한 가지 예술양식을 더 가미한다. 다이아몬드 형태가 아닌 로고 문양을 모든 소재에 장식한 것이다. 알도는 특별히 아버지 구초 구치의 이름을 딴 로고 GG로

18세기 후반 영국은 산업혁명 이후 전례 없는 풍요를 누렸지만, 19세기에 접어들면서 원인 모를 불안감에 휩싸였다. 점차 모든 분야에서 기계가 야금야금 인간을 대신하게 되자, 정작 사람들의 마음속에는 자연과 과거에 대한 향수가 자리 잡게 되었다. 이런 경향은 1870년부터 시작된 윌리엄 모리스의 '미술공예운동'에서 분명하게 드러났다. "나의 작업은 꿈을 표현한 것이다."

에드워드 번존스와 윌리엄 모리스의 태피스트리 「플로라」(1885년경)
맘스베리수도원 스테인드글라스(1901년)
모리스 회사의 화환 디자인 드로잉(1887년)

피렌체 구찌 워크숍

뱀부백

1961년 알도 구치는 한 가지 예술 양식을 더 가미하는데, 특별히 아버지 구초 구치의 이름을 딴 로고
GG로 '아르데코' 문양을 만들어 모든 소재를 장식한다.

'아르데코(Art Deco)' 문양을 만들었다.

아르데코 문양

우선 문양은 일반적으로 점, 선, 면, 형으로 도형화되어 표현된다. 문양이 일정한 간격으로 반복되면서 도형의 방향성과 색채대비가 장식 효과를 극대화시킨다.

아르데코는 1920년대에 발전하여 1930년대에 절정을 이루었다. 시대적 상황으로 볼 때 구초 구치가 런던에서 본 양식은 '아르누보(Art Nouveau)'였겠지만, 알도는 과거 전통들 속에서 아르누보 대신 그보다 10여 년 늦게 유행한 '아르데코'를 선택했다. 아르데코는 기본형의 반복, 동심원, 지그재그 등 기하학적 추상을 문양으로 사용한다. 아르데코에서 프랑스어 '데코(deco)'는 라틴어 '데쿠스(decus)' 또는 '데코르(decor)'에서 나온 말로 '장식'을 뜻한다.

고전학 전통에서 장식이란 자연을 보고 거기서 추상을 끌어내는 지성적 창조 행위다. 문양으로 표현하기 위해 먼저 갖추어야 할 능력이 추상화 능력이다. 예를 들면 삼차원의 자연물을 일차원이나 이차원, 즉 점, 선, 면, 형으로 추상화할 수 있는 능력이 있어야 문양을 장식할 수 있다.

우리는 산을 보면 삼각형을, 달을 보면 둥근 원을 생각한다. 자연을 보고 도형과 직선을 추상해 내는 것이다. '장식'은 눈의 호사에만 머무르지 않는다. 자연을 보고 추상해 내고 변형하는 창조 행위가 장식이다. 추상과 창조가 동반된 장식 행위 속에서 일종의 쾌감을 느끼는 게 사람의 감성이다.

추상화의 대상은 자연

"예술(기술)은 자연의 모방이다."[1]라는 명언에서 말하듯 서유럽 인문학사에서 모방의 대상은 항상 '자연'이었다. 자연은 우리 눈에 펼쳐지는 생명의 약동과 변화 그 자체다. 나아가 자연은 그 속에 있는 생명 변화의 원동력까지 포함한다. 사상사나 예술사를 아우르는 인문학사는 이러한 자연에 대한 추상화의 표현, 즉 해석과 별반 다르지 않다.

19세기 말에 시작된 아르누보, 그중에서도 특히 빈 아르누보의 추상 장식은 이후 아르데코에 큰 영향을 미쳐 장식에 있어서 추상의 정신적 영향력에 집중하게 만든다. 그래서 역사학자 베비스 힐리어 (Bevis Hillier)는 아르데코를 "비대칭보다는 대칭을, 곡선보다는 직선을 지향한다. 기계, 신물질, 그리고 대량생산 수요에 적합한 현대 양식"이라 정의했다.

알도는 기계화된 현대성 속에서 자연 자체가 아닌 자연에 대한 추상화를 높이 평가했다. 그래서 아르누보보다 아르데코를 선택했다. 결국 단순히 외면적인 장식만 파악해서는 그 속에 있는 정신적 쾌감을 이해할 수 없다.

구찌

2015년 알렉산드로 미켈레의 색깔로 새롭게 단장한 구찌 밀라노 매장

알렉산드로 미켈레와 구찌의 정체성

2015년 구찌의 크리에이티브디렉터가 알렉산드로 미켈레(1972~)로 교체되었다. 그는 전임자가 갑자기 회사를 떠난 상황에서 불과 닷새밖에 남지 않은 남성복 컬렉션을 성공적으로 이끈 공로로 이틀 만에 전격 발탁되었다.

많은 패션 전문가들은 미켈레의 자유분방한 패션, 그러니까 '무규칙, 무시대, 무성별'의 패션 취향을 히피였던 아버지의 영향으로 치부하면서 우려의 목소리를 냈다. 하지만 그는 창업자 구초 구치가 지닌 장인정신과 복고주의를 고수하고 보전한 것으로 보인다. 그가 즐겨 입는 실크 야구점퍼에는 한 땀 한 땀 장인들이 수놓은 듯한 화려한 자수가 선명하다. 그의 자수 패션들은 장인의 땀방울과 손길이 만든 센슈얼리티(sensuality)를 선보이고 있다.

미켈레는 특히 과거의 패션 아이템을 결합하여 최신 패션을 창조해 낸다. 또한 알도 구치가 강조한 문양 장식을 복고주의를 통해 표현하기 위해 미켈레는 신화와 역사를 디자인한 '신장식주의 룩'[2]을 선보였다. 그동안 미니멀리즘이 강조되면서 특별함이 결여된 패션계에서 신선한 해석에 목말라 왔던 패셔니스트들에게 창조적 감각을 북돋운 것이다.

19세기의 불안과 상실은 무슨 이유로 19세기 말과 20세기 초에 '아르누보'나 '벨에포크', 또는 그 이후 '아르데코'로 나아갈 수 있었을까? 그 길은 19세기 후반 예술가들이 그 동요 속에서 몸부림치던 예민한 감수성이 있었기 때문에 찾을 수 있었다. 그렇다면 『파리의 우울』에서 힘겨워하던 보들레르는 어떤 해법이 있었던 것일까?

> 자연은 하나의 신전 거기에 살아 있는 기둥은
> 이따금 어렴풋한 말소리를 내고
> 인간이 거기 상징의 숲속을 지나면
> 숲은 정다운 눈으로 그를 지켜본다
>
> 밤처럼 그리고 빛처럼 아득한
> 어둡고 그윽한 통합 속에
> 긴 메아리 멀리서 어울려 들듯
> 향기와 빛깔과 소리가 상통한다
>   — 샤를 보들레르, 「만물 조응」, 『악의 꽃』에서

보들레르는 자연과의 '만물 조응'을 해법으로 제시한다. 자연이라는 "향기와 빛깔과 소리가 상통"하는 경지. 그는 사람이 가진 감

구찌

각을 자연과 통합하여 "어울려 들듯"한 세상을 꿈꿨다. 비록 그것이 "밤처럼 그리고 빛처럼 아득한 / 어둡고 그윽한 통합 속에" 있는 세상이라도 그런 문학과 예술과 패션이 상실된 우리를 치유한다. 그는 퇴폐한 파리로부터 탈출하기보다 오히려 골목골목 정면으로 대면하면서 과거와 자연과 인간 속에서 치유의 길을 찾았던 것이다.

브랜드는 문양이다

또 하나의 산업혁명 시대를 맞고 있는 지금 우리는 유난히 복고주의에 공감한다. '응답하라' 시리즈가 인기리에 방영된 이유도 거기서 찾을 수 있다. 마치 산업혁명을 거치면서 19세기 말에 구초 구치가 느꼈을 불안과 상실감은 장인의 손길과 자연, 그리고 '과거'에서 안식을 얻었기 때문이리라.

점차 모든 부분에 우리의 손길과 땀은 외면당하고 화폐마저 '가상화'되면서, 그동안 우리 자신에게 박차를 가해 온 결과로 주어진 것은 희망 대신 불안과 상실뿐이다. 우리는 너나 할 것 없이 모두 그 상처를 채울 것에 두리번대고 있다. 이것은 희망의 조짐이 아닐까. 상처 많은 19세기 말에도 그렇게 예민한 자들의 빈 가슴을 채워 줄 것을 찾아 나섰기에 '벨에포크', 좋은 시절은 가능했으니까.

브랜드는 문양이다. 문양은 삼차원 자연물을 이차원으로 추상해 내는 것. 구찌는 대나무라는 자연 소재에 일정한 간격으로 문양이 반복되면서 상실감에 빠진 인간에게 자연과 추상, 그리고 치유를 경험케 했다. 19세기 말과 20세기의 아르누보와 아르데코처럼.

2016년

2017년

알렉산드로 미켈레는 과거의 패션 아이템을 결합하여 최신 패션을 창조해 냈는데, 특히 알도 구치가
강조한 문양 장식을 복고주의로 표현하기 위해 신화와 역사를 디자인한 '신장식주의록'을 선보였다.

2015年

1   "예술은 자연의 모방이다." : 로마 철학자 세네카의 명언으로 『별별명언: 서양 고전을 관
     통하는 21개 핵심 사유』(김동훈 지음) 15장 참고.
2   신장식주의 룩: 1980년대 후반 패션계에서 색과 디자인 요소를 최소화한 '뉴미니멀리즘'
     이 유행이었는데, 그 반대로 1988년 오트쿠튀르에서 크리스티앙 라크루아에 의해 '신장
     식주의'가 화제가 되었다. 리본, 레이스, 꽃 등으로 장식한 로코코풍의 드레스가 특징이
     며 '뉴데커레이티브'라고도 한다.

13 랑방

어리고 약한 자아를
자기실현의 길로 이끌다

브랜드는 '모성원형'¹이다. 딸을 위해 오늘도
바느질을 하며 자신의 옷장에 딸의 옷을 채우다
사업에 성공한 잔 랑방. 그녀는 1년의 3분의 1은
자신의 딸을 다른 세상에 보낸 현대판 대지의
여신 데메테르다. 딸이 자신의 세계에서 잠재력을
마음껏 발휘하도록 이별을 허용한 어머니, 랑방은
이 어머니상을 고민케 한다.

단테 가브리엘 로세티, 「페르세포네」(1880)
전능한 여신 데메테르는 딸에게 사랑이자 증오의 대상이다. 페르세포네는 엄마 곁에서 자신의 어떤
잠재력을 드러내도 별 볼일 없어 보인다. 곡식의 신으로 온갖 꽃과 열매를 만드는 엄마 앞에서
딸은 초라할 뿐이다. 결국 딸은 엄마와 '동일시'되는 마마걸의 자리, 또한 엄마가 이루지 못한 꿈을
달성하기 위해 '바보 엄마'가 되는 세계를 박차고 나갔다.

"미친 듯이 가슴을 쥐어뜯으며"

하릴없어라. 미친 듯이 가슴을 쥐어뜯으며 딸을 찾아온 땅, 온 나라를 누비는 케레스여. 이슬로 머리카락을 적시는 아우로라(희랍의 에오스, 새벽)도, 초저녁별 헤스페로스도 이 여신이 쉬는 것을 본 일이 없었다니.

— 오비디우스, 『변신 이야기』에서

미친 듯이 딸을 찾아 헤매는 엄마가 있다. 딸은 어느 날 꽃을 꺾다 지하의 신 플루토(희랍의 하데스)의 눈에 띄어 지하세계로 납치되었고, 그것도 모르고 엄마 케레스(희랍의 데메테르)는 온 나라를 누빈다. 프로세르피나(희랍의 페르세포네)는 유피테르(희랍의 제우스)와의 사이에서 낳은 외동딸. 딸의 "허리띠를 보자마자 엄마는 딸 잃은 설움이 북받쳐 새삼 머리를 쥐어뜯고 가슴을 치며 울부짖었다".

엄마는 온 땅에 기근과 가뭄으로 앙갚음해도 그 맺힌 한이 풀리지 않았다. 그러자 제우스가 전령 헤르메스를 통해 하데스에게 페르세포네를 돌려줄 것을 명한다. 하지만 페르세포네는 이미 저승의 음식 석류알을 먹은 뒤라 지하세계를 완전히 떠날 수 없다. 결국 딸은 한 해의 3분의 1은 지하세계의 여왕으로 하데스와 함께하고, 나머지 기간은 지상세계에서 엄마와 함께 지내는 것으로 사건이 종결된다. 페르세포네가 지하에서 보내는 시간, 지상은 겨울왕국이 되었다.

랑방의 브랜드 로고는 엄마가 딸의 손을 다정하게 잡고 있는 모습이다. 우리는 이 로고에서 딸을 향한 엄마의 사랑과 성공 스토리를 읽게 된다.

랑방 모녀와 브랜드 로고

잔 랑방이 지키고 싶은 꿈

아홉 명의 남자 형제들 사이에서 외동딸로 태어난 잔 마리 랑방은 열세 살 때부터 돈을 벌어야 했다. 그러다 모자 디자이너의 도제 훈련을 받고, 1889년 그녀가 스물두 살이 되었을 때 자신의 이름으로 모자 매장을 연다.

갓 서른이 되어 딸을 갖게 되면서 잔 랑방의 인생은 더 이상 자신의 것이 아니었다. 매장에서 힘겹게 일하면서 얻는 적은 수입과 약간의 시간마저 온통 아이 때문에 잃게 되었다. 더군다나 딸이 여섯 살이 되었을 때 실패로 끝난 잔 랑방의 결혼은 딸에게 '블랑슈'라는

랑방의 브랜드 광고(1914년)

이름과 자신에게 '백작부인' 칭호만 안겨 주었지 그 이상의 어떤 의미도 없었다. 이제 모든 것을 잔 스스로 해결해야 하는 상황이었다.

부모자녀 관계를 설명하는 이론으로 '애착' 개념이 있는데, 딸을 향한 잔 랑방의 '애착'은 자신이 이혼한 뒤 더 강렬해졌다. 잔은 딸 마거릿 마리 블랑슈를 세상에서 가장 아름답고 행복한 사람으로 만들어 주고 싶었다. 그러나 그녀가 할 수 있는 일이라고는 틈틈이 딸을 위해 옷을 만들어 입히는 것. 머리에서 발끝까지 엄마가 만든 옷과 액세서리로 치장한 붉은 살결의 금발머리 마거릿 블랑슈는 잔 랑방의 유일한 희망이 되었다.

그런데 전혀 예상치 못한 일이 일어났다. 잔의 모자 가게를 찾

잔 랑방(1867-1946)

아온 고객들이 모자보다 오히려 어린 마거릿이 입은 드레스에 더 많은 관심을 보였던 것이다. 이후 랑방 브랜드는 아동복으로 인기를 얻게 된다. 심리학자였던 루이즈 드 빌모랭에 따르면 잔 랑방이 "실과 바늘로 세상을 감탄시킬 수 있었던 것은 딸(마거릿)을 경탄케 하기 위해서였다."고 한다. 딸은 그녀가 인생을 다시 시작하게 된 이유가 되었다.

잔 랑방의 모자(1925년)

영원한 아이가 된 자식들

유아기 때 형성된 부모와의 애착 관계는 이후 청소년기의 학업과 인간 관계, 성인기의 직장 생활 및 남녀간 애정관계 등에 중요한 역할을 한다. 하지만 아동기의 애착 관계가 좋았음에도 불구하고 성인이 되어 어려움을 겪는 경우도 있다. 그런 현상은 왜 일어날까? 애착 이후 성장통을 겪으면서 진정한 성인으로 성숙하지 못했기 때문이다.

심리학에 따르면 생후 6개월에서 18개월 된 아이는 엄마와의 '동일시' 현상이 일어나고, 이후 자녀는 점차 엄마와 다른 '자기(Self)'를 찾게 된다. 하지만 이때 엄마와 떨어지기를 꺼리면서 분리되지 않는 자녀, '마마보이'나 '마마걸'도 있다. 물론 자녀가 부모와 동일시하는 것뿐만 아니라 그 반대 현상도 일어난다. 자녀와 떨어지지 못하는, 자녀와 자신과의 동일시에서 자유롭지 못한 '딸바보', '아들바보'도 있게 된다. 일정한 나이가 되었는데도 엄마가 아침에 속옷부터 겉옷까지 모두 준비해 주는 자녀는 독립적 자의식인 '자기'를 갖기 어렵다.

아이가 자의식을 갖고 엄마를 '타자'로 느끼면서 아이는 비로소 모방하려는 대상이 생기게 된다. 그런데 그 대상은 성별에 따라 달라진다.

프로이트는 '아들은 어떻게 아버지가 되고 딸은 어떻게 어머니가 되는가?'라는 질문, 즉 발달에 관한 이야기를 남겼다.
— 우에노 치즈코, 『여성혐오를 혐오한다』에서

일반적으로 아들은 아빠의, 딸은 엄마의 성격을 자신의 것으로 받아들이며 성인이 된다. 그러니까 엄마 아빠 중 동성의 부모가 어린 자녀의 모방 대상이 된다. 그런데 이 모방은 부자지간보다 모녀지간에 더 가까운 관계를 형성한다. 오이디푸스콤플렉스 등 여러 심리학 이론이 제시되지만, 모녀가 더 친밀한 이유는 부계 중심 사회에서 모녀가 약자로서 많은 부분 생활을 공유하기 때문이란다.

이렇게 엄마와 애착 관계에 있었던 자녀는 성장기와 미혼 시기를 지나면서 엄마와 거리감을 느낀다. 이때 자녀는 엄마라는 위계질서에 균열과 저항의 틈새를 찾는다. 물론 아빠라는 권력을 향해서도 마찬가지다.

그런데 청소년기를 거치면서 엄마와 거리감을 느끼며 자의식이 갖춰진 자녀 중 딸은 결혼과 출산, 그리고 자녀 양육기를 거치면서 엄마와의 거리감이 다시 좁혀진다. 그도 그럴 것이 이 시기는 모녀가 모두 어머니로서 공감대를 이루기 때문이다.

반면 환경의 요인 때문에 어쩔 수 없이 '자기실현'(개성화)이 이루어지지 못하고 엄마와 애착 관계만 강화된 자녀는 엄마로부터 영향받은 것 이외에 다른 유형의 성격은 전혀 발달시킬 수 없게 된다. 특히 이런 딸은 자기 자녀가 생겨서 엄마가 되어도 자신이 여전히 어린 딸로 머물러 있기를 원하게 된다. 이런 딸은 엄마에게 자기 아이의 양육을 전적으로 의존하면서 자신에게 있는 부모 본능마저 거부한다. '개성화'가 이루어지지 않은 자녀는 비록 신체는 성인이지만 정신은 엄마와 자신을 동일시하는 아이, 즉 '성인아이'인 것이다.

'딸의 젊음'을 누리다

잔 랑방은 디자인의 영감을 위해 러시아, 이집트, 아프리카, 동방, 남미 등을 여행했다. 그녀는 전통 의상, 직물, 보석, 그림들을 수집하고, 책, 성당, 박물관, 갤러리의 미술 작품, 정원 등에서 아름다움을 찾는 수고를 아끼지 않았다. 이렇게 해서 랑방의 새로운 디자인과 신비로운 패션이 탄생한 것이다. 그런데 여기서 잊지 말아야 할 또 하나의 사실이 있다.

잔 랑방의 나이를 뛰어넘는 자유와 대범함, 디자인의 매력에는 딸과의 '동일시' 현상도 있었던 것. 딸이 학교를 다니면 잔 자신이 사춘기 소녀가 되었고, 딸이 또래 남성을 이야기하면 마치 자신이 데이트를 하는 것 같았다. 딸이 근사한 옷을 입으면 잔 자신이 매력적인 아가씨가 되었다.

딸과의 서른 살 차이는 잔 랑방으로 하여금 30년을 더 젊게 사

는 비결이 되었고, 자신이 험한 세상을 만나 돈을 버느라 누리지 못했던 낭만을 보상받는 수단이었다. 그녀는 쉬는 날에는 음악을 들으며 다른 곳에서 얻을 수 없는 감동을 느꼈는데, 마거릿을 성악가로 만들고 싶었다고 한다. 자신이 이루지 못하고 접었던 음악가의 길을 딸을 통해 이루려 한 것이다.

그래서 랑방의 디자인은 마거릿의 나이와 깊은 관련이 있다. 딸이 스물한 살이 된 1918년에 디자인한 가는 허리와 풍성한 치마가 강조된 '로브 드 스틸(Robe de style)'과 회화에서 영감을 받아 화려한 수공예 장식을 단 '픽처 드레스', 이후 여성 스포츠웨어, 딸이 결혼한 뒤에는 남성복 '랑방옴므', 1927년 딸의 서른 살 생일을 기념하여 딸의 피아노 음계의 연습에서 영감을 받아 출시한 향수 아르페주, 이 밖에 모피, 란제리에 이르는 라인이 추가되면서 랑방하우스는 모든 연령의 여성을 의한 패션 브랜드가 되었다. 딸에 대한 사랑

1922년(장식 디테일)   1927년(자수 디테일)

1928년(리본 디테일)   1935년 드레스(실크에 메탈 장식)

으로 일구어 낸 사업의 번창에 대해 그녀는 간단히 "여성스러움에 약간의 매력을 더하고자" 했을 뿐이라고 덧붙였다. 딸은 그녀에게 매력을 선사한 뮤즈였던 것이다.

만일 잔 랑방이 결혼의 실패와 생활의 탈진 속에서 딸마저 버렸다면 어떻게 되었을까? 잔 랑방은 딸 마거릿으로 인해 삶의 의미를 찾았고 자신의 예술성을 키울 수 있었다. 딸은 잔 랑방이 끝까지 지키고 싶은 꿈이었다. 그렇게 자신과 딸을 오가며 몰입했던 디자인으로 랑방을 성공시키는 데 큰 공헌을 한 것이다.

서로의 분신이 된 모녀지간

'미친 듯이 딸을 찾는 엄마가 있다. 미친 듯이 살짝 석류알을 먹은 딸이 있다.' 서두에서 꺼냈던 '모녀의 신화', 데메테르와 페르세포네를 약간 비틀어 본 것이다. 얼어붙은 지하세계에 딸을 잃은 데메테르, 석류알을 먹고 해마다 일정 기간 엄마 곁을 떠나는 페르세포네. 왜 이런 억측이 가능할까?

전능한 여신 데메테르는 딸에게 사랑의 대상이자 동시에 증오의 대상이다. 페르세포네는 엄마 곁에서 자신의 어떤 잠재력을 드러내도 별 볼일 없어 보인다. 곡식의 신으로 온갖 꽃과 열매를 만드는 엄마 앞에서 딸은 초라할 뿐이다. 초라한 딸은 엄마와 '동일시'되는 마마걸의 자리, 또한 엄마가 이루지 못한 꿈을 달성하기 위해 '바보 엄마'가 되는 세계를 박차고 나왔다.

엄마의 그 모든 기대에 부응하지 못하는 자신을 원망하고 학

대하고 혐오하다 나간 자리, 자기 자신에 대한 분노는 엄마에게 상처를 줄까 봐 억눌려 곪을 대로 곪다 터졌다. 그 증오와 사랑의 자리에서 어쩔 수 없이 딸은 엄마에게 죄책감을 갖고 평생을 슬프게 산다.

> 딸은 어머니가 살아 있는 한 어머니의 속박으로부터 도망칠 수 없다. (……) 그리고 어머니에 대한 원망의 감정은 자책감과 자기혐오로서 나타난다. 딸은 어머니를 좋아하지 못하는 자기 자신 역시 좋아하지 못한다. 왜냐하면 어머니는 딸의 분신이며 딸은 어머니의 분신이기 때문이다. 딸에게 있어 여성혐오란 언제나 어머니를 포함하여 스스로에 대한 자기혐오가 된다.
> ─ 우에노 치즈코, 『여성혐오를 혐오한다』에서

딸들에게 자신과 같은 인생을 살라고 하는 엄마들이 적어도 이 땅에는 없을 것이다. 그래서 어린 딸에게 이 땅의 엄마는 고압적인 요구를 한다. 그 요구는 엄마가 이루지 못한 꿈에 대한 보상심리. 그 강압에 지친 딸은 엄마를 원망하고 자신을 혐오하고, 심지어 모든 여성을 혐오하는 지경에까지 이른다. 딸은 엄마를 향해 울부짖을 것이다. "그때 내게 왜 그렇게 했어!"라고.

이런 악순환은 가부장적 사회질서 안에서 계속 반복될 수밖에 없다. 이런 환경에서는 어린 엄마들의 애통은 어쩔 수 없이 계속될 수밖에 없다. 그 엄마에게 손가락질하는 우리의 손이 부끄럽다. 모녀로 만난 두 여성 사이에 이러한 비극은 가부장제가 만든 돌연변이 괴물인 것이다.

낳지 말았으면 좋았을 핏덩어리를 보면서 삶에 탈진한 어린 엄

랑방의 디자인은 딸의 나이와 깊은 관련이 있다. 마거릿이 스물한 살이 된 1918년에 잔 랑방은 가는 허리와 풍성한 치마가 강조된 '로브 드 스틸'과 회화에서 영감을 받아 화려한 수공예 장식을 단 '픽처 드레스'를 만든다.

마들이 가질 희망이 이 사회에 있을까? 하지만 딸을 사랑하면 사랑할수록 더 강하게 억압했을 이 땅의 엄마들을 향해 딸들은 언젠가 밝게 웃으면서 말할 것이다. "엄마, 사랑해. 나를 포기하지 않고 이렇게 입혀 주고 다듬어 줘서 고마워."

랑방은 딸을 위해 오늘도 바느질을 한다. 딸의 옷이 빛을 발하며 엄마의 옷장은 조금씩 그 옷으로 채워지더니 엄마의 옷들을 내몰았다. 엄마는 미소 지으며 기꺼이 옷장을 내준다. 딸은 랑방의 사랑으로 날갯짓을 한다. 진정 성숙한 하나의 인격체로서 엄마 없이도 자신의 세계를 당당히 살아갈 수 있는 딸. 이런 모성애로 가득 찬 브랜드가 진정한 어머니다.

1946년 일흔아홉 살의 나이로 잔 랑방이 죽자 엄마의 유일한 희망이었던 마거릿이 브랜드 랑방을 계승했다.

---

1   모성원형: 카를 구스타프 융의 분석심리학에서 핵심 개념으로, 어리고 약한 무의식적인
'자아'를 '자기실현'의 길로 인도한다.

14 　로얄코펜하겐

빛이 없어도
백자의 미는 다가온다

브랜드는 천지인(天地人)의 조화다. 하늘과 땅,
그리고 인간이 대등하게 어우러져 은은한 빛으로
둥글게 남는 것. 인간 사이만이 아니라 하늘과
땅까지도 인간과 대등한 경지. 로얄코펜하겐은
우리 마음에 잔영으로 남는 백자, 시간과 공간을
빨아들이고 토해 내는 음영을 선물한다.

현재의 블루플루티드
레이스 라인

메가 라인

시공간을 빨아들이고 토해 내는 백자

1991년 아프리카 케이프타운 앞바다. 1690년대에 침몰한 난파선이 발견되었다. 네덜란드 상선 우스터랜드 호. 빛도 들지 않는 해저 깊은 곳 난파선 안에서 윤광을 드러내는 것이 있었다. 중국에서 만든 청화백자. 흰 바탕의 자기 그릇에 푸른색 코발트 문양. 13세기 초 마르코 폴로는 『동방견문록』에서 이것을 '포르셀라(porcella)'라 소개했다.

라틴어인 이 단어는 '작은 돼지' 또는 '조개'라는 뜻으로, 백자 표면이 돼지 등이나 조개 내부처럼 반질반질해서 붙여진 이름이다. 백자는 이후 '포슬린(Porcelain)'이라 불리며 중국 열풍의 주역이 된다. 유럽인들이 백자에 완전히 매료된 데는 이유가 있었을 텐데, 다음의 시로 그 이유를 짐작해 보자.

조명도 없고, 울림도 없는
방이었다
이곳에 단 하나의 백자가 있다는 것을
비로소 나는 알았다
그것은 하얗고,
그것은 둥글다
빛나는 것처럼
아니 빛을 빨아들이는 것처럼 있었다
(……)
점층적으로 사라지게 되면서

믿을 수 없는 일은

여전히 백자로 남아 있는 그

마음

(……)

여름이 지나가면서

나는 사라졌다

빛나는 것처럼 빛을 빨아들이는 것처럼

— 황인찬, 「단 하나의 백자가 있는 방」에서

화자는 불 꺼진 방에 우연히 들어갔다. 어둠과 침묵의 방, 윤광이 천천히 드러나는가 싶더니 어느 순간 마치 카메라 줌을 확 끌어당긴 듯 백자가 시선 중앙에 들어왔다. "빛나는 것처럼 / 아니 빛을 빨아들이는 것처럼" 백자는 거기 그렇게 있었다. 백자가 천천히 빛을 빨아들인 상태라 "조명도 없고, 울림도 없는 / 방"에서 화자가 숨을 죽이고 눈을 껌벅일 때 백자는 비로소 빛을 토해 냈다.

300여 년 전 침몰한 난파선 안에서 백자는 여전히 빛을 빨아들였다 토해 내기를 반복했고, 사람들은 드디어 그 신비한 백자를 발견했다. "나는 사라졌다 / 빛나는 것처럼 빛을 빨아들이는 것처럼" 당신의 "그 / 마음"도 백자와 다를 바 없단다. 화자는 백자를 보면서 '방'이라는 공간과 '여름'이라는 수많은 시간을 빨아들이고 토해 내는 당신을 본다. "수많은 여름이 지나갔는데" "모든 것이 여전했다."

연금술로 찾아낸 '하얀 금'

17세기 유럽 전역에는 백자의 인기가 폭발적이었다. 중국의 백자가 유럽에 들어오자 '하얀 금'이라 불리며 비싼 가격에 거래되었다. 유럽의 왕실과 귀족들은 백자를 비롯한 중국적 취향을 '시누아즈리(chinoiserie)'라면서 바로크나 로코코 양식과 결합시킨다.

18세기 대항해 시대가 열리면서 유럽은 상류층에서 살롱문화가 급속하게 번진다. 살롱에서 담론을 펼칠 때 아프리카 커피와 중국 차를 마시는 게 최고의 호사였으며, 백자는 거기에 품격을 더했다. 당시 개인 접시와 음식에 따라 다른 종류의 접시를 사용하는 식탁 문화가 생기고 테이블웨어가 유행한다.

하지만 백자를 만드는 기술은 중국인들만의 비밀. 유럽은 비싼 가격을 중국에 지불하면서 백자를 수입할 수밖에 없었다. 이탈리아의 메디치 포슬린을 비롯하여 유럽 각지에서 백자를 만들려는 다양한 시도가 있었다. 흰색을 내는 온갖 재료를 사용했지만 유리를 섞어 만드는 수준이었다. 실패의 원인은 백자의 주원료인 고령토를 알지 못했고, 1100도 이상의 가마를 만들지 못했기 때문이다. 중국 백자의 제조 비밀은 유럽의 과학기술도 밝혀내지 못했던 것이다.

작센의 아우구스투스 2세는 독일 마이센 성의 연금술사인 요한 프리드리히 뵈트거를 가두고 황금을 만들라 명한다. 하지만 실패를 거듭하자 아우구스투스는 화학 반응으로 금을 만들 수 없다는 결론을 내리고 금과 맞먹는 대체품으로 백자를 만들라 명령한다. 뵈트거는 백자를 만들기 위해 대리석이나 뼛가루를 사용했지만 번번이 실패한다. 결국 1708년에 뵈트거는 3년 만에 마이센에서 고

18세기 후반

령토 광산을 발견했고 장석 성분을 추가해 백자의 성분 문제를 해결한다.

또한 발터 폰 치른하우스의 도움으로 렌즈와 거울을 이용한 1400도 가마가 가능해졌다. 하늘에서의 고온과 땅에서의 고령토, 천지의 조화를 통해 백자는 만들어졌고, 뵈트거는 이 결과를 기록에 남겼다. 이후 마이센의 백자 기술이 오스트리아 빈, 프랑스 스트라스부르, 덴마크 코펜하겐, 이탈리아 피렌체, 영국 런던 등으로 유출되면서 백자의 유럽 생산 시대가 열렸다.

불과 흙, 그리고 평등한 인간의 조화

1770년대에 덴마크 왕실은 자국의 흙으로 백자 생산에 성공

1890년대

하면서 '왕립자기공장'을 세웠고, 1775년에 지금의 '로얄코펜하겐'
이라 명명했다. 왕실은 특별히 장인들을 불러 모아 초벌구이 된 백자
위에 직접 그림을 그리게 하고 유약을 발라 재벌구이 하는 언더글레
이즈(underglaze) 기법을 전수케 했다. 지금도 로얄코펜하겐의 접시
한 장에는 장인들의 붓 터치와 각자의 사인이 고스란히 남아 있다.

　비로소 백자는 불, 흙, 인간, 천지인이 어우러져 예술이 됐다.
브랜드 로얄코펜하겐은 천지인의 예술성을 심어 유럽인들을 사로잡
게 된다. 로얄코펜하겐은 18세기 독일, 영국, 프랑스, 이탈리아에 있
는 많은 왕실 자기회사와 어깨를 나란히 하면서 상류층을 위한 화려
한 장식과 문양을 발전시킨다.

　하지만 19세기를 맞이하면서 로얄코펜하겐은 프랑스혁명과
함께 위기를 맞는다. 절대왕정 국가들의 심한 동요 속에서 덴마크는
1849년 왕정을 끝내고 군주는 있지만 통치는 하지 않는 입헌군주제

로 바뀐다. 로얄코펜하겐은 80여 년간 왕실의 보호를 받다 이제는 성난 민중의 공격 대상이 될 수도 있는 상황에 직면한다.

1885년 로얄코펜하겐은 문을 연 지 110년 만에 아널드 크로그를 총감독으로 영입한다. 그는 왕실과 귀족만 독점하는 백자가 아닌 모든 인간의 백자를 만들기로 굳게 결심한다. 순수미술과 건축을 전공한 디자이너였던 그는 중국 청화백자의 아름다움에 매료되어 있었다. 당시 백자의 화려함은 원래 청화백자와는 너무나 큰 차이가 있었던 것. 크로그는 단일한 색깔로 단순한 형태의 백자를 만들어 낸다. 단순미를 백자의 아름다움으로 재해석한 것이다. 그 결과 중국 전통을 가장 잘 반영하는 것으로 블루플루티드(Blue Fluted) 라인이 재론칭된다.

블루플루티드 플레인, 블루플루티드 풀레이스, 블루플루티드 메가 등 매끄러운 하얀 백자 바탕에 맑은 청색이 수채화처럼 장식된다. 블루플루티드는 중국의 청화백자 안에 있는 국화를 추상화한 것으로, 아놀드 크로그는 왕실의 화려함을 버리고 단순함을 통한 백자가 주는 아름다움의 본질을 표현해 냈다. 그렇게 할 때 비로소 작은 돼지의 하얀 등과 조개 속 매끄러운 표면에 있는 아름다움이 살아난다.

또한 로얄코펜하겐은 왕실의 독점으로 귀족에게만 판매하던 백자를 대다수 국민이 경험할 수 있도록 거리에 상점을 열었다. 그렇게 해서 왕실과 귀족에게 갇혀 있던 백자가 시민들에게 더 친숙하게 다가갔다.

로얄코펜하겐은 귀족 계급에 대한 저항의식과 혁명을 겪고 나서 순수한 예술의 본성을 순백색의 매끈한 표면과 단순한 청색 문양에서 찾았다. 그것이 원래 동양에 있던 청화백자의 신비라 여겼던 것이다. 유럽의 화려한 다른 자기 브랜드에 비해 로얄코펜하겐이 단순미를 얻게 된 이유다.

에밀리 디킨슨과 백자의 단순미

백자의 단순함과 화려함을 비교한 시인이 있다. 에밀리 디킨슨. 그의 전기 영화인 「조용한 열정」에서도 에밀리가 사용한 접시와 찻잔이 나오는 장면이 있다. 한 번은 식사하는 장면인데, 딸을 나무라는 듯 "접시가 더럽다."는 아버지의 말에 디킨슨이 그 자리에서 접시를 산산조각 내고는 "이제는 더럽지 않죠?"라고 말한다. 또 한 번은 자신의 시를 이해해 주는 목사가 방문했을 때 그 부부 앞에서 차를 대접할 때다. 어찌 보면 과격하다 싶을 정도로 과감하게 깨뜨린 접시는 단순한 문양의 백자였으며, 자신의 시를 인정해 줄 것 같은 사람에게 차를 대접하는 잔은 화려한 문양의 백자였다.

단순한 백자는 구태의연한 가부장의 질서를 깨뜨리는 척력의 자장을 남기고, 화려한 백자는 뭔가 잘 보이려는 듯한 인력의 자장을 남긴다. 백자의 단순성과 화려함의 대조는 다음의 시에서 더 분명히 드러난다.

전 당신과 함께 살 수 없어요 ─
그것만이 생명이건만 ─
생명은 저기로 건너갔죠 ─

1914년

찬장 뒤쪽으로

교회 무덤지기가 열쇠를 갖고 ―
처박아 놓죠
우리 생명을 ― 그의 포슬린을 ―
마치 찻잔마냥 ―

여주인이 버려둔 ―
고풍스럽고 ― 하지만 이 빠진 잔 ―
새로 나온 세브르는 대접받지요 ―
오래된 부서진 잔 ―

― 에밀리 디킨슨, 640번에서

시인 에밀리 디킨슨의 삶을 그린 영화 「조용한 열정」(2015)

    포슬린, 단순한 중국풍의 백자는 금이 가고 이가 빠져 찬장 구석에 처박혀 있다가 부서지고 버려진다. 화자는 "찬장 뒤쪽"에 처박힌 "포슬린"이 "우리 생명"이라고 한다. "여주인"은 우리의 생명인 포슬린을 버려둔다. 반면 세브르, 루이 15세의 애인 퐁파드루 부인이 만들게 했다는 화려한 금채색 백자는 대접받는다. 사람들의 관심은 온통 새로 나온 화려한 찻잔에만 있다. 고풍스러운 단순한 문양의 찻잔은 이 빠진 채 찬장 구석에 버려졌다가 끝내 부서진다.

    "교회 무덤지기"가 그 찬장의 열쇠를 갖고 있다는 것으로 추측컨대, 찬장은 무덤을 상징한다. 찬장 뒤에 처박힌 포슬린은 한 개만 있지 않고 모이고 모인다. 포슬린은 생명이기도 하지만 또한 무덤에 사는 존재들이다. 그렇다면 백자를 죽음의 존재들로 묘사하는 디킨슨의 또 다른 시를 보자.

죽음은 달콤한 청혼자
마침내 그것이 이긴다 —
살금살금 함께 살자고
처음엔 파르스름하게 빛을 내고
다음엔 희멀겋게 다가와

용감하게 마침내 뿔피리로
수레를 두 동강 내고선
개선가 부르며 싣고 간다
알 수 없는 서약으로
거기엔 공명하는 족속들
백자처럼.

— 에밀리 디킨슨, 1445번에서

화자는 백자를 바라보면서 살금살금 다가와 생명까지도 빨아들이는 죽음을 감지한다. "처음엔 파르스름하게 빛을 내고 / 다음엔 희멀겋게 다가"오는 죽음이 백자와 같다. 하지만 화자는 그 앞에서 무방비 상태. 당신의 "수레를 두 동강 내고선" 또 그 둥근 모양 속에서 "백자처럼" "공명"되는 족속들에게로 이끌려 간다. 더 이상 시간도 공간도 빛도 없는 거기서 "뿔피리"의 "개선가"만 들린다.

디킨슨은 백자를 보면서 생명과 죽음, 그리고 생명과 죽음 건너편에 공명되는 존재를 떠올렸다. 그녀는 자신의 골방 안에서 하늘(신)도 땅(자연)도 인간(자아)도 생명과 죽음이라는 우리의 '말놀이

1887년 영국에 처음 연 로열코펜하겐 런던 매장

동산'을 건너가면 공명만 울릴 것이라고 상상한다. 난파선 내부에서 빛을 빨아들이고 토해 내는 청화백자처럼 여전히 남아 있다.

그래서일까. 로얄코펜하겐은 2013년에 핀란드 기업 피스카스에 매각되었지만 여전히 인기 있는 백자 브랜드로 남아 있다. 천지인의 어울림 속에 어떤 자장과도 같은 백자의 윤광이 "빛나는 것처럼 빛을 빨아들이는 것처럼" 남아 있다.

나는 오늘 자기로 만든 접시와 찻잔을 보면서 무엇을 감지할까?

아널드 크로그의 '블루플루티드' 스케치(1849년)

15 레고

동일한 브릭의 수많은
시뮬레이션으로 원본이 창조되다

브랜드는 놀이다. 그 놀이는 주어진 영역을 갈고
경작하여 창조해 낸 문화가 된다.
레고는 어릴 때부터 가졌던 수집과 창조의 본능,
하지만 어른이 되면서 무감각해진 그 욕망을
깨운다. 당신의 수많은 시뮬레이션으로 창조는
완성된다.

3D프린팅과 원본

3D프린터의 대중화는 생산 방식의 혁신을 몰고 왔다. 3D프린팅은 플라스틱, 스테인리스, 티타늄, 섬유세라믹 등 다양한 재료를 액체 상태로 분사하여 쌓도록 하는 '적층가공'으로 제품을 만든다. 그래서 시장 요구에 따른 실시간 생산이 용이한데, 그도 그럴 것이 3D프린팅은 아무리 복잡한 형태라도 정밀도가 높은 디지털 설계로 빠르고 쉽게 가공할 수 있기 때문이다. 이때 원본이란 설계된 디지털 파일 정도가 될 것이다. 다음 시에서 뭐가 진짜 원본 고양이일까?

고양이를
관람하는 고양이를
관람하는 고양이들

거대한
고양이 인형들

모두들 고양이를 추모한다.
고양이 비디오를 틀어놓고
　　　　　─ 이수명, 「고양이 비디오를 보는 고양이」에서

고양이들이 비디오에 나오는 고양이를 보고 있다. '의자'와 '바닥'에 있는 고양이들이 비디오에 나오는 "고양이 흉내를 낸다." 그런데 그렇게 관람하는 고양이들을 또 '창가'에서 "관람하는 고양이들"

올레 키르크 크리스티안센(1891-1958)

이 있다. 이 모든 고양이를 화자는 "고양이 인형들"이라 한다. 비디오
를 보는 고양이들은 인형들이기 때문에 화자는 시의 후반부에 "고
양이 흉내를 내지는 않"는다고 한다.

    그렇다면 이 시에 등장하는 그 많은 고양이들의 원본은 어디에
있나? 아마도 비디오의 고양이가 원본인 셈. 하지만 그 고양이는 인형
들에게 전혀 중요하지 않다. 지금 현장에는 복제된 수많은 고양이들만
있을 뿐. 수없이 많은 복제품들이 있는데 원본이 무슨 대수인가?

    반복되는 복제 놀이의 창작품을 원본의 반열에 올린 브랜드가
있다. 1932년에 창립된 레고는 1947년 혁신적인 변신을 시도한다.
플라스틱 소재가 흔해진 당시 최신 설비인 '플라스틱 사출 성형기
계'를 도입한 것. 그리고 플라스틱 브릭 제품을 만들어 '레고브릭'이

레고 테크닉 시리즈

라 발표했다. 회사명 레고는 덴마크어로 '레그 고트', 즉 '잘 놀다.'라
는 뜻.

블록 쌓기에서 스토리 창작으로

레고 회사의 창립자 올레 키르크 크리스티안센은 이름난 목수
로 주택 건축과 리모델링 전문가였다. 하지만 대공황의 여파로 주택
관련 경기가 냉각되자 그는 장난감 제작에 관심을 갖게 된다. 그리하
여 1953년에 아이들이 쉽게 결합하고 분리할 수 있는 튼튼한 장난
감 브릭을 구상했다. 5년 후에는 아래의 튜브와 이 튜브에 들어가는
윗면의 스터드 구조를 지닌 브릭을 제작한다. 하지만 바로 그해 제작

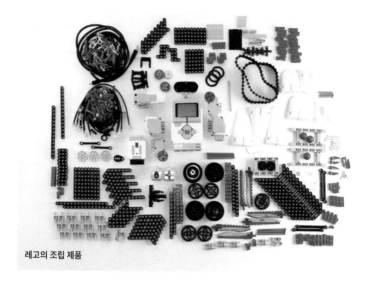

레고의 조립 제품

만 해 놓고 크리스티안센은 고인이 된다.

　크리스티안센의 아들 고트프레드가 레고 회사를 맡게 되면서 전기기차 모형을 발표하고, 테마파크인 레고랜드를 세웠다. 그리고 1970년대에 들어서면서, 레고의 경영진은 더 높은 연령대의 아이들도 좋아할 만한 제품군을 생각해 낸다. 이른바 '레고 전문가 시리즈'. 하지만 스터드와 튜브를 이용하는 전통적인 브릭 결합 방식은 난이도를 높이는 데 한계가 있었다. 그래서 만들어 낸 것이 '레고 테크닉 시리즈'다. 이것은 핀과 구멍의 결합 구조로 난이도와 함께 견고성까지 한층 높인 세트였다.

　레고 회사는 아이들의 놀이 방식이 단순한 블록 쌓기에 그치지 않고 급격한 변화가 있을 것을 직감한다. 그래서 영화 캐릭터 관련 제품을 발표한다. 이것이 바로 대성공을 거둔 「스타 워즈」 '레고

레고로 만든 빅벤

라이센스 테마'다. 그 밖에도 '레고 시티', '레고 미니 피규어', '레고 바이오니클', '레고 크리에이터' 등을 선보였다.

　여기서 주목할 점은 각 시리즈의 부품들을 결합하여 새로운 아이템을 만들고 스토리를 창작했으며, 그와 함께 각 캐릭터에 대한 배경 줄거리를 광고나 웹사이트, 만화를 활용하여 노출하면서 각 캐릭터의 피규어뿐 아니라 장식품까지 제공했다는 점이다. 이후 레고 회사는 장난감 블록만이 아닌 스토리 창작에도 심혈을 기울인다.

　하지만 2005년 레고 회사는 사상 처음으로 적자를 냈다. 적자

레고

의 주원인은 비디오게임이 아이들에게서 레고를 갖고 노는 시간을 빼앗았던 것. 레고 회사는 이때부터 레고 로봇을 주력 상품으로 키웠다. 특히 로봇 세트인 마인드스톰을 출시하고 계속 발전시킨다. 하지만 그것만으로 아이들을 비디오게임으로부터 되찾아 오기에는 역부족이었다.

시뮬레이션과 3D의 시간성

동일하게 출력된 플라스틱으로 같은 이름의 건축물들을 쌓는다. 이 브릭 건축을 복제품이라 한다면, 그 원본은 설명서일 것이다. 그렇다면 삼차원 복제품의 원본은 이차원으로 있을 뿐이다. 실제 건축 현장에서 벽돌을 쌓는 것이 공장에서 삼차원 물건을 제조하는 것이라면, 레고 브릭으로 복제품을 제작하는 것은 제조하기 전에 테스트하는 시뮬레이션에 해당한다.

장 보드리야르는 원본이 없는 복제품, 즉 '시뮬라크르'를 반복하여 생산하는 행위를 '시뮬레이션', 프랑스어로 '시뮬라시옹'이라 했다. 그는 미사일 발사 장면을 구체적인 예로 든다. 요즘 전쟁에서는 실제 발사된 것보다 컴퓨터 모니터 상의 미사일 궤적에 더 큰 관심이 있다. 성공적인 미사일 작전을 위해 미사일의 실제 훈련보다는 화면 상의 시뮬레이션을 더 많이 실시한다. 그러니까 원본보다 더 원본 같은 복제물들이 더 많이 사용되기 때문에 원본과 복제품의 구별은 중요하지 않다는 것이 장 보드리야르의 주장이다.

우리는 온통 복제품에 둘러싸여 산다. 그것들은 시뮬레이션의

레고 「스타 워즈」 캐릭터

결과로 우리 곁에 있다. 그 시뮬레이션을 통해 이전에 있었던 대상인 원본을 만드는 것이 아니라 이전에 없었던 대상을 만들게 된다. 여기서 원본에 대한 신비로운 특권은 부정된다. 복제품의 반복 시뮬레이션을 통해 새로운 것이 만들어질 뿐. 카메라의 발명 이후 복제에 불과한 사진들이 결국 영화라는 새로운 장르의 미디어를 만들어 내듯, 복제의 세계도 경이로운 창조물을 탄생시킨다.

조립하고 쌓아야 할 레고 브릭의 '적층구조'는 설명서에 상세히 기록되어 있기 때문에 동일한 제작이 반복된다. 그렇다면 이런 복제품 시대에 레고의 특별함은 어디에 있을까? 비디오나 컴퓨터, 스마트폰과 같은 디지털 도구의 게임은 이차원성을 벗어나지 못한다. 시각적 요인을 조작하여 가상공간이 되더라도 마찬가지다. 하지만 블록 쌓기는 삼차원 공간에서 이루어진다.

3D프린터는 같은 파일을 출력해도 물질로 쌓이는 과정에서 2D프린터와 차이를 보인다. 종이에 이미지만 출력되는 것이 아니라 조형물이 적층 구조로 쌓이면서 시간은 공간화된다. 영화가 상영되는 스크린에는 필름에 포개져 있던 시간 이미지가 풀려 나와 흘러간다.

　이차원의 설명서를 보고 삼차원 입체 브릭을 아래에서 위로 쌓는다는 것은 시간을 풀어내는 과정이다. 입체의 '적층 구조' 하나하나의 브릭은 설명서에 포개진 시간을 풀어낸 흔적이다. 그렇게 만들어진 장난감 구조물을 보는 동안에도 시간 이미지가 흘러간다. 그리고 그 복제품은 이 세상 어디에도 없는 새로운 창작물이 된다.

　쌓고 허물기를 반복하면서 변형된 새로운 개작(改作)들은 다른 원본이 될 만한 가능성을 지닌다. 그 가능성이 바로 창조성이다. 플라스틱의 색과 형태는 같아도 쌓여 가는 배치와 개수에 따라 각각 다른 원본이 된다. 질 들뢰즈의 말마따나 '반복'에서 '차이'가 생긴 것이다. 동일한 플라스틱 복제품에서 다른 창작품이 나온다.

　3D프린터를 이용한 출력은 플라스틱, 스테인리스, 티타늄, 섬유 세라믹 등 다양한 원재료를 층층이 쌓아 완성되었을 때 삼차원 원본이 된다. 이차원 설계도가 원본일 수는 없다. 이때 시뮬레이션을 통해 아무리 동일한 설계를 따라 동일한 제품이 만들어져도 제품마다 분간하기 어려울 정도의 근소한 차이가 나타난다. 설계와 다르고 시뮬레이션으로 만들어진 제품과도 다른 창작품이 나온 것이다.

여기서 이른바 '시뮬레이션 우주론'에 대한 상상도 가능하게 된다.

놀이의 본능은 창작 활동

매년 레고로 탑을 쌓아 기네스 기록을 갱신하는 '레고 월드타워'에서 볼 수 있듯이, 레고는 더 이상 아이들만의 전유물이 아니다. 레고는 일명 '키덜트' 내지 '덕후'들의 수집 품목 첫 번째가 되었다. 그렇다면 어른의 마음까지 설레게 하는 레고 놀이의 핵심은 무엇일까? 레고의 진짜 매력은 단순한 복제가 아니다. 즉 조립이 아닌 '창작'에 그 매력이 있다. 직접 설계하고 다양한 브릭들을 모아 창작해내는 과정에서 키덜트들이 흥분한다. 그도 그럴 것이 놀이의 본능은 창작이기 때문이다.

레고는 어릴 때부터 갖고 있었던 창작의 본능을 깨운다. 뭔가 새로운 수준의 모형을 계속 만들도록 자극한다. 수십만 개의 브릭으로 도시의 축소모형을 만드는가 하면, 레고 브릭만 사용해서 피카소의 걸작을 3D로 재현하고, 마인드스톰으로 멋진 로봇을 조립하는 것도 우리 안에 감춰진 창작 욕구를 건드리기 때문이다. 레고의 '덕후'들은 모형을 자유롭게 만들 수 있다. 바로 이 점이 창작이 아닌 복제품만 조립하는 다른 제품과 차별화되는 지점이다.

심지어 주변의 많은 프로그래머들이 레고 마인드스톰에 빠지는 것도 이런 놀이 본능과 깊은 관련이 있다. 정형화된 로봇의 부품을 갖고 어떻게 배치(조합)하느냐에 따라 전혀 새로운 로봇이 발명된다. 때때로 로봇이나 건물들이 레고 세트에 있는 모형을 본떠서 조립된 것인지 레고 세트가 이런 것들을 보고 따라 만든 것인지 분간하기 어려울 정도다. 레고의 부품이 배치되는 순간 복제품과 원본의 경계가 무너지는 것이다.

이수명 시인의 시에는 유독 개수를 세는 숫자가 많다. "고양이가 하나 둘 셋 / 의자에 하나 둘 셋 / 바닥에 하나 둘 셋 / 창틀에 하나 둘 셋." 복제품들(인형들)의 숫자가 그만큼 많다. 그에게서도 복제품과 원본의 경계는 모호하다. 시인은 복제품과 원본의 경계를 무너뜨린다. 그의 시 중 레고와도 같은 벽돌을 쌓는 시가 있다.

> 비 오는 날이면 나는 벽돌을 쌓는다.
> 한 장 한 장
> 눈먼 벽돌들
> 잠자는 벽돌들을
> 끝없이 높이 쌓는다.
> 내가 잠들 때까지
> 내가 고함쳐 벽돌들을
> 와르르 깨워도
> 깨진 채
> 벽돌들이 다시 무거운 잠에 빠지고
> 나도 그 위에서 고요해질 때까지
> 벽돌처럼 붉은 침묵의 핏덩이가 될 때까지
> 그 핏덩이로 굳어버릴 때까지
> 나는 쌓는다
>
> ── 이수명, 「벽돌 쌓기」에서

화자는 "비 오는 날이면 벽돌을 쌓는다." 화자가 "잠들 때까지" 쌓다가 어느 순간 "벽돌들이 다시 무거운 잠에" 빠진다고 한다. 더 놀라운 것은 화자도 그 벽돌이 되어 "나도 그 위에서 고요해질 때까지" 쌓는다. 화자가 벽돌인지 벽돌이 화자인지 경계가 모호하다. 아니 그 경계가 무너졌다. 비록 "비 오는 날"이지만 복제된 "눈먼 벽돌들"로 "빗물이 스미지 않게 / 빗물이 나를 맛보지 않게" 어떤 완전한 조형물을 쌓을 수 있었다. 아마 레고의 덕후였을 화자는 인생의 비 오는 날에도 거뜬할 것이다. 그는 어떤 긍정적이고 희망적인 창조 놀음을 하고 있기 때문이다.

브랜드는 놀이다. 그 놀이는 어릴 때부터 가졌던 수집과 창작의 본능을 깨운다. 영어의 '컬처(culture)', 즉 문화는 라틴어로 '경작하다'라는 동사 'colo'의 과거분사인 'cultum', 즉 '경작된 것, 창작된 것'이란 뜻이다. 어른이 된 당신은 무엇을 계속 모으고 있는가? 당신은 무엇을 뿌리고 가꾸고 모으고 있는가? 또 그것을 어디에 놓고 조합하여 창작의 쾌감을 맛보는가? 그것은 당신에게 주어진 땅을 갈고 경작하여 창조해 낸 당신만의 문화가 된다. 당신의 복제 속에 창조가 있다. 당신의 수많은 시뮬레이션으로 창조는 완성된다. 우리 모두 덕후가 되자.

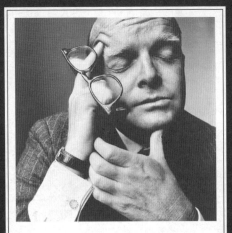

"티파니에 가면 금방 기분이 좋아진다.
그 고요함과 고고함! 나쁜 일은 안 생길
것만 같다."

— 트루먼 커포티의 주인공 홀리 골라이틀리

"길은 산책자를 어머니에게 이끌지는
않지만, 그를 과거로 데려간다. 그
과거로 깊게 가면 갈수록 그 과거는
사적인 과거가 아니다." —발터 베냐민

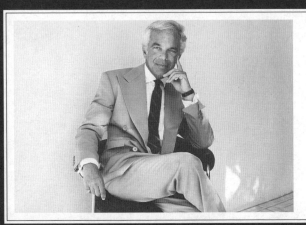

"새로움이 언제나 항상
좋은 것만을 의미하진
않는다. 클래식하면서도
구식이 되지 않는 것이
굉장히 중요하다."

— 랠프 로런

"금속 세공, 보석 세공, 장식, 치장은 문자를 형성하지 않는다. 그럼에도 불구하고 모든 면에서 문자와 동등한 추상의 능력을 갖고 있다."

　　　　　　　　　　　　　　　　　—질 들뢰즈, 펠릭스 가타리

"만약 꿈을 꿀 수 있다면, 그건 실행도 할 수 있다는 거다."

　　　　　　　　　—월터 디즈니

"운동이 가로지른 공간은 과거이고, 운동은 현재이면서 가로지르는 행위…… 가로지른 공간은 분할 가능하고 운동은 나누어지지 않는다."

　　　　　　　　　　　　—질 들뢰즈

4부 프롤로그

공존하는 시간의 크리스털

들뢰즈는 독특한 시간관을 우리에게 설명하기 위해 '크리스털 이미지'를 사용한다. 수정, 결정으로 번역되는 크리스털은 다면체를 지니면서 모든 면들이 서로 반사, 침투, 굴절하는 상태를 잘 보여 준다. 그것이 결정체 크리스털의 아름다움이다. 크리스털의 다면체로부터 나온 빛이 공존할 때, 어떤 것이 먼저의 빛이고 어떤 것이 나중의 빛인지 분간하기 어렵다. 그 많은 빛의 스펙트럼 속에서 색의 시간성은 중요하지 않다. 단지 지금 보이는 영롱한 무지개가 아름다울 뿐이다. 크리스털 각각의 다면체로부터 반사 굴절된 빛에는 더 이상 과거, 현재, 미래의 시간이 구분되지 않듯 그런 시간이 존재한다.

'크리스털 이미지'를 잘 보여 주는 예가 영화의 '플래시백' 효과다. 현재 사건이 진행되다 갑자기 너무 생생하게 떠오르는 과거의 회상이 있다. 그러면 줄거리는 타임머신을 탄 듯 갑자기 과거로 돌아간다. 영화는 '플래시백'을 통해 과거가 현재에 어떤 영향을 끼쳤는지를 보여 주고, 현재가 과거의 사건에 대한 새로운 의미를 부여한다. 여기서 영화의 과거 회상 장면인 '플래시백'은 크리스털이 만드는 빛과 같다. '크리스털 이미지'는 현재와 과거가 서로 영향을 주고받으면서 전혀 새로운 해석을 만든다.

내 주위의 모든 면이 거울로 둘러싸인 '거울의 방'을 떠올려 보

자. 거기서 허상과 진상은 서로 얽혀 있다. 이때 반사된 이미지와 침투하는 이미지는 또 반사되어 더 풍성한 이미지를 만들어 우리 눈에 도달한다. 시간이 이러한 이미지나 빛의 형태로, 과거와 현재가 함께 어우러져 우리에게 다가오는 경우가 있다. 그게 바로 추억이며 회상이다.

잠재적인 것과 현실적인 것

'크리스털 이미지'는 더 이상 순차적 시간 진행이 아니다. 과거가 먼저이고 현재가 나중이라는 시간 개념이 사라지고 다양한 시간의 면이 굴절 반사되면서 원인과 결과가 의미를 잃게 된다. 여기서 잠재적인 것과 현실적인 것이 섞이고, 과거와 현재의 구분도 모호해진다. 잠재력이란 과거의 기억이 창조력을 발휘하기 위해 현재와 어우러져 현실화되는 것이다. 그때 인과적 시간의 흐름은 끊어지고 합리성 너머의 이미지가 떠오른다.

그래서 이러한 잠재적 과거는 의식의 생산물도 아니며 순차적이지도 않다. 잠재된 과거로 추억을 되짚어 들어가 거기 수많은 다면체 중 내가 필요로 하는 특정한 면을 끌고 나와 현실과 조우하도록 만드는 게 창조다. 따라서 앙리 베르그송의 말대로, 우주는 이런 잠재력을 무한히 지닌 하나의 거대한 기억이 된다. 우주의 역사만큼.

과거는 공간만 남고 현재는 변화만 남는다

　창조력은 현실에서 잠재력과 함께 빛을 낸다. 현실적인 것이 잠재력과 함께 나타나기 위해서는 들뢰즈에 따르면, (순수)과거에 관한 생각 속에서만 가능하다. 들뢰즈는 잠재적인 것을 과거 추억에 대한 회상이라고 보았다. 우리가 무언가를 추억할 때 시간은 지금 펼쳐진 현재와 잠재된 과거의 두 측면에서 함께 나타난다. 과거를 추억하면서 잠재력은 현실과 함께 있다.

　질 들뢰즈는 "운동이 가로지른 공간은 과거이고, 운동은 현재이면서 가로지르는 행위"라고 했다. 그는 가로지른 공간은 프레임들이며, 거기서 변형과 연속된 보여 줌으로 운동이 일어나고 그 운동은 현재라고 한다. 그래서 들뢰즈가 한 말, "가로지른 공간은 분할 가능하고 운동은 나누어지지 않는다."는 의미를 이해할 수 있다. 과거는 공간만 남고 현재는 변화만 남는다.

　잠재력을 현실에 구현하기 위해서는 변화, 즉 운동이 필요하다. 아리스토텔레스는 그 변화를 위해 감각자극을 말했다. 그 자극이 지속될 때 운동은 진정한 의미를 갖는다. 세상의 모든 존재는 무한한 잠재력을 지녔다. 그 잠재력 자체가 사실은 무한한 창조력인 것이다. 하지만 사람들은 자신에게 얼마만큼의 잠재력이 있는지 알지 못한다. 자신이 무엇을 할 수 있는지, 자신에게 어떤 변화가 가능하며 또 자신의 역량은 어디까지 미칠 수 있는지 잘 모른다. 그 숨겨진 잠재력은 그냥 발휘되는 것이 아니다. 잠재력을 연마해서 현실화해야 한다.

16 　티파니

마음에 품은 보석 하나,
화살촉에 실어 영원을 겨누다

브랜드는 보석상자다. 티파니의 보석상자 안에는
저마다의 꿈이 있다. 그 꿈은 한낱 허영이 아닌
영원을 향한다.

노란 택시 한 대가 멈추고

당신은 이른 아침 한 매장 앞에 서 있다. 단지 쇼윈도 너머로 보석을 볼 뿐인데, 어지간한 격식으로는 안 된다는 듯 커다란 선글라스에 올림머리, 진주목걸이에 금속귀걸이, 리틀블랙 드레스에 팔꿈치 위까지 올라온 검정 벨벳장갑, 한 손에는 크루아상을, 다른 손에는 커피를 들고 보석의 영롱한 빛 앞에서 하루를 시작한다. "티파니에 가면 금방 기분이 좋아진다. 그 고요함과 고고함, 나쁜 일은 없을 것 같아진다." 무슨 에너지라도 받은 것일까? 그제야 그 자리를 떠나 일상으로 돌아갈 수 있다. 그러다 또 우울의 그림자가 드리우면 택시를 잡아탄다.

뉴욕 맨해튼 5번 거리 티파니 매장 앞. 영화 「티파니에서 아침을」에서 홀리(오드리 헵번)는 아침마다 거룩한 의식을 치르듯 '티파니 다이아몬드'를 보고 나서야 하루를 시작한다. 우리는 이런 불편을 해소하기 위해 보석상자를 갖고는 한다. 힘들었던 횟수만큼 그 상자를 여는 횟수도 많았을 것. 티파니의 보석상자인 '티파니블루'는 아니더라도, 우리는 '내 마음의 보석상자'를 품고 있다. 거기에는 저마다의 꿈이 있다.

찰스 루이스 티파니의 꿈

1837년 미국에 작은 매장을 연 찰스 루이스 티파니. 아직은 문구류와 팬시 상품을 판매하지만 그의 꿈은 유럽이 전유하고 있는 보석들을 미국으로 가져오는 것이다. 50년 후 프랑스 2제정이 몰락하자, 그는 시장에 쏟아져 나온 유럽 귀족의 보석들 가운데 3분의 1을 사들이면서 '다이아몬드의 왕'으로 등극한다.

그렇게 되기 전 티파니 사(社)는 이미 보석 세공 기술을 보유했고 그 분야에서 선도 기업이 되려 애써 왔다. 찰스 루이스 티파니가 '다이아몬드의 왕'이 되기 20여 년 전인 1860년대에 카메오브로치를 그 어느 곳보다 세련되게 만들어 미국에 유행시켰으며, 1867년 파리 만국박람회에서 '은세공 부문 최고 메달'을 비롯하여 총 여덟 개 부문 메달을 석권했다.

1878년에는 통상적으로 58면이 다이아몬드 커팅의 최고였지만, 티파니는 총 82면으로 커팅한 옐로다이아몬드를 선보였다. 가장 크고 화려한 빛을 내는 이 다이아몬드를 '티파니 다이아몬드'라 불렀고, 이것이 영화 「티파니에서 아침을」에 사용된다.

찰스 루이스 티파니는 명실공히 다이아몬드 보석상을 유럽에서 미국 뉴욕으로 이동시킨 장본인이다. 아직은 문화예술의 불모지였던 미국에 보석 세공 기술과 그 아름다움의 시대를 연 것이다.

돌덩이에서 보석으로

티파니의 82면이 빛깔의 최상성을 가능케 했다면, 들뢰즈와 가타리의 1000개의 면은 보석의 '추상성'을 가능케 했다. 『천 개의 고원』에서 그 숫자는 보석의 커팅 면을 뜻한다. 유목민들은 보석 세공 기술을 갖고 한 번만 사용하는 화살촉에도 장식을 했다. "금속 세공, 보석 세공, 장식, 치장은 문자를 형성하지 않는다. (……) 그것들이 모든 면에서 문자와 동등한 추상의 능력을 갖고 있다." 금과 은을 비롯한 보석 세공은 자유행동, 즉 기동성에 속한 유목민(노마드)의 특징이며, 문자 대신 그림 장식이 그 세공에 나타나는 이유는 '추상 능력' 때문이라고 한다.

이 추상 능력은 보석을 "마구(馬具), 칼집, 전사의 갑옷, 무기의 손잡이에 부착"하고서 유목민들로 하여금 꿈을 찾아 이동하게 만들었다. 보석이 박힌 화살촉은 영롱한 색채를 입고 빛과 같은 속도를 내며 유목민들이 추상하는 세계로 날아간다. 그들은 어디에도 머물지 않고 그 무엇을 소유하지도 않은 채 이동만 할 뿐이다. 화살의 속도보다 빠른 추상(꿈)이 있기 때문이다. 그래서 보석으로 장식된 화살촉(무기)은 허영이 아닌 꿈을 겨냥한다.

그렇다면 꿈이라는 자성을 지닌 이 '보석-화살'은 언제부터 사람들을 자극했을까? 히브리인들이 이집트를 탈출하던 시대의 제사 의식에서 이 보석들을 볼 수 있는데, 종교의식을 행하는 사제의 겉옷 가슴(흉패)에 열두 개의 보석이 장식되어 있었다. 엄숙한 의식을 행하는 자의 몸에서 빛나는 보석은 회중 전체를 압도하는 신비로움을 지녔고, 회중은 매일 보석을 보고 나서야 일상에 복귀한다. 그뿐만이 아니라 성경에는 세상의 시작과 끝도 보석 이야기로 되어 있다. 인류 최초의 낙원 에덴은 온갖 보석으로 덮여 있었다.(「에스겔서」 28장 13절) 또한 최후 신도시 예루살렘에도 열두 개의 보석이 기초석으로 깔려 있다.

유목민의 돌덩이는 대단한 자성을 지녔기에 여타 부족에게까지 횡단하면서 그들의 꿈마저 자극한다. 보석에 대한 유목민적 특징

영화 「티파니에서 아침을」(1961)을 위해 화보 촬영중인 오드리 헵번

창립자의 아들 루이스 콤포트 티파니가 디자인한 세계에서 가장 큰 티파니 스테인드글라스 돔
(시카고문화센터)

티파니의 붓꽃 스케치와 장식핀

은 희랍 북부에 있는 마케도니아, 그리고 도시 로마가 건설되기 이전에 살고 있었던 에트루리아에서도 볼 수 있다. 이 보석은 희랍 신화에서 대홍수를 거친 후 생존한 인간 데우칼리온이 신생 인류를 창조하기 위해 던진 돌이자, 성경에서는 네부카드네자르(느브갓네살) 2세[1]가 꿈에서 본, 황금, 은, 동, 철(의 신상)이라는 네 시대를 무너뜨리고 새 시대를 여는 돌이었다. 이렇듯 보석은 과거를 허물고 새롭게 태어나려는 꿈의 상징인 것이다.

"임금님, 임금님은 어떤 거대한 신상을 보셨습니다. 그 신상이 임금님 앞에 서 있는데, 그것은 크고, 그 빛이 아주 찬란하며, 그 모습이 무시무시하였습니다. 그 신상의 머리는 순금이고, 가슴과 팔은 은이고, 배와 넓적다리는 놋쇠이고, 그 무릎 아래는 쇠이고, 발의 일부는 쇠이고 일부는 진흙이었습니다. 또 임금님이 보고 계시는 동안에, 아무도 돌을 떠내지 않았는

데, 돌 하나가 난데없이 날아들어 와서, 쇠와 진흙으로 된 그 신상의 발을 쳐서 부서뜨렸습니다. 그때에 쇠와 진흙과 놋쇠와 은과 금이 다 부서졌으며, 여름 타작 마당의 겨와 같이 바람에 날려 가서 흔적도 찾아볼 수 없게 되었습니다. 그러나 그 신상을 친 돌은 큰 산이 되어, 온 땅에 가득 찼습니다."

—「다니엘서」 2장 31-25절에서

허영이 아닌 꿈으로

영화「티파니에서 아침을」에 나오는 여주인공 홀리는 실은 농부의 아내였다. 어린 나이에 고아로서 이미 자신의 남동생까지 떠안고 구걸을 하는 떠돌이 소녀 홀리. 다행히 한 농가 외양간에 숨어 살다 열여섯 살 되던 해에 그녀는 그곳 주인인 나이 많은 홀아비 농부와 결혼한다. 하지만 남매는 나이가 들수록 점점 그곳이 싫었다. 하나의 탈출구로 남동생이 기어이 군에 입대하자 그녀는 가출하고 만다.

자신의 '출신'을 벗어나고 싶은 몸부림은 그녀를 가장 화려한 도시 뉴욕으로 이끌었다. 먹고살 수 있는 일이라면 닥치는 대로 하는 그녀는 때때로 마약 밀매에 관한 정보원 역할도 마다하지 않는다. 그 덕에 자신의 아파트에서 파티를 열 수 있고 많은 남성들을 만날 수 있었다. 그러던 중 브라질의 부유한 남자를 알게 되고 홀리는 그와 결혼을 꿈꾼다. 이것만이 자신의 과거를 지우고 현재의 불안정한 삶에 종지부를 찍을 길이라 여겼다.

이런 홀리의 자유분방한 행동 속에 감추어진 그녀의 꿈을 알아준 사람은 오로지 남자 주인공 폴(조지 페퍼드)뿐이었다. 그는 '김중배의 다이아몬드' 운운하면서 다그치지 않는 통 큰 남자다. 폴은 그녀를 있는 그대로 받아들이며 곁에서 그녀의 꿈을 이루어 주려 한다. 그러나 그 꿈은 산산이 무너진다. 브라질 남자와의 결혼 계획이 무산되자 홀리는 폴의 사랑 고백마저 무시한 채 또다시 뉴욕을 떠나려 한다.

그때 폴이 홀리에게 건넨 '티파니의 반지'가 기적을 일으킨다. 폴이 홀리에게 준 반지는 이벤트로 과자봉지에서 그가 운 좋게 얻은 것이었다. 폴은 그 반지를 티파니 매장에 가져가 겨우 10달러를 주고 부탁한다. "티파니에서 정말로 글을 새겨 주나요? 품위가 손상된다고 하지는 않을까요?" 그때 매장 매니저가 건네는 말. "좀 특별한 경우이기는 하지만…… 티파니는 이해심이 많습니다. 내일 아침까지 만들어 드리겠습니다." 최고의 명품 보석점에서 겨우 10달러로 가장 값진 반지를 마련한 셈이다.

감각에서 영원한 꿈으로

보석이 지닌 신비로움의 비밀은 들뢰즈와 가타리의 말마따나 보석 내부로 들어간 "무기(화살촉)의 움직임과 동일한" 빛의 속도와 빛의 반사, 그리고 빛의 굴절 현상에 있다. 그 현상에서 인간이 꾸는 꿈은 무엇일까? 이런 꿈은 낙원의 에덴이나 신도시 예루살렘에서 보듯 한 문명이 시작될 때마다 나타난다. 그래서 보석의 연마법은 도시 설계와 유사점이 있다. 좌우대칭을 이루는 보석의 구조와 고대도시

티파니 다이아몬드 목걸이(1900년)

건축물의 조감도는 거의 비슷하다.

실제로 레오나르도 다빈치의 성당 설계도와 15-16세기 이탈리아에서 새롭게 개발된 커팅법이 흡사하다고 한다. 돔 지붕의 구조와 로즈컷에는 동일한 법칙이 적용된다. 우연치고는 참 신기하고 흥미롭다. 보석 애호가였던 배우 엘리자베스 테일러가 "다이아몬드의 이 완벽하고도 섬세한 커팅을 가만히 들여다보고 있노라면 마치 영원으로 통하는 끝없는 계단 위를 걷는 듯한 기분이 든다."고 말한 것과 같은 맥락이다. 하지만 건축물의 생명은 기껏해야 몇 백 년인 데 비해 보석의 생명은 영원으로 향한다.

그 때문일까? 티파니의 또 다른 꿈은 거친 돌덩이를 찾아 다채로운 면을 커팅하는 것이었다. 1876년 티파니는 보석학자 조지 프레더릭 쿤츠가 발견한 원석 투르말린(Tourmaline) 구입을 시작으로 쿤자이트(캘리포니아), 모거나이트(마다가스카르), 탄자나이트(킬리만자로), 차보나이트(케냐) 등을 찾아 보석으로 만들었다. 다이아몬드도

티파니가 채굴한 세계에서 가장 큰 노란 다이아몬드(1878년)

발굴한 즉시는 광채가 거의 없지만 커팅을 거쳐 아름다운 보석이 되듯 이 원석들도 커팅을 통해 그 진가를 인정받게 되었다.

> 햇빛에 타는 향기는 그리 오래가지 않기에
> 더 높게 빛나는 꿈을 사랑했었지
> 가고 싶어 갈 수 없고 보고 싶어 볼 수 없는
> 영원 속에서
> 가고 싶어 갈 수 없고 보고 싶어 볼 수 없는
> 영원 속에서
> ── 해바라기의 「내 마음의 보석상자」 노랫말에서

「내 마음의 보석상자」에 나오는 노랫말 중 "더 높게 빛나는 꿈을 사랑했었지."가 맴돈다. 그 꿈은 현실 속에서는 "가고 싶어(도) 갈 수 없고 보고 싶어(도) 볼 수 없는 영원"에 있는 것이다. 그 상자 안에 있는 보석의 영롱한 빛은 영원을 향한 우리의 꿈과 맞닿아 있다.

우리의 감각 중 후각을 통해 얻게 되는 "햇빛에 타는 향기는 그리 오래가지 않기에" 우리는 이 보석상자가 필요하다. 감각은 아무리 좋아도 잠시, 보석의 빛은 영원하다. 그 꿈이 있어 우리는 하루를 버틴다. 사람은 '영원'을 (마음의) 보석상자에 담아 두었기 때문이다. 브랜드는 보석상자다. 티파니의 보석상자 안에는 저마다의 꿈이 있다. 그 꿈은 한낱 허영이 아닌 영원을 향한다.

---

1   네부카드네자르 2세(B.C. 630-562): 신바빌로니아 칼데아 왕조의 2대 왕. 이 왕의 이름이 이탈리아어로는 '나부코'라 불렸는데, 베르디 오페라 「나부코」에서 우리는 「히브리 노예들의 합창」을 익숙하게 들었다. 네부카드네자르 2세는 공중 정원이 딸린 거대한 제국을 완성했지만, 7년간 자신을 짐승처럼 여기며 짐승으로 행세하는 질병인 뤼칸드로피아(늑대인간)에 걸린 것으로 알려져 있다. 『별별명언』, 21장 「늑대가 나타났다」 참고.

17 랄프로렌

**낯선 것에 오래된 미래를
접속하라**

브랜드는 접속이다. 경계면을 활성화시킬 때
창조가 작동된다. 창조를 위해 랠프 로런은
가장 오래된 미래의 시간관으로 패스트패션에
접속한다.

랄프로렌의 창업자 랠프 리프시츠는 여덟 살에서 열네 살 (1947-1953년)까지 약 6년간 뉴욕에 있는 정통 랍비 학교를 다녔다. 그의 어머니는 미국으로 건너온 동유럽 유대인으로 7대째 랍비를 키워 낸 가문에 속했기에 아들 중 하나가 랍비가 되길 원했다. 하지만 랠프는 이 학교 생활에 흥미를 느끼지 못하고 일반 학교로 전학 간다. 유대식 이름인 리프시츠도 영어로는 "입술(lips)로 똥을 누면(shit)"이라는 놀림감이 되었기 때문에 '로런'으로 바꾸었다.

자신이 좋아하는 옷차림에 평생을 걸기로 한 그는 열일곱 살에 의류 매장에서 교환 업무를 맡으면서 패션을 배웠고, 이십 대 중반에 다니던 대학을 중퇴하고 폭이 넓은 넥타이를 만들면서 1967년 자신의 사업을 시작했다.

낯선 것의 출현

「컨택트(Arrival)」(2016)라는 제목으로 상영된 테드 창의 소설 『네 인생의 이야기』에는 낯선 우주 생명체가 등장한다. 인간은 그 위기의 순간에 두 부류로 나뉜다. 공격파는 낯선 생명체에 대항해 공격하는 반면 접속파는 위험하긴 하지만 어쨌든 의사소통을 시도한다. 이 소설은 외계 생명체의 언어를 파헤쳐 나가 종국에는 소통에 성공한다는 줄거리다.

꼭 우주 생명체까지는 아니더라도 당신은 뭔가 낯선 것의 출현을 적지 않게 경험한다. 급변하는 사회에서 맞닥뜨리게 되는 새로운 것들, 이를테면 4차 산업혁명의 긴장 같은 '미지와의 조우'를 겪는

스테판 라르손과 랩프 로런

다. 당신은 그 낯선 출현에 공격적인가, 아니면 소통적인가?

패션업계의 낯선 출현 '패스트패션'이 등장할 때, 랄프로렌은 접속을 시도했다. '패스트패션'은 생산부터 판매까지 직접 관리하면서 시장 흐름에 맞춰 신제품을 신속하게 선보이는 게 특징이다. 벌써 그 출현으로 기존 패션 브랜드들의 아성이 하나둘 무너지고 있을 때, 랩프는 자기만의 방식으로 '패스트패션'의 언어를 배운다.

'패스트패션'에 접속하라

1967년 회사를 창업한 랩프 로런은 거의 50년간 지켜 온 리더 자리를 2015년에 갑자기 스테판 라르손에게 넘겼다. 라르손은 갭(Gap)에서 가장 대중적인 캐주얼 브랜드 올드네이비의 글로벌 부문 대표로 일했던 인물이다. 그는 이미 스웨덴 제조/유통 일괄형(SPA)[1] 의류 브랜드와 H&M의 경영진으로 15년간 일한 '패스트패션' 전문가였다. '패스트패션'에 관심도 두지 않던 업계에서 랠프가 취한 해법은 그 전문가를 데려오는 것. 명품 브랜드가 아닌 '패스트패션' 브랜드 출신을 경영자로 발탁한 것은 럭셔리브랜드 업계에서는 예상 밖의 일이었다.

랠프는 파란색 블레이저(편하게 입는 재킷 종류), 고급 넥타이, 플란넬(양털과 면을 섞어 만든 옷감) 셔츠라든가 고전적 멋이 깃든 패션을 브랜드의 정체성으로 줄곧 고수해 왔었다. 그런 그가 거의 반세기 동안 유지하던 고전적 시스템을 바꾸고 패스트패션에 접속을 시도한다는 것은 대단한 결단이다. 마치 외계 생명체에게 접속하는 것만큼이나 힘든 일이었을 것이다.

럭셔리 패션의 베테랑 디자이너인 랠프 로런은 '패스트패션'의 언어를 스스로 해독하는 데 한계를 느끼고 라르손을 스승으로 과감히 모신다. 그는 "만약 내가 그로부터 배울 것이 없다고 생각했으면 스테판은 지금 이 자리에 없었을 것이다."라고 솔직히 고백한다.

접속을 위한 경계면을 찾아라

전혀 본 적 없는 낯선 이가 당신 앞에 느닷없이 나타났다. 말을 걸어 보니 그의 말은 생경한 정도가 아니라 마치 "물을 뒤집어쓴 개가 몸을 흔들어 털가죽에서 물을 떨쳐 내는 소리를 연상시킨다." 테드 창의 『네 인생의 이야기』에서는 지구인의 언어와 전혀 다른 외계 생명체의 언어를 문제 삼는다. 외계 생명체의 후두 조직은 분명 인간과 다르고, 발성 주파수대도 인간의 가청 주파수대를 넘어서는 것 같다. 도무지 음소 구분이 되지 않는다. 자, 이쯤 되면 필요한 것은 음성(말)이 아니라 문자(글)다.

이 소설에서 외계 생명체와의 접속은 글씨를 쓰는 것으로 시도된다. 문자를 서로 주고받기 위해 필요한 스크린은 석영으로 된 '유리판(looking glass)'(체경)이었다. 이 '유리판'은 당신과 외계 생명체를 경계 지어 낯설게 하지만 동시에 접속하게 만드는 공간이기도 하다. 유리판을 통해 낯선 두 개의 존재, 그러니까 인간과 외계 생명체가 접속하고 소통하며 서로의 모습을 투명하게 볼 수도 있다. 거기에 글씨가 쓰이면서 의미의 변화를 추적하고, 일단 접속이 가능해지면서 유리판은 이제 더 이상 '경계'가 아닌 '소통'의 공간이 된다. 컴퓨터 용어로 치자면 '인터페이스(interface)'인 것. 접속이 이루어지는 유리판이 바로 인터페이스다.

패스트패션의 인터페이스

그렇다면 '패스트패션'에서 인터페이스는 무엇일까? 패스트패션이 되기 위해서는 디자이너, 공장, 창고, 매장이라는 공정이 빈틈없이 맞물려 빠르게 돌아가야 한다. 이 공정들 사이사이의 경계들이 인터페이스다. 이 경계들이 소통하고 서로를 투명하게 볼 수 있으면서 자연스럽게 흘러간다면 그게 바로 접속이다. 그 접속에서 비로소 새로운 패션의 창조가 작동한다.

그런데 만일 이런 네 가지 공정을 무시하고 디자이너와 매장이 곧바로 연결된다면 어떤 현상이 나타날까? 랠프 로런은 바로 이 점을 고민했다. 자신이 직접 디자인하고 그것이 바로 판매되도록 하면 매출의 흐름은 빠르겠지만 인터페이스는 활성화될 수 없다. 인터페이스가 없는 속도 상승은 디자이너나 판매자의 일방적 생산으로 끝나고 만다. 고객의 참여가 떨어지면서 진정한 소통은 불가능하다. 어느 정도 고객의 취향과 시대정신을 반영한 패션이라 할지라도 인터페이스가 없다면 불완전한 창조일 것이다. 그도 그럴 것이 인터페이스가 없는 공정은 사이에 혹시 생길지 모르는 오류와 문제점을 영영 바로잡지 못하기 때문이다.

거칠게 말하자면, 랠프는 인터페이스를 브랜드에 구현하기 위해 새로운 경영자가 필요했다. 랄프로렌의 이런 전략은 완벽한 디자인과 판매를 통해 즉각적인 매출로 나타나지는 않았다. 하지만 인터페이스들의 혈관벽을 투명하게 만들어 미처 생각지 못한 실수, 그동안 소통되지 않은 문제점 등을 직시하게 만들었다. 소통의 장을 확보한 것이다.

경계면을 소통의 장으로

당신이 글자를 써서 낯선 생명체에게 보이자 그가 유리판에 쓴 글자는 그의 소리보다 더 기막혔다. 동심원을 그려 회전하는 선이 마치 '불이 갈라지는' 형상 같다. 일렬로 나열되는 당신의 기록과는 전혀 다른 차원의 기록. 하지만 이 글씨를 알아야 낯선 존재와 접속할

영화「컨택트」(2016)에서

수 있다.

그런데『네 인생의 이야기』의 주인공인 언어학자 루이즈는 낯선 언어를 배우면서 이상한 경험을 하게 된다. 그녀는 외계 언어를 터득하고 나서 미래에 있을 자신의 딸과 대화하는 모습이 자주 떠오른다. 루이즈는 순차적 시간관에 익숙했던 사고가 바뀌어 과거, 현재, 미래를 동시에 볼 수 있게 된 것이다. 자신의 딸에게 이렇게 독백한다.

유아라는 단어는 '말할 줄 모르는'이라는 뜻의 라틴어에서 유래한 것이지만, (……) 너는 세상에 대해 아무런 불만도 느끼지 않게 돼. 네가 지각하는 유일한 순간은 오로지 지금뿐이야. 너는 현재 시제 속에서만 살아. 여러 의미에서 실로 부러운 상태라고 할 수 있지.

— 테드 창,『네 인생의 이야기』에서

유아기란 라틴어 'infantia'로 '언어가 없는 시기'(아우구스티누스의 『고백록』 1권)를 뜻한다. 유아들은 아직 언어를 배우지 않았을 때는 오직 지금이라는 순간만 안다. 그 시기는 어떤 불만도 없기에 주인공이 가장 부러워하는 시기다. 외계 언어는 마치 유아기처럼 현재라는 순간만 있다. 하지만 인간은 언어를 배우게 되면서 순차적으로 시간을 구성한다. 그래서 과거를 아파하고 미래를 소망하지만 동시에 두려움을 느낀다.

인류가 순차적인 의식 양태를 발달시킨 데 비해, 헵타포드(외계인)는 동시적인 의식 양태를 발달시켰다. 우리는 사건들을 순서대로 경험하고, 원인과 결과로 그것들 사이의 관계를 지각한다. 헵타포드는 모든 사건을 한꺼번에 경험하고, 그 근원에 깔린 하나의 목적을 지각한다.

— 테드 창, 『네 인생의 이야기』에서

랠프 로런의 시간관

랠프 로런이 접속을 꿈꾸면서 사용한 언어에는 어떤 시간관이 있었을까? 그가 '패스트패션'의 전문가에게 회사를 맡기면서 남긴 공식 보도자료를 보자.

나의 업무는 항상 회사의 미래, 그러니까 앞으로 회사를 어떻게 이끌지를 생각하는 것이었다. (……) 우리는 패션업계에서 거의 50년간 리더 역할을 했다. 이제 막 시작한 것이다.

랠프의 어법이 조금 특이하다. 그가 말한 '회사의 미래에 대한 생각'과 '과거 50년간의 역할'까지는 이해가 되지만, 그다음 표현 "이제 막 시작한 것이다."는 이상하다 못해 어색하기까지 하다. 50년간 리더 역할을 했다는 과거 표현 이후 아무렇지도 않게 "이제 막 시작했다."고 하니 말이다. 그의 표현 "이제 막 시작한 것"에는 회사의 미래와 50년간의 과거가 동시에 녹아 들어가 있다. 그의 시간관에도 과거와 미래를 동시에 보는 흔적이 보인다.

또한 그는 2014년 《위클리 비즈》와의 인터뷰에서 "새로움(newness)이 언제나 항상 좋은 것만을 의미하지는 않는다."고 말했다.

시류에 맞으면서도 시대를 초월하는 항상성 같은 것을 지녀야 한다. 10년, 20년 전에 샀던 것도 현재에 통용될 수 있는 것, 클래식하면서도 구식이 되지 않는 것이 굉장히 중요하다.

랠프는 "시대를 초월하는 항상성"을 명품에 심어 놓기를 원했다. 이러한 남다른 랠프 로런의 시간관이 럭셔리브랜드에 상극이라 할 '패스트패션'과 접속할 수 있었던 것이다.

순차적 시간관을 넘어서

줄곧 랍비 가문에서 자랐고 여덟 살에서 열네 살까지는 랍비

'변치 않는 디자인'을 지향하는 랄프로렌 광고(2017년)

교육을 전문적으로 받았던 랠프 로런은 분명 우리와는 다른 시간관을 갖고 성장했다. 순차적 시간관과 다른 또 하나의 시간관은 아우구스티누스로부터 시작된다. 그것은 중세를 거쳐 근대 이후로는 키르케고르, 니체, 베냐민, 베르그송, 융, 엘리아데, 들뢰즈, 보르헤스 등을 통해 나타난다. 그뿐만 아니라 각각의 종교에도 이런 시간관이 나타나는데, 특히 유대교 신비주의인 카발라 문헌에 나타난다.

과거가 중요한 것도 아니고 미래만 바라보고 사는 것도 아닌 시간관. 그 시간관 속에서 당신이 지금 체험하고 있는 현재는 하나

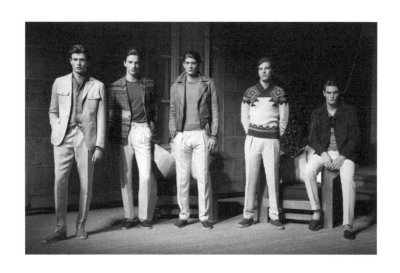

의 순간일 뿐. 그 속에서 랠프는 '항상성'을 보고 기업 경영에 그것을
접목시켰다.

    거리는 산책자를 사라진 시간으로 이끈다. 그는 거리를 따
라 어슬렁거린다…… 길은 산책자를 어머니에게 이끌지는 않
지만, 그를 과거로 데려간다. 그 과거로 깊게 가면 갈수록 그 과
거는 사적인 과거가 아니다.

── 발터 베냐민, 『아케이드 프로젝트』에서

    또 다른 유대인이었던 발터 베냐민의 시간관에는 '아케이드'라
는 인터페이스가 있다. 접속해야 한다. 만나야 한다. 하지만 만남의
장인 '인터페이스'가 구현되어야 접속이 가능하다. 접속하되 아예 한
몸으로 합쳐진다면 그도 없고 나도 없어져 버릴 것이기 때문이다.

따라서 세포벽을 두고 접속하는 원형질처럼 만남의 장을 두고 그 공간을 활성화시켰을 때, 비로소 그곳은 나와 그가 모두 소통하는 작동 영역이 된다. 거기에 새로움의 창조가 있다. 당신은 낯선 것이 출현했을 때 공격하는가, 그의 소유가 되는가? 아니면 소통하는가?

　　브랜드는 접속이다. 경계면을 소통으로 활성화시킬 때 창조는 작동한다. 변화된 시간관으로 접속할 때 랄프로렌은 가장 오래된 미래가 된다.

1　　SPA : 1986년 미국 브랜드 '갭'이 처음 선보인 사업 모델. 의류 기획과 디자인, 제조와 생산, 그리고 유통과 판매까지 전 과정을 제조 회사가 맡아 고비용 유통 과정을 피하고 대형 직영매장 운영을 통해 한두 주 만에 수요 변화에 맞춰 대량 공급이 가능하도록 하는 시스템으로, 이것을 '패스트패션'이라고도 부른다.

18 까르띠에

시계 속에서 세상에 없는

계절을 보다

브랜드는 시차(時差) 속 시계(視界)다. 과거는
퇴장하고 미래가 등장하면서 현재에 자리를
내주고 감추어진 사건들이 있다. 그 사건들은
시차를 맞출 때 떠올리게 된다. 까르띠에는 시차를
통해 감추어진 세계를 보게 한다.

시차(時差)로 헤어진 연인들에게

뉴욕에 도착한다는 기내 방송과 함께 제일 먼저 하는 일은 현지 시각에 당신의 손목시계를 맞추는 것. 여기는 오후 1시, 잘 도착했다는 안부를 서울에 있는 애인에게 문자로 보낸다. 그(녀)의 문자는 오지 않는다. 서울은 새벽 2시. 괜히 잠을 깨운 것은 아닐까? 하지만 핸드폰에 계속 눈이 간다. 그(녀)가 오늘 따라 냉정하다.

같은 공간에서는 죽고 못 사는 연인도 시차가 열세 시간이나 나는 뉴욕에 있으니 삐걱거리기 일쑤다. 요즘 워낙 SNS가 발달하다 보니 공간의 차이는 극복된다지만 다른 시간(대)의 차이는 연인들 사이에 밤낮의 다른 감정을 만든다. 이런 감정의 틈바구니 속에서 급기야 둘은 헤어진다. 이때 이별이 오게 만든 사건은 시차에 감추어져 있다. 시차는 감추는 게 많다.

시차의 사전적 정의는 "세계 표준시인 그리니치 천문대를 기준으로 하여 정한, 세계 각 지역의 시간 차이"다. 애석하게도 이것만으로는 시차에 감춰진 감정의 균열을 이해할 수 없다.

하늘에서도 유용한 산토스 시계

1884년에 경도의 기준이 되는 본초자오선(과 날짜변경선)이 국제회의를 통과하면서 경도에 따른 시차를 실생활에 활용하기 시작했다. 특히 1873년에 발표된 쥘 베른의 소설 『80일간의 세계일주』에서 이미 이런 시차가 실생활에 깊이 간여되어 있음을 보게 된다.

'산토스 데 까르띠에'(1988년)

1903년 라이트 형제에 의해 동력비행기가 발명된 후, 비행기를 타는 사람들도 늘어났다. 비행 시간과 경도 15도마다 바뀌는 시차 조절을 위해 시계가 필요했던 조종사들은 당시 휴대용 시계였던 회중시계를 사용했다. 하지만 비행기 안에서 회중시계는 조종석의 복잡한 기계 장치, 온도 변화, 수평 여부 등 외부 요인 때문에 오류가 잦았다. 그러자 지상이 아닌 천상에서 오차가 적은 시계를 만드는 것이 시계 브랜드의 최대 도전 과제가 되었다.

19세기 말 3대 루이 카르티에가 경영에 참여하면서 까르띠에는 시계 산업으로 진출하기 시작한다. 동력비행기가 실험 비행을 하던 1902년 카르티에는 비행사였던 '알베르토 산토스-뒤몽'을 위해 파일럿 시계 '산토스'를 개발했다. 산토스는 비행 조종 중 자신의 위치와 정확한 시간을 알 수 있는 도구였다.

우리와 열세 시간 시차가 나는 뉴욕은 서경에 있기 때문에 거기에 도착하면 시침을 열세 시간 과거로 돌려야 한다. 그때 우리는 이미 보낸 열세 시간을 또다시 보내야 한다. 시간 스케줄에 그날 한 일을 기록한다면 같은 시간대에 비행기에서 한 일과 뉴욕에서 한 또 다른 일로 채울 수 있다. 즉 동시간대에 두 개의 사건이 가능해진다.

반대로 우리와 세 시간 시차가 나는 뉴질랜드의 웰링턴은 동경에 있으니 거기에 도착해서는 시침을 세 시간 미래로 돌려야 한다. 거기에서는 우리가 보내지도 않은 세 시간이 사라진다. 어디로 간 것일까? 시간의 틈이 생긴 것이다.

질 들뢰즈는 『영화 2』에서 '시간-이미지'에 대해 강조한다. 그것은 미래로 흘러가면서 동시에 과거가 형성되는 '시간의 분계성'이며, 이러한 '시간-이미지'를 일부 영화를 통해서만 볼 수 있다고 말한다. 하지만 시차를 경험하면서 우리는 때로는 미래로 점프하고, 때로는 과거를 되풀이하면서 시간이 사라지거나 중복되는 것을 쉽게 경험한다. 그런 비행의 시차 속에서 어떤 사건은 감출 수도 있고 그러다 망각되기도 하며, 때로는 시간의 틈이 생기기도 한다. 그때 손목시계는 그 도시의 시각을 확인하면서 당신에게 점핑된 시간의 틈, 또는 중첩된 시간의 중복을 의식하게 한다.

시차(時差)로 헤어진 부부 이야기

시차가 있다. 과거와 미래라는 다른 시간으로 향하는 분열이 있다. 영화로도 유명한 스콧 피츠제럴드의 단편소설 『벤저민 버튼의 기이한 사건』에서는 이 시차 때문에 헤어진 부부 이야기가 나온다. 벤저민은 태어날 때는 칠십 대 노인이다. 하지만 그의 신체 나이는 거꾸로 간다. 그가 스무 살이 되었을 때, 그러니까 20년 과거로 흘러가 오십 대로 보일 때, 너무나 아름다운 스무 살의 젊은 숙녀 힐더가드를 만난다. 그녀가 말했다. "당신은 낭만적인 나이, 쉰 살이죠. (……) 쉰 살은 달콤한 나이죠. 나는 쉰 살이 좋아요."

나이 든 남자에게 끌리는 이 여인과 벤저민은 너무나 황홀한 사랑을 하게 되었고, 결국 결혼에 성공한다. 하지만 몸을 섞어 하나가 된 부부는 15년을 살고 난 뒤 서로의 시차를 견딜 수 없게 된다.

> 힐더가드는 서른다섯 살이 되었고, 아들 로스코는 열네 살이었다. 신혼 때 벤저민은 아내를 숭배했다. 그러나 시간이 흐르면서 아내의 꿀빛 머리카락은 무미건조한 갈색으로 변했고, 푸른 에나멜 같던 눈은 싸구려 도자기처럼 보였다. 무엇보다 그녀는 자신의 삶에 지나치게 안주하고, 너무 평온하고, 너무 만족하고, 너무 활기가 없고, 너무 진지해졌다. 그녀도 신부일 때는 벤저민을 무도회의 저녁 모임에 '끌고' 다녔다. 그러던 상황이 역전되었다. 그녀는 벤저민과 함께 사교 모임에 나갔지만 열정도 없었고, 어느 틈엔가 우리 곁에 다가와 마지막 날까지 머무는 그 영원한 무력증의 노예가 되었던 것이다.
> — 스콧 피츠제럴드, 『벤저민 버튼의 기이한 사건』에서

시간의 분열, (미래로) 늙어 가는 것과 (과거로) 젊어지는 그 시차. 벤저민은 중년이 된 아내의 모습에 우울해지고, 아내는 대책 없

이 어려 보이는 남편이 미웠다. 말다툼이 잦아진다. 결국 벤저민은 대학 생활을 찾아 떠난다.

> 이제 그는 확연히 서른 살로 보였다. 그는 기쁘기보다 불편했다. 자신이 젊어지고 있었다. 언젠가는 실제 나이와 같아져 자신의 출생에 오명을 남긴 엽기적인 현상이 그치기를 바랐다. 그는 몸을 부르르 떨었다. 자신의 운명이 두렵고 믿을 수 없었다.
> ── 스콧 피츠제럴드, 『벤저민 버튼의 기이한 사건』에서

하지만 대학 졸업 이후로 계속 시차, 정확히는 다른 사람들은 미래로 향하고 자신은 과거로 향하는 시간의 분열 때문에 벤저민은 아웃사이더가 될 뿐만 아니라 급기야 점점 어려져서 결국 모든 것을 알지도 기억하지도 못하는 신생아로 죽는다. 피츠제럴드의 기막힌 상상이기는 하지만, 시차 속에 감추어진 서로의 정서를 이해한다는

것은 역부족이라는 걸 자각하게 만드는 이야기다.

'화이트타임'을 느끼는 관점

산토스라는 최초의 조종사 시계를 만들고 나서 1911년 루이 카르티에는 이것을 '산토스 데 까르띠에(Santos de Cartier)' 컬렉션으로 발전시킨다. 이것이 히트 상품이 되면서 까르띠에는 손목시계 사업에 적극 뛰어든다. 손목시계는 시간을 보는 것 외에도 세계 각 지역의 현지 시각에 시침을 맞추는 도구. 그때 시차로 인해 사라지는 미래와 중복된 과거에 자연스럽게 주의하게 된다.

이것을 가라타니 고진과 슬라보이 지제크가 말했던 "시차(視差)적 관점"과 구별하여 또 다른 "시차(時差)적 관점"이라 해 두자. 시차(時差)적 관점은 시간의 틈과 시간의 중복이 우리 일상에 있다는 것을 인정하는 관점이다. 애써 용감하게 신조어를 만든다면 마치

청각에 있어서 화이트노이즈가 있는 것처럼, 시간에도 '화이트타임'
이 있다는 것을 느낄 수 있는 관점이다. 시간 사이에 중복되지만 의
식하지 못하는 사건들, 또한 점평하여 하지 않은 사건들이 '화이트
타임' 속에 있다.

　'시차를 본다.'는 의미의 '시차적 관점'이 바로 일상의 시간에
감추어진 이런 사건을 보게 한다.『벤저민 버튼의 기이한 사건』에서
보자면, 이것은 벤저민이 겪는 과거로의 시간 이동과 그의 아내가
겪는 미래로의 시간 이동이 지구라는 한 공간 안에서 일어나는 "시
간의 분열", 즉 "시간의 동시 이중성"이라는 것을 알 때 보이는 관점
이다.

까르띠에 현대미술재단이 보는 시계(視界)

　까르띠에는 시차적 관점을 갖고 있다. 이제는 시계만 만드는
브랜드가 아니라 '화이트타임'을 볼 수 있는 시계(視界)를 제작한다.
1984년 10월 20일 까르띠에 사(社)는 '까르띠에 현대미술재단'을 설
립했다. 이 재단은 이 '시계'를 갖고 사람들에게 감추어진 세계를 탐
험하게 한다. 이것을 위해 예술, 과학, 철학, 음악, 건축 등 다양한 영
역에서 시차적 관점을 갖게 만든다. 까르띠에 재단은 아트(예술)와
테크닉(기술)의 범주를 아우르는 작업을 통해 모든 범주에서 그 어
디서도 다루지 않는 "시차적 관점"의 수많은 주제들을 찾고 있다. 시
차로 감추어진 세계를 보도록 자극하는 것이다.

　예를 들면, 영화「지옥의 묵시록」을 위해 음악을 작곡했던 음

악가이자 생태음향학 전문가인 버니 크라우스가 작업한 동물들 소리가 그렇다. 이 작업은 까르띠에 재단의 의뢰(커미션)로 만든 작품 「위대한 동물 오케스트라」로 전시되었는데, 인간 때문에 바뀌게 되는 서식지 동물들의 울음소리를 들려준다. 인간이 그동안 자연에 행한 환경 파괴와 기후 변화, 원시림 개발은 또 다른 '화이트타임'을 만든 것이다. 그는 시차적 관점을 갖고 '사라진 시간'을 찾아다녔다. 그리고 인간의 오만과 '중복된 자연의 시간'을 찾아 지난 50여 년간 지구 곳곳을 누비며 1만 5000종의 서식지 소리를 채집해 연구했다.

까르띠에가 시차적 관점을 자극하는 또 하나의 예를 들자면, 프랑스 철학자 폴 비릴리오의 개념에 기반한 비디오 설치 작업 「출구」가 있다. 폴 비릴리오는 인간의 신체가 물리적, 기술적 환경에 놓일 때 인간의 지각이 시스템화되는 방식에 관심을 갖고, 이런 시차적 관점으로 감추어진 세계를 새롭게 찾는 철학자다. 「출구」는 그의 '시차적 관점'에 따라 2008년부터 2016년까지 축적된 세계 각국의 인구 이동 양상과 그 영향으로 빚게 되는 경제의 흐름 등을 조명하는 '화이트타임'인 셈이다.

시차(時差)의 감정을 달래다

시차를 경험하며 '화이트타임'을 볼 줄 아는 예술가들이 있다. 김경주 시인은 우리에게 시차를 설명하기 위해 종이비행기와 아이를 소개한다.

　동그란 비행기 창문을 종이비행기에 그려 넣어 주고 그 기내를 들여다보는 아이의 눈을 떠올리고 있다면, 우리가 접었던 무수한 종이비행기가 만들어 내던 '시차'는 우리가 무언가 다른 언어로 말하고 싶었던 순간의, 다른 언어가 필요했던, 어디론가 부유해 가는 순간의 '착시' 같은 것일지 모른다. 종이비행기는 종이라는 기내를 가지고 있지만, 우리는 그 기내에 자신이 차마 말하지 못했던 언어들이 실려 있다는 것을 이제야 이해하는 유년이기도 한 것이다. 시간과 공간의 '여' 그곳의 '기내'는 시차다.

— 김경주, 「종이로 만든 시차
: 에드거 앨런 포의 반올림한 산문풍으로」에서

　여기서 '여'를 나는 '나머지'로 이해한다. 아이는 종이비행기에 창문을 그려 놓고 그 안을 본다. 그러면서 다른 언어와 떠다니고 있

는 순간을 보려 한다. 다른 사람들은 착시라 하지만, 그 비행기 안에 말하지 못했던 말이 실려 있다는 것을 이해하면 '화이트타임'을 볼 줄 아는 '(노인)아이'가 되는 셈이다. 일반이 인식하고 있는 시간과 공간이 아니라 그 나머지가 있는 '기내'가 곧 시차인 것. 우리는 이 시차를 통해 감추어진 시간과 감추어진 세계를 과연 볼 수 있을까?

까르띠에는 손목시계만이 아니라 새로운 시계(視界)를 선보인다. 그동안 보이는 시공간 속에서 감추어진 사건들, 난민 이동으로 생긴 경제 규모, 자연 파괴로 인한 생태계의 울부짖음, 감추어진 사건 속에 신음하는 눈물들을 달랠 수 있는 시간의 틈, 그리고 일부러 망각해 버린 시간의 중복을 보는 시계를 선사했다.

브랜드는 시계(視界)다. 현재가 우뚝 서기까지 자리를 내어 주고 감추어진 사건들의 세계를 볼 수 있는 게 브랜드다. 까르띠에의 시계(視界)에 시차(時差)를 맞출 때 우리도 감추어진 세계를 보았으면 좋겠다.

알베르토 산토스-뒤몽(1873-1932년)

1903년 라이트형제에 의해 동력비행기가 발명된 후 비행기를 타는 사람들도 늘어났다. 하지만 비행기 안에서 회중시계는 오류가 잦았다. 그러자 지상이 아닌 천상에서 오차가 적은 시계를 만드는 것이 시계 브랜드의 최대 도전 과제가 되었다.

까르띠에의 산토스 시계(1902)
루이 카르티에가 비행사 알베르토 산토스-뒤몽을 위해 개발한
파일럿 시계 '산토스'는 비행 조종 중 자신의 위치와 정확한 시간을
알 수 있는 도구였다.

그 시차는 보이지 않아도 분명 어딘가로 이어져 있다고 믿
는다. 음악을 듣는 일이 허공에 쌓이고 있는 하나의 사회로 우
리가 드나드는 일이듯이, (……) 우리들의 보이지 않는 서로의
연처럼 그 시차에 서명한다.

　　　　　　　　　— 김경주, 「종이로 만든 시차 3: 종이연」에서

시차를 이미 알아 버린 시인은 이제 "죽은 시계를 차고 여행 간
다"(「시차의 건축」)고 당당히 말한다. 우리도 우리의 생체시계에 그 시
차를 새긴다면 메종 까르띠에의 진정한 시계를 소유하게 될 것이다.

19 스와로브스키

크리스털 가공

이십팔면체의 비밀

브랜드는 크리스털이다. 다면체로 이루어진
결정인 크리스털. 스와로브스키는 과거와 현재,
잠재력과 현실화가 공존하도록 하여 우리에게
창조력을 발휘하도록 한다.

"돌들은 이마를 반짝인다"

과거와 현재의 공존 속에서 우리는 오늘의 내가 된다.

> 내게 온 하루에게 새 저고리를 갈아입히면
> 고요의 스란치마에 꽃물이 든다
> 지금 막 나를 떠난 시간과 지금 막 내게로 오는 시간은
> 어디서 만나 그 부신 몸을 섞을까
> 그게 궁금한 풀잎은 귀를 갈고 그걸 아는 돌들은 이마를 반
> 짝인다
> ── 이기철, 「내가 만지는 영원」, 『흰 꽃 만지는 시간』에서

눈부신 아침 햇살과 함께 내게 하루가 허락되었다. 그 하루에 '새 저고리'를 입히려 멋진 하루 일과를 계획하자니, 지금까지 고요하던 지난날의 내 스란치마는 이제 나풀거린다. 어느새 햇살을 받아 현재 "꽃물이 든다." 내 과거의 고요와 현재의 설렘은 이렇게 어우러져 오늘 하루가 활짝 꽃피운다.

화자는 "나를 떠난 시간"인 과거와 "내게로 오는 시간"인 현재가 "어디서 만나 그 부신 몸을 섞을까" 고민하면서 "풀잎"은 그 비밀을 모르고 "돌들"은 알고 있어서 "이마를 반짝인다"고 말한다. 도대체 과거와 현재는 어디서 섞이는 것이고, 하필 돌들은 왜 그 해답을 아는 것일까?

"돌들은 이마를 반짝인다."에서 '이마'를 '면'으로 이해하면 이 돌은 면들이 반짝이는 보석이 된다. 보석은 아주 단단한 돌을 다면

체로 가공하여 그 면마다 반짝이는 빛깔과 광택을 갖게 한 것이다. 보석을 커팅하여 다면체를 많이 만들면 만들수록 평면들은 빛을 반사하고 빛은 상호 침투하여 굴절하면서 영롱한 빛깔을 낸다.

모든 면들의 빛은 반사되고 굴절되면서 공존하고 있다. 먼저 들어간 빛, 나중에 들어온 빛 할 것 없이 끝없는 반사와 굴절이 영롱함을 만든 것이다. 과거의 빛도 현재의 빛도 미래의 빛도 여기서 함께 반짝인다. 수정, 결정이라 번역되는 크리스털은 다면체를 지니면서 모든 면들이 서로 반사, 침투, 굴절하는 상태를 잘 보여 준다. 그것이 결정체 크리스털의 아름다움이다.

크리스털 가공 이십팔면체의 비밀

크리스털 회사 스와로브스키는 1895년 오스트리아에서 북부 보헤미안 출신의 독일인 다니엘 스와로브스키가 창립했다. 다니엘은 아버지의 유리세공 기술을 발전시켜 크리스털 가공에 관심을 갖게 된다. 흔히 우리가 알고 있는 크리스털은 천연 크리스털을 떠올리지만, 스와로브스키의 크리스털은 가공된 것이다. 이것은 유리(규석)와 탄산칼륨, 그리고 산화연을 배합해 만드는데, 이 배합률에 따라 투명도, 굴절률, 무게감, 청아한 충격음 등이 결정된다. 인조 크리스털은 천연 크리스털보다 가공이 쉽고 다양한 색과 모양으로 변형이 가능하여 패션의 소재가 된다. 그럼에도 불구하고 보석보다 저렴하고 유리보다 단단하다.

크리스털의 품질은 배합률 외에도 절단 기술로 결정되는데, 다

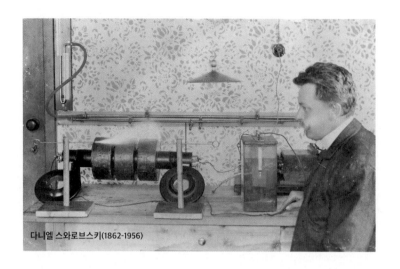
다니엘 스와로브스키(1862-1956)

니엘은 전기로 크리스털을 신속 정확하게 자를 수 있는 절단 기계를 발명했다. 이후 크리스털은 무한히 변화시킬 수 있는 재료가 되었다. 절단 기계가 발명되기 이전에 크리스털은 모두 손으로 직접 가공했기 때문에 흠도 많았고 위험도 감수해야 했다.

하지만 다니엘의 절단 기계는 크리스털을 아주 정교하게 가공할 수 있었다. 그 결과 다른 크리스털 제조업체들은 일반적으로 12면 절단기술을 보유하고 있었지만, 스와로브스키는 28면까지 절단할 수 있다. 스와로브스키의 28면 크리스털은 절단면에 따라 다양한 반사광과 굴절광을 생기게 한다.

스와로브스키에는 28면 절단 기술 외에도 열네 개 이상의 크리스털 스타일이 있었다. 다른 업체들이 하나의 기본 스타일로만 절단하는 것에 비하면 엄청난 기술이었다. 스와로브스키의 크리스털은 이십팔면체로 모든 면들이 서로 반사, 침투, 굴절하는 상태를 볼 수 있다.

들뢰즈와 크리스털 이미지

들뢰즈는 독특한 시간관을 우리에게 설명하기 위해 '크리스털 이미지'를 사용한다. 크리스털 각각의 다면체로부터 반사 굴절된 빛이 공존하듯 그런 시간이 공존한다는 것인데, '크리스털 이미지'를 잘 보여 주는 예가 영화의 '플래시백'이다. 현재 사건이 진행되다 갑자기 너무 생생하게 떠오르는 과거의 회상이 있다. 그러면 줄거리는 타임머신을 탄 듯 갑자기 과거로 돌아간다.

영화는 '플래시백'을 통해 과거가 현재에 어떤 영향을 미쳤는지 보여 주고, 현재가 과거의 사건에 대해 새로운 의미를 부여한다. 그러니까 '크리스털 이미지'는 현재와 과거가 서로 영향을 주고받으며 전혀 새로운 해석을 만들게 된다.

여기서 영화의 과거 회상 장면인 '플리시백'은 크리스털이 만드는 빛과 같다. 크리스털에 들어간 빛은 굴절과 반사를 통해 한곳에서 그 빛이 뿜어져 나온다. 내 주위의 모든 면이 거울로 둘러싸인 '거울의 방'을 떠올려 보자. 거기서 허상과 진상은 서로 얽혀 있다. 이때 반사된 이미지와 침투하는 이미지는 또 반사되어 더욱 풍성한 이미지를 만들면서 우리 눈에 도달한다. 시간은 이와 같은 이미지나 빛의 형태로 과거와 현재가 함께 어우러져 우리에게 다가오는 경우가 있다. 그게 바로 추억이며 회상이다.

크리스털의 다면체로부터 나온 빛이 공존할 때 어떤 것이 더 먼저의 빛이고, 어떤 것이 나중의 빛인지 분간하기 어렵다. 그 많은 빛의 스펙트럼 속에서 색의 시간성은 중요하지 않다. 단지 지금 보이는 영롱한 무지개가 아름다울 뿐이다.

스와로브스키 사업 아이템의 변신

1차 세계대전을 겪으면서 크리스털 소비가 주춤해지자, 스와로브스키는 사업 아이템을 확장한다. 자신들이 보유하고 있는 절단 기계를 상업화하기로 결심한 것. 그리고 크리스털 절단 기계에 연마할 수 있는 기능도 추가한다. 전 세계적으로 기계의 필요성이 강조되던 시대적 요청 속에 '티롤릿(Tyrolit)'이라는 연마용 기계가 탄생했다. 이후 티롤릿은 스와로브스키 전체 매출의 20퍼센트 이상을 차지하며 사업 확장에 박차를 가하게 된다.

1970년대 들어 절단/연마 기계 '티롤릿'과 크리스털을 판매하던 스와로브스키는 또 한 번의 큰 위기를 맞게 된다. 두 번의 석유파동이 세계경제를 얼어붙게 만들면서 스와로브스키의 매출도 감소시킨 것이다. 이런 와중에 스와로브스키는 크리스털을 접착할 수 있는 투명접착제를 발명한다. 이 접착제를 사용해 스와로브스키는 크리스털마우스를 제작했다.

크리스털마우스가 좋은 반응을 얻으면서 본격적으로 다른 아이템에 크리스털을 부착한 제품을 선보이게 된다. 근래에도 스와로브스키는 크리스털로 둘러싼 아이패드와 USB메모리, 디지털카메라, 스마트폰, 스마트워치 등의 형태를 선보이고 있다. 무한한 창조가 가능해진 것이다.

또한 스와로브스키는 해마다 트렌드에 맞춰 새로운 색상을 개발한다. 그 색상을 자사 크리스털에도 반영하는데, 크리스털 고유의 투명함을 유지한 채 다양한 색상을 만드는 것은 상당히 어려운 기술이었다. 스와로브스키는 절단과 연마 기술은 물론 여러 가지 색상을 내는 크리스털의 제작을 통해 패션, 액세서리, 홈데코, 디자인, 광학, 조명, 건축 등 점차 다양한 디자인 분야에 적용했다. 이후 건축이나 패션 등 크리스털을 소재로 사용하는 기업과의 거래는 스와로브스키 전체 매출의 절반 이상을 차지하게 되었다.

잠재력을 현실성으로

세상의 모든 존재는 무한한 잠재력을 지녔다. 그 잠재력 자체가 실은 무한한 창조력인 것. 하지만 사람들은 자신에게 얼마만큼의 잠재력이 있는지 알지 못한다. 자신이 무엇을 할 수 있는지, 자신에게 어떤 변화가 가능하며, 또 자신의 역량은 어디까지 미칠 수 있는지 잘 모른다. 잠재력은 그냥 발휘되는 것이 아니다. 잠재력은 연마를 통해 현실화해야 한다. 창조력은 현실에서 잠재력과 함께 빛을 낸다.

그런데 들뢰즈에 따르면, 현실적인 것은 시간에 관한 생각 속에서 잠재력과 함께 나타난다. 들뢰즈는 잠재적인 것을 과거 추억에 대한 회상이라고 보았다. 과거를 추억할 때 시간은 지금 펼쳐진 현재와 잠재된 과거의 두 측면을 동시에 드러낸다는 것. 과거의 시간을 회상하면서 잠재력은 현실과 함께 있다. 잠재력이 현실적인 것과 함

께 있을 때, 실재인지 회상인지, 현재인지 과거인지, 지각인지 기억인지, 투명함인지 어두움인지 식별 불가능하게 두 측면들이 섞여 있게 된다.

'크리스털 이미지'는 더 이상 순차적 시간 진행이 아니다. 과거가 먼저이고 현재가 나중이라는 시간 개념이 사라지고, 다양한 시간의 면이 굴절 반사되면서 원인과 결과 같은 순서는 의미를 잃게 된다. 여기서 잠재적인 것과 현실적인 것이 섞이고 과거와 현재의 구분이 모호해진다. 잠재력은 과거의 기억이 창조력을 발휘하도록 현재와 어우러져 현실화되어야 나타난다.

그때 인과적 시간 흐름은 끊어지고, 합리성 너머의 이미지가 떠오른다. 그래서 이러한 잠재적 과거는 의식의 생산물도 아니며 순차적이지도 않다. 잠재된 과거로 추억을 되짚어 들어가 거기 수많은 다면체 중 내가 필요로 하는 특정한 면을 끌고 나와 현실과 조우하게 만드는 게 창조인 것이다. 따라서 앙리 베르그송에 따르면, 우주는 이러한 잠재력을 무한히 지닌 하나의 거대한 기억이 된다. 우주의 역사만큼.

스와로브스키

"보이지도 만질 수도 없는 저 힘" 크리스털의 시간으로

스와로브스키는 현재 '창조적인 사람들을 위한 라이프스타일'을 제안할 목적으로 온라인 플랫폼(Crete-Your-Style)을 운영하고 있다. 전 세계 크리스털디자인 애호가들을 네트워킹하는 커뮤니티다. 이들은 직접 크리스털을 디자인하고 소개하며, 다른 사람의 디자인에 대한 의견을 남기고 찬반을 표시하며, 디자인 책자에 소개될 기회 등을 제공받는다. 크리스털 마니아들이 직접 참여하여 잠재력을 맘껏 발휘하게 한 것이다.

온라인 플랫폼의 운영으로 3000개 이상의 디자인이 스와로브스키에 제시되었으며, 그중 상당수는 매우 뛰어난 품질을 자랑했다. 스와로브스키는 프로젝트를 진행할 당시 특별한 보상을 계획하지 않았고 보상 계획을 발표하지도 않았다고 한다. 물론 회사는 탁월한 디자인을 가진 참가자들에게 상을 주었다. 그렇다면 어떤 보상도 없이 많은 참여자들이 창의적인 아이디어를 내놓은 이유는 무엇일까?

스와로브스키가 마니아들에게 적극적인 참여를 이끈 가장 강력한 동기는 그들의 잠재력을 현실화시킬 수 있다는 가능성 때문이었다. 크리스털 마니아들은 금전적 이익보다 참여 자체가 충분히 보상이 되는 경험이라고 생각했기 때문에 자발적으로 참여했다.

이런 창조적 참여의 위력을 질 들뢰즈처럼 크리스털 이미지, 즉 잠재력과 현실성을 동시성 속에서 관찰한 시를 보자.

색깔도 무게도 없는 것이 손도 발도 없는 것이 오늘을 만들고 내일을 만들고 영원을 만든다 풀잎을 밀어 올리고 강물을 흐르

게 하고 단풍을 갈아입는다 누가 그 요람에 앉아 시를 쓰고 노래
를 짓고 그림을 그린다 보이지도 만질 수도 없는 저 힘으로
— 이기철, 「시간」, 『흰 꽃 만지는 시간』에서

화자는 들뢰즈식의 '크리스털'적 시간 이미지 속, 과거와 현재,
그리고 잠재력과 현실성이 섞여 있는 '시간'을 "색깔도 무게도 없는 것
이 손도 발도 없는 것이"라고 한다. 그 크리스털적 시간은 "오늘을 만
들고 내일을 만들고 영원을 만든다." 그리고 "풀잎을 밀어 올리고 강
물을 흐르게 하고 단풍을 갈아입는다." 시간은 자연이 스스로 자라나
도록 한다. 그뿐만 아니라 누구로 하여금 잠재된 추억인 유아기의 "요
람에 앉아" "시를 쓰고 노래를 짓고 그림을" 그리게 한다. "보이지도 만
질 수도 없는 저 힘으로" 창조력이 발동한 것이다.

당신은 추억의 요람에 앉아 어떤 잠재력을 떠올리는가. 시를
쓸 수도 있고 노래를 지을 수도 있으며 그림을 그릴 수도 있는 그 능
력은 어디로 간 것인가. 우리의 잠재력이 사라진 것은 아닐 것이다.
현재, 현실이 바쁜 나머지 회상과 추억을 애써 외면했기 때문이다.
스와로브스키는 이런 당신에게 천연 크리스털은 아니지만 이십팔면
체의 그 동시다발적으로 반짝이는 빛으로 우리의 다면적 시간을 통
찰하도록 한다.

브랜드는 크리스털이다. 다면체로 이루어진 결정. 스와로브스
키는 과거와 현재, 잠재력과 현실화가 공존하도록 하여 우리의 창조
력을 발휘하도록 한다.

20   디즈니

정지된 그림들을 편집하여
생명을 불어넣다

브랜드는 몽타주다. "애니메이션은 각 프레임
사이의 보이지 않는 공간을 조작하는 예술."
프레임 사이사이의 틈을 조작하는 작업이
몽타주다. 월트 디즈니는 '정지'된 그림에 '변형'과
'연속된 보여 줌'이라는 몽타주를 통해 우리의
멈춰진 잠재력이 활력을 얻게 했다.

"형상을 만들지 못하는 몽타주"

'몽타주(montage)'가 있다. 범죄 수사에서 목격자의 증언을 토대로 용의자의 수배 전단을 만들 때 사용하는 사진. 몽타주는 보통 여러 사람의 얼굴 사진에서 각 부분을 떼어 내 편집한다. 그때 만들어진 새로운 얼굴을 몽타주, 정확히는 '몽타주사진'이라 한다.

'몽타주'란 어렴풋한 형상을 분명하게 떠올리도록 기억을 조합하여 만들어 내는 편집이다. 그 편집에 대한 한 편의 시가 있다.

> 한 사건이 벌어지는 심급에서부터 결코 나타나지 않는 장면의 심급에 이르기까지 나는 지금 형상을 만들지 못하는 몽타주이다. 나는 짧은 운동으로 분포한다. 한순간도 나를 지킬 수 없다. 그러나 깨진 두개골 속에 신을 벗어 놓은 자들과 함께
>
> 얼굴 없이 빚어지는 나의 이 다양한 표정을 보라
>   — 이수명, 「몽타주가 된다는 것」에서

화자는 자신의 얼굴을 몽타주로 만든다. '한 사건'이 과거에 있었고, 그에 반해 "결코 나타나지 않는 장면"이 있다. "깨진 두개골 속에 신을 벗어 놓은 자들과 함께" 한 사건은 분명 있었지만, 화자는 "짧은 운동"을 쪼개어 한 동작씩 떠올렸다. 화자는 '짧은 운동'마다 "다양한 표정"을 지었지만 자신의 얼굴을 몽타주로 만들 수 없다. 그는 "얼굴 없이 빚어지는" 표정만 있을 뿐이라고, "나는 지금 형상을 만들지 못하는 몽타주"라고 고백한다. 급기야 "한순간도 나를 지킬

수 없"었기 때문이란다.

또 다른 몽타주가 있다. 범죄 수사에 사용되는 몽타주가 아니라 영화 제작에 사용되는 몽타주. 영화의 '몽타주'는 "따로따로 촬영한 화면을 적절하게 떼어 붙여 하나의 긴밀하고도 새로운 장면이나 내용으로 만드는 일"이다. 이 몽타주로 질 들뢰즈는 '잠재력과 현실성' 개념을 설명했다.

아리스토텔레스 이후 잠재력이 현실성이 되는 것을 '운동'이라 불렀다. 갓난아기가 어른이 되어 말하고 춤추고 생각한다면 그것은 운동을 거친 결과다. 좀 더 친숙한 말로 바꾼다면 '운동'은 '변화'라든가 '변신'임을 알 수 있다. 당신은 태아가 인간으로 변신한 결과다. 태아도 있었고 운동(변신)도 분명 있지만 표정만 있을 뿐 얼굴이 없다면 당신 역시 "나는 지금 형상을 만들지 못하는 몽타주"인 것이다. 그 이유는 "한순간도 나를 지킬 수 없"었기 때문이다.

월트 디즈니의 애니메이션

월트 디즈니는 애니메이션이라는 새로운 예술 장르를 개척했다. 「미키마우스」, 「도널드 덕」, 「숲의 아침」,[1] 「돼지 삼형제」, 「백설공주」,[2] 「인어공주」, 「미녀와 야수」, 「알라딘」, 「라이온 킹」, 「뮬란」, 「포카혼타스」, 「겨울왕국」 등 만화영화와 동의어라 해도 과언이 아니다. 월트 디즈니를 설립한 월터 일라이어스 디즈니는 정지된 그림에 운동성을 끌어들여 애니메이션을 만들어 냈다. 무성영화 시대에 디즈니는 정지된 그림에 불과한 캐릭터 미키마우스에 음성을 넣었고 다양한 색을 입혀 생기를 불어넣었다.

월트 디즈니의 초반 애니메이션 캐릭터 미키마우스는 당시 인기 영화배우였던 찰리 채플린을 흉내 냈다. 디즈니는 아이디어가 고갈되는 순간이면 채플린을 떠올리며 창조적 영감을 얻고는 했다. 사실 미키마우스를 처음으로 그린 사람은 동업자였던 어브 아이웍스였고, 월터는 그것을 배치하고 편집하는 몽타주 작가였다. 그는 부분과 그것이 변형된 부분을 잘 엮어서 의도하는 효과를 만들어 냈다.

'애니메이션(Animation)'의 뿌리어인 라틴어의 '아니마(anima)'는 '생기', 즉 '살아 있는 기운'을 말한다. 고대인들은 이 '아니마'가 생명체로 하여금 운동을 일으킨다고 여겼다. 마찬가지로 정지된 그림이 생기를 얻기 위해서는 그림에 운동성을 넣어 주어야 한다. 이때 애니메이션의 운동성을 위해 '정지된 그림', '변형', '연속된 보여 줌'이라는 세 가지 과정이 필요하다.

과거는 공간만 남고, 현재는 변화만 남는다

'프레임'이란 애니메이션에서 '정지된 그림'을 일컫는 말이다. 실사영화는 카메라로 영상을 찍어 놓은 쇼트 단위로 구성되는 반면, 애니메이션은 프레임 단위로 구성된다. 하나의 프레임에서 다른 프레임으로 전환되면서 애니메이션은 마치 움직이는 것처럼 보인다. 이때 이전 프레임에 있었던 그림들은 조금씩 달라진다. 그러니까 움직임은 이전 프레임의 '변형'이 전제된다.

영상 편집 기술에서 이러한 변형 기법을 '메타모포시스'라 한

월터 디즈니(1901-1966)

다. 그리스어와 라틴어의 '변신'을 뜻하는 '메타모포시스'는 프레임 A에서 프레임 B로의 변형 과정이다. 특히 애니메이션의 메타모포시스에는 전체 형태가 바뀌는 '몰핑', 이전 형태가 쪼개졌다가 다른 형태로 만들어지는 '파티클', 뜨개질실처럼 이전 형태의 테두리 선들이 풀리면서 다른 형태의 테두리를 만드는 '스트랜드' 기법이 사용된다. 이로써 애니메이션은 프레임 단위로 대상을 자유롭게 변형시킬 수 있게 된다.

월트 디즈니는 생동감 있는 드로잉을 중심으로 동작을 분석하여 프레임의 변형에 대한 새로운 경험과 지식을 쌓아 나갔다. 캐릭터의 동작에서 개성과 감정이 드러나고, 캐릭터 간의 사랑과 증오의 관계가 표현되기 때문이다. 월트 디즈니는 이것을 바탕으로 1940년대까지 「백설공주」, 「피노키오」, 「판타지아」 등을 제작했다.

애니메이션의 운동성을 위해서는 '프레임'과 '메타모포시스'

외에도 '연속된 보여 줌'이 필요하다. 정지된 화면이 연속적으로 움직인다는 것은 '시간'이라는 요소가 들어간 것이다. '연속된 보여 줌'은 정지된 상태들이 이동, 그러니까 공간을 가로지르는 것 같은 효과를 준다. 결국 공간예술인 만화는 일정한 프레임들을 연속적으로 보여 줌으로써 시간을 표현할 수 있다. 이때 필요한 것이 영사기다.

1895년 뤼미에르형제가 필름 영사기이자 인화기인 '시네마토그래프'를 발명하자, 월터 디즈니도 이것을 애니메이션에 적극 활용했다. 더군다나 그는 초당 프레임수를 24fps(frames per second)로, 즉 초당 스물네 장의 프레임을 연속적으로 보여 주었다. 초당 프레임수가 결정되면 애니메이션 상영 시간 속에 사용될 프레임의 총 개수가 확정된다. 초당 프레임수가 늘어난다는 것은 그만큼 공간 분할이 더 가능해진다는 뜻이다.

이쯤에서 우리는 질 들뢰즈의 "운동이 가로지른 공간은 과거

디즈니

디즈니랜드

이고, 운동은 현재이면서 가로지르는 행위"라는 말을 애니메이션에 연결시킬 수 있다. 가로지른 공간은 프레임들이며, 거기서 변형과 연속된 보여 줌으로 운동이 일어나는데 그 운동은 현재라는 것. 그래서 들뢰즈가 한 "가로지른 공간은 분할 가능하고 운동은 나누어지지 않는다."는 말의 의미를 이해할 수 있게 된다. 과거는 공간만 남고, 현재는 변화만 남는다.

'디즈니랜드'의 환상 몽타주

애니메이션은 제한된 프레임들을 갖고 전체를 효율적으로 준비해야 한다. 여기서 캐릭터의 움직임은 프레임들을 가로질러 나타난다. 그런데 월트 디즈니의 디즈니랜드도 이와 관련되어 있다.

월터 디즈니와 미키마우스 스케치

　1955년 월터는 로스앤젤레스 교외에 '디즈니랜드'라는 거대한 유원지를 설립한다. 디즈니랜드는 판타지, 즉 환상의 나라다. 일단 디즈니랜드 안에 들어서면 외부의 높은 빌딩이나 건물들은 보이지 않고 '매직킹덤'이나 '메인스트리트', '미래도시' 같은 환상적인 공간이 펼쳐진다. 방문자는 자신의 프레임, 눈의 창(프레임)에 비친 광경을 보면서 스스로 변신을 시도한다. 「이상한 나라의 앨리스」라든지 「개구리왕자」라든지 「신데렐라」라든지…… 평소 보는 일상의 공간과는 전혀 다른 동화 속 느낌을 접하게 된다.

　월터는 디즈니랜드 안에서 변형된 프레임들을 연속적으로 보여 주기 위해 환상을 현실화시킨다. 흉측한 트럭들조차 보이지 않게 한 것. 디즈니랜드 안에서는 식사하는 공간이 여러 곳 있기 때문에 식자재나 다른 물건들을 운송할 트럭이 필요했다. 하지만 월터는 지하 터널을 통해 트럭들이 다니게 했다. 방문객에게 그곳에 있는 만큼

디즈니

은 철저한 변신을 만끽하도록 땅 속에 터널을 건설한 것이다. 그리고 디즈니랜드 안에서의 '변신'은 한 장소나 한순간만 가능한 것이 아니라 모든 곳에서 '지속'적으로 유지되도록 했다.

잠재력을 현실에 구현하기 위해서는 변신, 즉 운동이 필요하다. 아리스토텔레스는 그 변신을 위해 감각자극을 말했다. 그 자극이 지속될 때 운동은 진정한 의미를 갖는다. 베르그송은 운동을 '지속과 전체'로 파악한다. 그런데 그 운동은 세 가지 수준이 있다. '정지된 단면', '공간에서의 이동', '지속과 전체의 변화'다. 베르그송의 이론을 토대로 들뢰즈는 영화를 예로 들어 '정지된 단면'은 '프레임', '공간에서의 이동'은 '쇼트', '지속과 전체'는 '몽타주'라 설명한다.

프레임들의 배치와 편집의 몽타주

캐나다 애니메이션 영화작가 노먼 매클래런은 애니메이션에 대해 "각 프레임 사이의 보이지 않는 공간을 조작하는 예술"이라 정의했다. 들뢰즈는 개별 프레임보다는 프레임과 프레임 사이의 '형상의 묘사'를 중심으로 프레임의 지속을 다루고 있다. 들뢰즈가 언급한 프레임 사이의 '형상의 묘사'를 생각하면서 프레임들을 편집하는 것이 바로 '몽타주'다. 프레임들을 배치하고 편집하는 몽타주를 통해 내면의 형상을 묘사해 나가는 것. 그 형상 또한 몽타주, 더 정확하게는 몽타주사진이 된다.

잠재력이 현실화된다는 것은 잠재력이 운동성을 갖는다는 뜻이다. 정지된 그림인 프레임이 운동성을 갖기 위해서는 변형된 프레

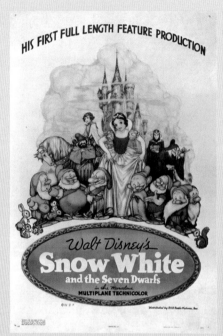 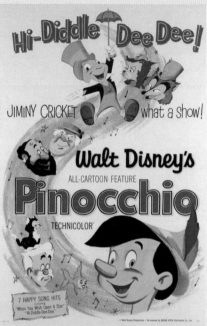

'애니메이션(Animation)'의 뿌리어인 라틴어의 '아니마(anima)'는 '생기' 즉 '살아 있는 기운'을
말한다. 고대인들은 이 '아니마'가 생명체로 하여금 운동을 일으킨다고 여겼다.

「백설공주와 일곱 난쟁이」 포스터(1937년)
「피노키오」 포스터(1940년)

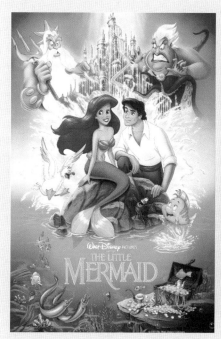 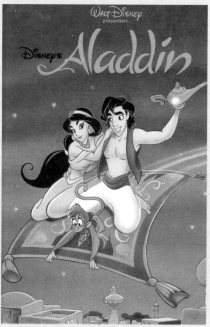

마찬가지로 정지된 그림이 생기를 얻기 위해서는 운동성이 필요하다. 이때 애니메이션의 운동성을 위해서 '정지된 그림', '변형', '연속된 보여 줌'이라는 세 가지 과정이 필요하다.

「인어공주」 포스터(1989년)
「알라딘」 포스터(1992년)

임이 있어야 한다. 뭔가 조금이라도 변형된 잠재력이 필요하다는 것. 그러한 변형된 잠재력의 이미지들이 연속적으로 보일 때 잠재력은 현실화될 수 있다.

지금 여기에 가장 가까운 심급에 도착하지 못하는 번개를 위하여 나는 번개를 버틴다. 번개를 뒤집어쓰고 어둠의 일부인 채 어둠과 단절하면서 어둠을 밝히지 않는다. 나는 머뭇거린다. 머뭇거려야 한다. 누가 돌출되는가를 누구를 지나 흘러가는 무늬인가를

— 이수명, 「몽타주가 된다는 것」에서

심급은 '심판의 등급'을 뜻하는데, 사전적 의미는 소송 사건이 1심인지 2심인지 3심인지, 그 심판의 차례를 말한다. 심급에 도착하는 '번개'는 모든 게 배치되고 정리되는 일종의 몽타주다. 화자는 그 "심급에 도착하지 못하는 번개를 위하여", "한 사건"을 배치하고 정리하는 일이 제대로 이루어지지 않기 때문에 그 사건을 정리하려 "번개를 뒤집어"쓴다. 즉 몽타주를 실행한다.

사건을 제대로 파악하기 위해 화자는 어둠을 분할하면서도 그 어둠을 밝힐 수 없다. 어렴풋한 어둠이라 프레임 자체에 그림이 그려지지 않는다. 화자는 블랙박스를 되돌려 보듯 자신의 행동에 대한 초당 프레임수를 늘려 더 많이 분할하고 단절시키지만, "누가 돌출되는가를 누구를 지나 흘러가는 무늬인가를" "머뭇거린다."

편집의 몽타주가 제대로 되기 위해서는 몽타주사진이 만들어져야 한다. 영화의 프레임이 만들어져야 편집이 되듯 말이다. 그렇다

면 몽타주사진이 만들어지지 않는 이유는 무엇일까? 한 사건의 용의자인 자신에 대한 기억을 잃었기 때문에 프레임조차 짤 수 없다. 시인은 기억하지 못하는 자신에 대해 "한순간도 나를 지킬 수 없"었다고 고백한다.

과거 한순간의 잠재력도 기억하지 못한다는 것. 당신의 잠재력을 기억해야 프레임이 만들어지고, 각각 다른 프레임들이 그려져야 그것들이 배치되고 모여 몽타주가 제대로 만들어진다. 이것이 각자 가진 자신의 애니메이션에 대한 몽타주다. 그렇다면 당신에게 과거 잠재력에 대한 이미지는 남아 있는가? 그 잠재력이 현실화될 당신의 변신은 연속적인가? 지금 이 순간 당신은 움직이고 있는가? 당신은 당신 나라의 몽타주를 지녔는가?

월트 디즈니는 정지된 그림에 운동성을 결합시키고자 몰두했다. 애니메이션은 실사영화보다 더 자유롭게 이미지를 이루는 요소들을 변형시킬 수 있다. 월트 디즈니는 우리 삶이 개성적이고 환상적인 애니메이션을 만들어 나가도록 부추긴다.

---

1   「숲의 아침」: 월터 디즈니는 만화영화 개척자로서 「미키마우스」 시리즈에서 최초의 발성 작품인 「증기기선 윌리」(1928)를 탄생시켰고, 「실리 심포니」 시리즈에서는 최초의 색채 작품인 「숲의 아침」(1932)을 선보였다.
2   「백설공주」: 1937년 작품으로 디즈니의 첫 번째 장편 애니메이션이다. 원전은 독일 그림 형제의 구전 동화다.

21   몽블랑

스러지는 허무를 찔러

기억을 현실로 살려 낸다

브랜드는 글쓰기다. 글쓰기는 무의식에 갇힌
기억의 찌꺼기들을 복구하는 것. 그 복구를 위해
몽블랑은 만년필을 만들었다. 만년필의 예리한
펜촉은 지진계에 기록된 지진파처럼 호흡, 감정,
생각의 결을 품고 진동한다. 글쓰기는 수없이
반복되는 획들로 세월의 속도에 휩쓸려 스러지는
허무를 쪼개고 기억을 현실로 살려 낸다.

"만년필은 백지의 벽에 머리를 짓찧는다"

글자가 '사건의 흔적'이라면, 글쓰기는 그 흔적이 층층으로 쌓인 '기억의 퇴적'이다. 서판에 긁힌 자국이 글자인 반면, 글쓰기는 그 자국을 기억으로 겹겹이 포개는 것이다. 쓰는 자는 사라져 의식하지 못하는 기억을 '글자(국)'를 통해 되살린다. 아직 감추어진 기억을 두고 프로이트는 '신비의 서판(Wunderblock)'에 비유하여 '무의식'이라 했다.

이 서판을 설명하면서 프로이트는 밀랍판 위에 얇은 종이가 덮여 있다고 한다. 글자가 보이도록 하려면 종이와 밀랍판이 맞붙게 하여 기록하고, 글자를 지우려면 종이를 밀랍판으로부터 한 번 들어올린다. 위의 종이에서 글자는 지워져도 아래 밀랍판에는 (글)자국이 겹겹이 남아 있게 된다. 여기서 밀랍판은 '무의식'을, 종이는 '의식'을 상징한다. 의식하지 못해도 글자의 흔적들이 무의식에 퇴적되어 있다.

글쓰기와 무의식에 퇴적된 기억을 끌어올리는 다음 시를 읽어 보자.

그리고 나는 오래된 만년필을 만지작거리며 지난날 습작의
삶을 돌이켜 본다 ─ 만년필은 백지의 벽에 머리를 짓찧는다
만년필은 캄캄한 백지 속으로 들어가 오랜 불면의 밤을 밝힌
다 ─ 이런 수사는 모두 고통스런 지난 일들이다!
　　　　　　　　　　　　　　　　　　─ 송찬호, 「만년필」에서

화자는 "볕 좋은 어느 가을날 오후" 만년필을 통해 "지난날 습작의 삶을 돌이켜 본다." "한때, (……) 이것으로 경매에 나오는 죽은 말 대가리 눈 화장을 해주는 미용사 일도 하였다 // 또 한때, 이것으로 근엄한 장군의 수염을 그리거나 부유한 앵무새의 혓바닥 노릇을 한 적도 있다." 화자는 자신의 지난날 글쓰기를 '죽은 말 대가리 눈 화장'과 '앵무새의 혓바닥'에 빗댄다. "그리고 지금은 이것으로 공원 묘지의 일을 얻어 비명을 읽어주거나 가끔씩 때늦은 후회의 글을 쓰기도 한다." 화자에게 과거 글쓰기는 "백지의 벽에 머리를 짓찧는" 것. 혹여 잠이라도 오지 않는 밤이면 "캄캄한 백지 속으로 들어가 오랜 불면의 밤을 밝"힌다. 화자는 애써 자위한다, 화려한 장식이나 아부의 글쓰기는 "모두 고통스런 지난 일들"이라고.

인간사의 기록과 기억은 오랫동안 만년필이 매개해 왔다. 만년필은 한 겹 한 겹 떨어져 있는 기억들을 엮어 기록을 남긴다. 기억은 글자 한 획 한 획에 만년필의 잉크 향과 종이의 질감이 더해지면서 생생하게 되살아난다.

몽블랑의 흰 육각형

1906년 문방구점 상인이었던 클라우스 요하네스 포스와 은행가였던 알프레드 느헤미아스, 베를린의 엔지니어 아우구스트 에버스타인, 이렇게 세 사람이 독일 함부르크에 작은 만년필 공장을 세웠다. 만년필은 영어로 '파운틴펜(fountain pen)', 분수처럼 잉크가 계속 뿜어져 나오는 펜을 뜻했다. 이 공장에서 처음 출시한 만년필의

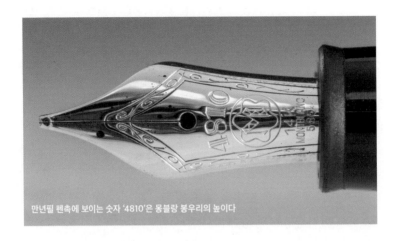
만년필 펜촉에 보이는 숫자 '4810'은 몽블랑 봉우리의 높이다

이름은 '루주 에 누아(Rouge et Noir)', 만년필 아래쪽은 검은색, 뚜껑
끝부분은 붉은색이라 일명 '빨간 모자'. 스탕달의 소설『적과 흑』의
프랑스 원제에서 따왔다.

　1910년 세 사람은 회사명을 알프스의 최고봉인 '몽블랑'으로
정하고 흰 육각형을 로고로 사용했다. 흰 육각형은 몽블랑 봉우리
를 덮고 있는 만년설의 결정체를 상징한다. 또한 만년필 펜촉에 보이
는 '4810'이라는 숫자는 몽블랑 봉우리 높이인 4810미터를 뜻한다.
회사명이나 로고, 펜촉에까지 최고 수준의 만년필을 만들겠다는 각
오를 심어 둔 것이다.

　몽블랑은 1924년 최고의 만년필을 만들겠다는 신념으로 펜촉
제조 공장을 인수하여 18K 금에 플래티넘으로 된 '마이스터스튁'을
출시했다. 지금까지 계속 생산되는 몽블랑의 상징적 제품이다.

　몽블랑의 펜촉 하나에는 152가지 공정에, 장인이 꼼꼼한 수공
을 들여야 하는데, 이렇게 만년필 한 자루가 완성되기까지는 6주 이

몽블랑 시계 크로노그라프(2017년)

상의 시간이 소요된다. 몽블랑은 충분한 시간을 갖고 천천히 작업하면서 제품의 결점을 찾는다.

지금도 작업 현장에서는 언뜻 보기에 아무 이상이 없는 것 같은 제품도 미세한 흠집 하나라도 발견되면 파기해 버린다고 한다. 최고의 만년필을 만들기 위한 장인들의 정성과 열정을 볼 수 있는 대목이다. 그러기에 몽블랑은 짝퉁도 불가능하다.

'선-율'로 분화시키는 '펜-플루트'

글쓰기는 기억을 종이에 겹겹이 쌓는 것이고, 거기서 잠재력은 현실이 된다. 기억을 기록하여 추억을 만들고 가능성을 나열하여 꿈을 이룬다. 그래서 잠재력에서 현실로 넘어가는 변신을 위해 글쓰기는 반드시 필요하다. 글쓰기에서 변화의 싹이 튼다.

잠재력의 현실화에 관심을 보인 질 들뢰즈는 이 변화의 과정에 '분화'가 있다고 말했다. 잠재력은 분화를 거쳐 현실화되는 것. 기억은 분화되지 않은 찌꺼기로 남아 잠재력이 되고 무의식이 되지만, 글쓰기로 분화를 일으키면서 의식이 되고 현실이 된다.

글쓰기는 획 스치는 획들을 통해 철자로 분화된다. 거친 돌덩어리에 감추어진 잠재적 형상이 날카롭고 강한 쇳날을 통해 점차 형태를 갖추듯 얽히고설킨 기억은 예리한 필체로 꿈틀꿈틀 분화된다. 무의식의 껍질이 한 겹 한 겹 종이 평면에 분화될 때 비로소 의식이 된다. 글쓰기는 겹겹이 쌓인 기억을 한 겹 한 겹 분화하는 스케치다. 잊히고 엉클어진 과거가 무의식의 밀랍판에 층층이 쌓이지만 글쓰기를 통해 의식의 지면으로 스멀스멀 올라올 때 만년필은 진가를 발휘한다.

스테판 말라르메가 『목신의 오후』에서 몽환의 어스름을 펜으로 분화시켜 뚜렷한 현실을 보여 줬다면, 클로드 드뷔시는 그것을 플루트로 분화시켜 선율로 들려주었다. 말라르메와 드뷔시의 주인공 판은 각각 펜과 플루트를 통해 꿈을 현실화한다. 고대 로마의 시인 베르길리우스에 따르면, 목동의 신 판은 양치기에게 자연과 대화하는 도구로 갈대피리를 가르쳤다. 글자가 있기 전부터 피리는 기억을 끌어내어 분화시키는 도구였다. 드뷔시는 판에 대한 상상을 끌어내는 도구로 말라르메가 19세기 후반에 사용한 펜이 아닌 옛 갈대피리를 닮은 플루트를 사용한 것이다.

만년필의 사명은 선을 살리고, 악기의 사명은 선율을 살린다. 감추어진 형태, 그 잠재력을 말라르메는 시어로, 드뷔시는 선율로 현실화했다. 몽환의 꿈은 부재하는 게 아니라 감추어져 있을 뿐이다.

이때 지금 당장 감추어져 보이지 않는 허무를 긍정하는 인간의 유일한 무기가 펜과 플루트다. '펜-플루트'를 사용한다는 것은 감추어짐을 긍정하되 허무로 스러지는 대신 분화됨을 보이는 능력이다. 없음을 긍정하는 것은 있음을 직시하기 때문이며, 그것은 곧 '펜-플루트'를 사용할 줄 알기 때문이다.

'시간 기록자' 몽블랑

몽블랑은 1997년 이후 스위스의 리치몬드그룹에 인수 합병된 상태에서 수제시계 시장에 진출했다. 초창기 시계 시장에서 고전을 면치 못했지만 몽블랑은 시계에 과감히 투자했다. 시계에 대한 몽블랑의 의중을 가늠할 수 있는 광고 카피가 있다. '시간 기록자(타임라이터).' 무슨 의미일까?

이 카피는 시계가 시간을 기록한다는 점에서 만년필과 마찬가지로 광의의 필기구라는 의미를 전하고 있다. 만년필이 예리한 펜촉으로 획들을 분화하여 기록을 남긴다면, 시계도 날카로운 초침으로 시간을 분화하여 기록을 남긴다. 시간을 분화한다는 것은 마치 노래할 때 박자를 더 빨리 치는 것과 같다. 한 마디가 2초 주기로 된 노래라면 0.5초마다 박수 칠 때 네 번이 되지만, 0.25초마다 치면 여덟 번이 된다. 그때 비트를 통해 노래는 더욱 섬세하게 표현된다. 그러니 시간을 분화하면 할수록 더 많은 현실을 보게 된다.

시간과 분화 사이의 밀접한 관계는 시간을 표시한 어휘를 보면 쉽게 드러난다. 프랑스어 '탕(temps)', 이탈이아어 '템포(tempo)',

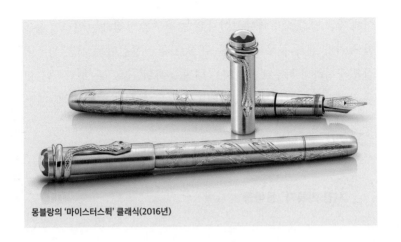

몽블랑의 '마이스터스튁' 클래식(2016년)

영어 '타임(time)'의 뿌리어는 라틴어 '템푸스(tempus)'이며, 거기서 더 거슬러 올라가 그리스어로 가면 '자르다'라는 '템노'에 이른다. 고대 그리스인들이 생각한 시간은 잘라 분화시키는 것이었다. 그뿐만 아니라 라틴어의 신전인 '템플룸(templum)'도 이 의미로 해석한다면 예외적인 공간으로 잘라 내어 '분화된' 곳을 뜻하며, '숙고(contemplation)'나 '기온(temperature)', 그리고 '기질(temperament)'도 분화와 관련된 것들이다.

　이제 몽블랑은 시계를 통해 보다 광범위한 분화에 도전한다. 그 기록은 무의식에 감추어진 기억을 끌어내는 것. 이 작업을 위해 들끓는 열정이 필요하다. 다행히 서두에 소개한 시에서 그 열정을 볼 수 있다.

　　하지만 나는 책상 서랍을 여닫을 때마다 혼자 뒹굴어 다니는 이 잊혀진 필기구를 보면서 가끔은 이런 상념에 젖기도 하

는 것이다 거품 부글거리는 이 잉크의 늪에 한 마리 푸른 악어
가 산다.

— 송찬호, 「만년필」에서

화자는 "거품 부글거리는 이 잉크의 늪에 한 마리 푸른 악어가
산다."고 한다. 그 푸른 악어가 움직이는 도구가 펜-플루트일 것이다.

플루트 하나 펜촉 하나뿐

감추어져 있는 무의식의 지층, '신비의 서판'에 스케치할 수 있
는 나의 펜촉은 무엇일까? 한 줄기 가락으로 뿜어낼 피리는 갖고 있
을까?

누가 우리를 기억하는가?
우리는 千年 동안이나 떠돌며
서러움과 핍박을 받은 게토의 어린 양들이라네.
우리는 십자가 그늘에서 말라 죽어 가는
농부와 재단사와 시계수리공과 전단 배포자들이며
양쪽 어깨에 총과 악기를 멘 음유시인들이라네.
(……)
우리는 다윗과 요한의 영광스러운 후손들이자
마사다 요새의 피를 이은 강인한 전사들이라네.
우리는 모두 주머니에 돌들을 숨겨

골리앗의 이마를 향해 던졌다네.
유럽의 무덤들마다 흩어져 있는 형제들이여
우리는 노예가 아닌 자유인으로 살아갈 땅을 위해
오늘도 내일도 서로 피를 나누며 싸울 것이네.
— 프리모 레비, 「살아남은 자의 아픔」에서

이 시의 화자는 코소보수용소에 수감되었다가 처형당한 유대 음유시인 마틴 폰타쉬다. 그는 처형 직전 남은 30분 동안 한 줄 한 줄 마지막 시를 남겼다. 2차 세계대전이 끝날 무렵 그가 함께한 사람들은 생존을 위해 2000킬로미터를 행군하며 게릴라전을 펼쳤던 동유럽 유대인들이다. 그는 "양쪽 어깨에 총과 악기를" 메고 마지막 시를 쓴다.

폰타쉬가 죽어 가는 순간 그의 총과 악기로 남은 30분은 분화되어 펜촉의 마지막을 장식했다. 현실로 되살린 그의 기억은 "골리앗의 이마를 향해" 날아간 다윗의 "돌들"이었다. "노예가 아닌 자유인으로 살아갈 땅"이었다.

우리가 가진 것은 마틴 폰타쉬처럼 플루트 하나 펜촉 하나뿐이다. 무의식에 갇힌 기억의 분화를 위해 몽블랑은 만년필을 만들었다. 또한 세월의 속도에 휩쓸려 스러지는 허무를 찔러 형상을 조각하라고 시계를 만들었다. 만년필을 쥔 당신의 '거품 부글거리는' 심장에는 "한 마리 푸른 악어가 산다." 당신은 그 펜촉으로 무슨 획을 살려 내는가?

"우리는 십자가 그늘에서 말라 죽어 가는…… 양쪽 어깨에 총과 악기를 멘 음유시인들이라네."

몽블랑

5부

매체성

"인간은 현상만
인식할 수 있음에도
불구하고, 그 한계를
넘어 생각하고
말한다."

　　　—가라타니 고진

"미디어(매체)는
인간의
연장이다."
—마셜 매클루언

"뿌리 깊은 믿음과는
반대로, 책은 세계의
이미지가 아니다.
책은 세계와 더불어
리좀이 된다."
—질 들뢰즈, 펠릭스 가타리

"새로운 타이포그래피의 핵심은 단순성이다."　　—얀 치홀트

"예외상태에 관한 결정을 내리는
자를 주권자로 일컫는다."

　　　　　　　—카를 슈미트

"'완성된 인간'은
책 없이는
불가능하다."

　　　　—박맹호

"텍스트 밖에는 아무것도 없다."　　—자크 데리다

5부 프롤로그

리좀형 매체

질 들뢰즈와 펠릭스 가타리가 쓴『천 개의 고원』초반에 책에 대한 매체 이야기를 한다. 우리는 책의 제작 과정에서 배치(agence-ment)란 편집임을 쉽게 알 수 있다. 이들은 배치를 '땅속뿌리(livre-racine)형'과 '땅속줄기(rhizome)형'으로 나누어 설명한다. 들뢰즈와 가타리는 '땅속뿌리형'은 "기표 중심적이며 주체의 산물인, 유기적인 아름다운 내부성을 지닌 고전적인 책"인 반면 '땅속줄기형'은 "누군가의 것으로 여길 수 없는" "다양체"라 밝힌다.

'땅속뿌리형' 책은 첫 장부터 마지막 장까지 각 부분이 서로 밀접하게 관련을 맺고 있어 어느 한 부분도 떼어 낼 수 없이 차례대로 읽도록 편집된다. 하지만 '땅속줄기형' 책은 차례와 무관하게 어떤 부분을 읽어도 상관없도록 편집되어 있다. 이 배치를『천 개의 고원』에 나타나는 '도덕의 지질학'의 판구조론으로 이해하자면 '땅속뿌리형'은 딱딱하게 굳어져 지층이 겹겹이 쌓인 '지각판'인 것이고, '땅속줄기형'은 어떤 지층도 없이 유동적이고 이질적인 것들이 섞여 있는 '맨틀'인 것이다.

편집을 배치의 문제로 검토한다는 것은 세상에서 우리가 볼 수 있는 대부분의 정보들을 땅속뿌리형 / 땅속줄기형, 지각판형 / 맨틀형으로 보는 것이다. 말하자면 세상의 정보들을 단단하고 질서 잡힌 체계들, 그리고 변형 가능하고 우연적인 것들이 서로 얽히게 편집하는 것이다.

아방가르드의 매체

매체에 대한 파격적인 시도를 한 사조가 있다. 아방가르드 예술가들은 "모든 것이 예술이고 누구나 예술을 할 수 있다."는 기치 아래 일상을 예술로 바꾸기 시작했다. 이때 그들이 관심을 가진 것은 매체에 대한 새로운 시각이었다. '아방가르드(Avant Garde)'의 '아방'은 '앞'을, '가르드'는 '경비대'를 뜻하기에 이 단어는 '앞을 지키는 부대', 즉 '전위대'라는 의미다. 19세기 말에 이 용어는 군사적 의미에서 예술적 의미로 바뀌어 "자신의 시대보다 앞서려는 예술 운동 또는 문화 운동"의 성격을 띠게 된다.

1차 세계대전 이후 작가들은 전쟁 비판과 함께 과거의 타성적인 작업, 즉 기존의 언어, 문학, 회화, 연극 체계를 거부하며 새로운 것을 찾는 작품 활동을 시작한다. 이때부터 아방가르드는 본격적으로 '전위예술'을 뜻하는 말로 자리매김했고 그들의 새로운 예술적 바탕을 작품 소재, 즉 매체의 변화에서 찾았다.

대중매체의 오브제화

아방가르드에 있어 작품 소재의 확대, 그러니까 오브제의 확장은 '일상의 예술화'에서 근간이 된다. '오브제'는 영어 '오브젝트'로 '서브젝트'와 대립된 물건, 물체, 객체 등의 뜻을 지닌 프랑스어이지만, 아방가르드 예술론, 특히 다다이즘과 초현실주의는 오브제란 개념에 독특한 의미를 덧붙여 자신들의 예술 기법으로 삼았다.

아방가르드 예술가들은 일상에서 볼 수 있는 우표나 상표, 신문, 잡지, 벽지, 입장권, 계산서, 악보, 천, 쇠붙이, 나뭇조각, 톱밥, 모래, 나뭇잎, 사진 등 다양한 조각들을 붙여 전혀 다른 물체끼리 조합함으로써 색다른 효과를 노렸다. 1960년대에 유행한 팝아트 역시 테크놀로지나 대중매체를 오브제로 활용하여 나타난 예술이었다.

예술과는 전혀 상관없는 매체를 본래 기능에서 떼어 내 서로 배치시키면 미처 생각지 못한 의미가 생긴다. 이때 매체가 새로운 의미를 만들어 내면서 예술 작품이 된다. 작품의 소재가 된 매체는 기존에 사용되던 기능과 의미와 대립한다. 예를 들어 마르셀 뒤샹의 「샘」이라는 작품에서, '샘'이라는 전혀 다른 의미를 부여받은 변기가 바로 오브제이며 매체다.

매체의 힘

종교개혁 이전 시대에 출판을 통해 확산된 다량의 새로운 지식은 더 이상 지식 독점을 불가능하게 했다. 중세의 교회와 대학을 중심으로 버티고 있었던 지식 권력과는 전혀 다른 '지성'이 전파되었고, 새로운 지식들이 모이고 대치되면서 창의적인 지적 활동이 장려될 수 있었던 이유도 바로 출판 때문이다.

손으로 일일이 베끼던 필사본에서 대량 유통이 가능한 인쇄본으로 바뀌는 출판의 기술 혁명은 각종 사상의 네트워킹을 가능하게 했고, 보다 폭넓은 지식이 전파될 수 있도록 만들었다. 출판업의 발달은 이후 나타나는 종교개혁과 과학혁명, 그리고 계몽주의의 탄생을 위한 인큐베이터인 셈이다. 이 인큐베이터 속에서 온갖 지식 권력에 대한 '항거'가 움튼다. 이것이 바로 매체의 힘이다.

22 버버리

몸을 확장하여
노예근성을 넘어선다

브랜드는 매체다. 스파이더맨은 슈트라는
매체로 자신의 한계를 넘어선다. 그 한계는
노예근성이었다. 버버리는 디지털 매체를 통해
인간의 주체성을 확인한다.

코스튬에서 매체로

「스파이더맨: 홈커밍」(2017)이 이전 영화들과 확연하게 차이나는 건 스파이더맨의 '거미-옷' 때문이다. 그전까지 그 옷은 주인공 피터의 정체를 감추고 스파이더맨을 드러내는 코스튬 정도였다. 이 작품에서 스파이더맨의 옷은 마블의 슈퍼히어로 중 최고 두뇌라 할 수 있는 아이언맨 토니 스타크[1]가 설계하고 제작한 것이다.

영화를 거칠게 요약하자면, 평범한 십 대 소년이 '스타크 브랜드'의 스파이더맨 슈트를 입고 어벤져스의 멤버로 인정받는다. 부모를 여의고 자신을 길러 주던 삼촌과도 사별한, 우리로 치자면 '중2' 정도의 미숙하기 짝이 없는 주인공이 이 슈트만 입으면 갑자기 자신감이 충만해진다.

매체를 "어떤 자극(작용)을 한쪽에서 다른 쪽으로 전달하는 물체 또는 수단"이라고 할 때, 언어와 마찬가지로 의상도 일종의 매체가 된다. 그래서 우리는 이런 매체를 통해 변화된다. 그 변화로 몸의 미숙함을 극복하기 때문에, 브랜드는 코스튬 정도로 그치는 것이 아니라 또 다른 나로 변신하도록 도와준다.

디지털로 업그레이드된 트렌치코트

매체를 통해 변신을 시도한 브랜드가 있다. 1856년 창립된 버버리. 버버리 하면 트렌치코트다. 1차 세계대전 후 영국군에 납품되던 트렌치코트가 일반인들에게 유통되었는데, 많은 스타들이 즐겨

앤절라 아렌츠 전 버버리 CEO

입으면서 인기가 높아졌다. 하지만 라이선스가 남발하고 변화된 세대에 관심을 보이지 않으면서 트렌치코트는 한낱 과거 유행으로 그치는 듯했다. 2006년 7월 버버리의 CEO가 된 앤절라 아렌츠. 그녀는 매체만 잘 활용하면 트렌치코트를 스타 제품으로 변신시킬 수 있다고 확신하고는 모든 환경을 디지털 방식으로 바꾼다.

그 구체적인 예를 보자. 버버리의 디지털 플랫폼과 70여 개 온라인 뉴스 채널 매체로 2010년 겨울/봄 컬렉션에 전 세계 1억 명이 동시에 관람할 수 있는 패션쇼를 진행했다. '디지털 인터랙티브 캠페인'에서는 온라인상에서도 제품을 확대, 회전하며 매장에서 실제로 제품을 보는 것 같은 현장감을 실현시켰다.

또 '아트 오브 더 트렌치'라는 SNS 형식의 사이트를 만들어 고객이 원하는 스타일을 공유했다. 특히 모든 의상에 전자태그가 삽입

영화 「투데이 위 리브」(1933)에서
버버리 트렌치코트를 입은 조앤 크로퍼드

되어 옷을 들고 특수 거울 앞에 서면 다양한 정보가 스크롤되는데, 해당 의상에 대한 자세한 설명, 어울리는 다른 의상들, 그것을 런웨이에서 모델이 입은 모습 등이 나온다. 뿐만 아니라 온라인으로 주문하고 매장에서 제품을 착용한 후 구매를 확정할 수 있는 스토어(Buy online & Collection store)까지 운영했다.

변신은 매체를 통한 몸의 확장이다

개인적으로 내가 매체의 힘을 깨닫게 된 사건이 있었다. 초등

영화 「카사블랑카」(1942)에서
버버리 트렌치코트를 입은 험프리 보가트

학교 3학년 당시 또래보다 한 뼘 정도 작고 왜소했던 나는 고모댁에 간다고 낯선 동네를 서성대고 있었다. 그러다 외진 골목에서 나보다 한두 살 많아 보이는 동네 패거리들과 맞닥쳤다. 다짜고짜 신발을 벗으란다. 눈들은 있어서 어제 산 내 운동화를 알아본 것이다. "싫어!"라는 나의 저항에 돌아온 건 알알한 귀싸대기. 순간 나는 놈들이 대여섯 명이란 사실에 신경이 곤두섰다. 또 한 대 맞고 있을 때, 어랏! 눈에 번쩍 들어온 빗자루 하나. 나는 용수철처럼 골목 구석으로 튀어 가 그걸 잡고 사정없이 휘둘러 댔다. 덕분에 나는 새 신발을 1년간 신을 수 있었고 덤으로 빗자루에 대한 맹신이 생겨 버렸다.

　이후 키가 작아도 커버해 줄 도구 하나만 있으면 된다는 '매

비스포크 트렌치코트

체 의존력'이 어린 마음에 강하게 자리 잡았다. 빗자루가 때로는 키높이 구두가 되기도 하고, 때로는 패션 스타일, 때로는 남들이 모르는 나만의 '그 무엇'이 되기도 했다. 당시 텔레비전에 방영되던 모든 만화가 일종의 내 몸을 확장하는 '빗자루'로 보이는 신세계가 열렸다. 그래, 좀 부족해도 로봇이든(「마징가 제트」) 자동차든(「달려라 번개호」) 비행기든(「독수리 오형제」) 옷이든(「스파이더맨」 슈트) 도구만 있으면……

잠에서 깨면 나는 안경을 가장 먼저 찾아 내 몸처럼 챙긴다. 안경은 내 몸의 일부, 내 눈의 확장이다. 구두, 패션, 스마트폰, 가방, 자동차 등도 이렇듯 우리 몸이 된다. 그래서 마셜 매클루언은 『미디어의 이해』에서 "미디어(매체)는 인간의 연장"이라고 했다.

여성 트렌치코트의 다양한 진화

매체로 전락하지 말고 주체가 되어라

연약함을 극복하고 초능력을 발휘하기 위해서는 누가 그 옷을 입을 것인지가 중요하다. 아이언맨인지 캡틴 아메리카[2]인지, 블랙위도우인지 호크아이인지, 앤트맨인지 스파이더맨인지에 따라 슈트의 기능과 핏이 달라진다.

버버리는 트렌치코트를 입힐 새로운 고객층을 찾기 시작했다. 바로 밀레니얼 세대. 이들은 1980년대부터 2004년까지 출생한 세대로, 어릴 때부터 인터넷, 모바일, 소셜네트워크 등에 익숙하고 교육 수준이 상당히 높다. 임대와 공유, 개성의 극대화에 능숙한 세대다. 버버리는 바로 이들에게 트렌치코트를 입히기로 결심한다. 하지만 이들이 버버리를 입기 위해서는 거쳐야 할 '주문 과정'이 있다. 본인들이 원하는 옵션을 직접 선택해야 한다.

버버리는 2011년에 디지털로 업그레이드된 새로운 슈트 '비스포크(bespoke) 트렌치코트'를 선보인다. 스마트폰 사용자가 스토어에서 그들의 취향에 맞게 어플을 자유자재로 선택하듯, 이 의상은 트렌치코트의 여러 옵션들, 즉 소재, 컬러, 디자인, 장식 등을 골라 주문하는 방식으로 망토, 짧은 소매, 스커트 스타일 등 다양한 패션이 가능하다. 이전까지 안감의 디자인, 단추의 위치 정도만 변화를 주었던 것에 비하면 획기적인 변신이었다.

고객의 온라인 주문과 동시에 영국 요크셔에서 제품 제작에 들어가고 특별 한정판임을 증명하는 태그와 함께 고객에게 배달된다. 세상에 단 하나뿐인 나만의 트렌치코트인 셈인데, 선택을 통해 주체적으로 제품을 구성할 수 있어야 한다. 여기서 우리는 기성복 버버리에 끌려 다니던 존재, 그러니까 매체가 될지, 아니면 진정 나만의 특별한 트랜치코트를 구성할 수 있는 주체가 될지가 가늠이 된다.

「스파이더맨: 홈커밍」에서 피터에게 주어진 슈트는 최첨단 디지털 의상이었다. 적외선카메라 센서, 567가지 옵션 모드, 거미줄 날개, 정찰용 드론, 위치추적기, 인공지능 '슈트 누나(Suit Lady)'까지 있다. 피터는 이 옷을 입고 인공지능과 대화를 나누면서 옵션을 선택할 수 있다.

그러나 슈트를 압수당한 후 피터가 말한다. "슈트 없이 저는 아무것도 아니에요." 그동안의 실력 발휘는 오로지 슈트 덕. 스파이더맨이라는 옷이 그의 주인이고 자신은 그 매체였던 것. 그러자 스타크가 말한다. "슈트가 없다고 아무것도 아니면, 더욱 그걸 가지면 안돼." 스파이더맨이라는 알량한 그 옷 나부랭이에 끌려다니는 사람은 더 이상 그 옷을 입을 자격이 없다는 말이다. 스파이더맨의 매체가 되지 말고 주체가 되라는 주문이었다.

가라타니 고진의 '자기 이중화'

「스파이더맨: 홈커밍」이 내게 반가웠던 이유는 피터가 슈트에 끌려다니는 한낱 매체에 불과한 존재였다가 주체로 변신하는 장면을 보여 주기 때문이다. 피터는 최첨단 슈트를 입지 않고 하나의 주체로서 악당과 대결을 벌인다. 그러던 중 무너지는 건물 잔해에 깔린다. "거기 아무도 없어요? 살려주세요." 빨리 스파이더맨의 슈트를 입고 싶은 절박함이 적막과 함께 흘렀으리라. 이제 남은 것은 죽

음뿐.

　　그때 자신을 짓누르는 폐허 속, 우연히 고인 물의 표면에 한 얼굴이 비친다. 거의 탈진되어 죽음에 이른 피터 자신의 얼굴. 반쪽은 자신의 '생얼'이지만, 반쪽은 스파이더맨 슈트를 입은 얼굴. 나는 이 장면에서 소름 돋는 어떤 '숭고함'을 느꼈다. 죽어 가면서 떠올리는 자신의 얼굴이라…… 이것은 실제로 물에 비친 얼굴이 아니라 반성적으로 자신이 떠올리는 자신의 얼굴이다.

　　가라타니 고진은 『유머로서의 유물론』에서 죽어 가면서 죽는 자신의 모습을 보는 장면을 설명한다. 자신의 죽음에 대한 이런 객관성에 대해 "자기가 자기 자신을 높은 곳으로부터 보는 '자기 이중화'"라고 가라타니 고진은 말한다. 이것은 죽음 이후 저승에서 보는 것이 아니라 아직 신체를 갖고 있을 때 보는 것이다. "관은 갑갑하고

버버리

토장은 숨 막히며, 화장은 뜨겁고, 수장은 수영을 못하므로 물을 마실 것 같다." 가라타니 고진은 이렇듯 죽음을 객관화할 수 있는 것은 두 개의 자기, 초자아와 자아가 있다는 증거라고 주장한다. 초자아는 자신의 자아를 마치 부모가 자식을 바라보듯 사랑스럽게 내려다볼 수 있다.

나는 가끔 이런 초자아를 만난다. 특히 정장 차림으로 사람 많은 길거리에서 갑작스럽게 넘어지는 경우, 아픈 것도 잊은 채 나는 용수철처럼 잽싸게 일어난다. 왜 이런 것일까? 그 순간 뭔가가 내 넘어진 모습을 내려다보는 것 같다. 이런 '자기 이중화'가 있을 때 죽음과 같은 절망 속에서도 현실에 끌려다니지 않고 초연하게 웃을 수 있는 '유머'가 발생한다. 이때 초자아는 자아(몸)가 어쩔 수 없이 매체로 휩쓸리는 상황에서도 주체를 보존하게 해 준다.

우리 현실은 우리 몸이 주체가 되지 못하고 끝없이 매체로 미끄러지는 곳이다. 이를테면, 명필 서예가에게 붓이 주어지면 손(몸)이 글씨를 쓰는 것인지 붓이 쓰는 것인지 혼동이 생긴다. 춤을 출 때의 매체는 분명 춤꾼의 몸이다. 그렇다면 그때 주체가 되는 것은 무엇인가? 춤이 내 몸의 주인인가? 아니다. 내 몸놀림을 떠올리며 춤사위를 이미지화하는 것은 춤이 아니다. 그것은 가라타니 고진식으로 말하자면 '초자아'인 것. 그 초자아가 있을 때 몸이 매체로 곤두박질치는 것을 막을 수 있다.

매체에서 주체로 변신하라

아무리 주체로 있으려 해도 죽음의 순간에 우리는 철저하게
매체가 된다.

> 이쪽은 풀밭이고 저쪽은 찻길인데 죽음 하나가 길바닥의
> 뱀을 물고 신음하고 있다…… 뱀의 꼬리가 꿈틀대는 동안, 죽
> 음의 목구멍은 땡볕을 헐떡거렸다 다리목에 앉아 놀던 여름
> 하루가 배곯던 오후를 견디다 못해 뱀 한 마리를 끌고 가던 중
> 이었다.
>
> ── 오정국, 「땡볕」, 『눈먼 자의 동쪽』에서

이 시에서 뱀으로 상징된 인간은 죽음에게 주체 자리를 넘긴
채 매체가 된다. 바로 이 순간을 영화 「스파이더맨: 홈커밍」에서는
아무렇지도 않게 클로즈업하고 있다. '죽음 속에 비친 자신의 얼굴.'
이전까지는 피터가 슈트만 입으면 그 슈트는 매체가 아니라 피터를
끌고 가는 주체였다. 이제부터는 아니다. 피터는 주체로 우뚝 서게
된다.

앤절라 아렌츠는 버버리의 경영자로서 죽음의 경험, 즉 임사
체험을 했다. 2007년 2월에 3개국 6개 도시에서 시위가 있었던 것.
"영국의 버버리를 지키자!"는 구호 아래 런던을 비롯한 프랑스 파리
와 스트라스부르, 미국의 뉴욕, 시카고, 라스베이거스의 버버리 매
장 앞에서 동시다발적으로 일어난 시위였다. 원가 절감을 목적으로
영국 웨일스 지방의 공장을 폐쇄한다는 아렌츠의 결정에 따른 반발

설립자 토머스 버버리(1835-1926)

이었다. 더구나 유명인들이 가세한 '문화운동'의 모습까지 띠게 되었다. 죽음과도 같은 반대 여론 속에 깔린 아렌츠 CEO는 버버리의 얼굴을 떠올린다. "버버리는 영국 국민 브랜드!" 더 이상 몇몇 관계자들에게 이윤만을 건네는 브랜드가 아니라 영국을 대표하는 얼굴이었다.

죽음의 순간에 떠올린 자신의 이미지가 왜 중요할까? 그것은 현실을 주체적으로 살 수 있는 힘을 주기 때문이다. 이런 객관적 임사의 장면은 여러 곳에서 볼 수 있다.

"내가 어렸을 때 난 아이들이 모두 가 버린 텅 빈 운동장에 남아 있기를 좋아했었다. 그곳에서 내 곁에 없는 어머니를 생각하고, 아버지도 그리고 나도 언젠가는 사라져 버린다는 생각을 하곤 했었다."

── 영화 「8월의 크리스마스」에서 정원(한석규)의 대사

죽음까지 객관화시켜 볼 수 있는 또 다른 내가 있으면 나는 누구에게도 조종당하기를 거부한다. 신약에서 바울은 죽음 때문에 매체가 될 수밖에 없는 상황에서 이렇게 고함친다. "사망아 너의 이기는 것이 어디 있느냐 사망아 너의 쏘는 것이 어디 있느냐."(「고린도전서」15장 55절) 우리는 무엇에 의해서든 조종당해선 안 된다. 심지어 죽음 앞에서도.

디지털 매체로 고객들에게 주체성을 선물한 탓일까? 앤절라 아렌츠는 애플 사로 스카우트되었고, 이후 버버리는 이런 생각을 그녀와 함께 공유했던 크리에이티브디렉터 크리스토퍼 베일리가 맡고 있다. 사람은 없어도 그녀의 정신은 보존되고 있는 것. 버버리가 선택한 디지털 매체, 그리고 새로운 주역인 밀레니얼 세대에게 확인시킨 주체성, 오로지 그것 때문에 우리는 변신이 가능하다.

---

1   아이언맨: 토니 스타크는 마블코믹스 사의 슈퍼히어로 라인인 『스파이더맨』, 『엑스맨』, 『어벤져스』 등의 주인공들 가운데 한 명이다. 특히 2008년 「아이언맨」은 마블시네마틱 유니버스 콘텐츠의 첫 번째 영화로 '스타크인더스트리' CEO가 고난을 겪은 후 MK.1 슈트를 만들어 입고 아이언맨이 되는 이야기다.

2   캡틴 아메리카: 1941년 만화로, 평범한 주인공이 특수 혈청을 맞고 특별한 코스튬을 입고 초인이 되어 2차 세계대전에서 반나치 히어로로 활동했는데, 영화 「캡틴 아메리카: 퍼스트 어벤져」(2011)의 흥행으로 널리 알려지게 되었다.

23　갈리마르

편집되지 않은 정보를
베스트셀러로 만들다

브랜드는 편집이다. 누군가를 통해 필터링되지
않은 과잉 정보는 쓰레기에 불과하다. 20세기 초
파리에 처음 불어닥친 정보 과잉의 시대에 빛도
보지 못할 수많은 원고들을 갈리마르 출판사는
편집하여 베스트셀러로 만들었다.

트랜스미디어의 시대

　최근 베스트셀러의 상당 부분은 대중매체, 즉 드라마, 영화, 텔레비전 쇼, 라디오, 팟캐스트와 오디오클립 같은 인터넷 강의에 노출되었던 콘텐츠를 재편집한 책들이다. 이른바 '미디어셀러'. 이제 콘텐츠는 한 가지 미디어가 아니라 다양한 미디어를 넘나드는 '트랜스미디어' 방식과 연결되고 있다. 특히 페이스북, 트위터, 인스타그램, 유튜브 같은 일인 미디어가 많아지면서 사용자의 의도대로 콘텐츠는 편집된다. 콘텐츠는 복제, 짜깁기, 해체, 하이퍼링크, 압축, 분해 등으로 재구성되면서 다른 미디어와 결합되는 '트랜스미디어' 현상이 생긴다. 권태로웠던 이전의 문자 미디어는 트랜스미디어를 거치면 활기를 띤다. 이것이 트랜스미디어의 특징이다. 실감 나게 문자가 그림으로 공존하는 시를 보자.

 그는 다시 눈 덮인 겨울 강을 건넜다

 나는 가방 속에 앉아서
　　　내 신발을 기다렸다

신발은 돌아오지 않았다
맨발의 나는 가방에서 나왔다
빈 가방을 들고
어두운 겨울 강을 건넜다

시인은 전혀 다른 미디어, 즉 그림과 문자로 자신의 마음을 표현하는데, 특히 '그'와 '나'의 그림이 대조적이다. 화자는 '내 신발'을 신고 간 '그'를 기다리다 혼자 "빈 가방을 들고 / 어두운 겨울 강을 건넜다." 둘 중에 누가 '가짜 데미안'인지 모르겠지만 세상은 그림을 보고 '그'를 '진짜'라 여기고 '나'를 가짜라 여길 것이다. 하지만 그림과는 전혀 다르게 '그'가 '가짜'이고 '나'는 가방을 (깨고) 나와 "어두운 겨울 강"을 건너가는 '데미안'이 된다. 이 시는 문자에 그림이 더해지면서 더 큰 일대 반전을 이룬다.

세계적 출판사 갈리마르는 1909년 2월에 재창간된 《NRF(La Nouvelle Revue Francaise)》(프랑스신비평)라는 문학평론지에 그 뿌리를 두고 있다. 당시 파리 문단에는 낭만주의 및 20세기 여러 사조를 통해 시 형식과 소설의 여러 장르가 혼재했다. 그에 따라 수많은 문예지들이 난립하고 있었는데, 이런 문예지들에 글을 쓰던 일군의 작가들이 당대 고전주의적이고 국수주의적인 문학을 탈피한 새로운 형식과 장르문학을 소개하길 원했다. 오늘날 '트랜스미디어'의 효시라 할 수 있는 '트랜스장르' 현상을 이 문예지는 꿈꾸고 있었다. 이 문학평론지가 바로 《NRF》다.

가스통 갈리마르와 '프랑스신비평'

1910년 《NRF》 24호를 내면서 창간 작가들은 평론지에 실을

무색 표지로 유명한 갈리마르의 초기 출간 작품들
왼쪽부터 소설가 앙드레 지드, 시인 폴 클로델, 소설가 샤를루이 필리프

작가를 발굴하고 나아가 출판사를 설립, 운영할 적임자를 찾게 된
다. 이때 간혹 연극평을 쓰고는 했던 스물다섯 살의 가스통 갈리마
르가 발탁된다.

당시 프랑스는 시민혁명 이후 문맹률이 급속히 감소하고 있었
다. 모든 시민들에게 읽기 교육이 실시되면서 대중은 작가들에게 관
심을 갖게 된다. 이웃 유럽으로부터 작가를 희망하는 시인과 소설
가, 철학자, 언론가들이 파리로 대거 몰려들었다. 파리에서는 수많
은 지식이 유통되고 작품이 발표되었다. 우수한 작품도 많았지만 형
편없는 글들도 쏟아지면서 독자들은 '정보 과잉'의 혼란에 빠지게
된다. 이런 혼란을 막고 좋은 작가를 추천받기 위해 대중은 평론지
에 기대고 있었다.

당시 프랑스 출판사는 작가가 자신의 원고를 직접 가져오거나

다른 지인이 추천하면 출판하는 게 관행이었다. 하지만 가스통 갈리마르는 밤낮 없이 수많은 잡지와 신문을 꼼꼼히 읽으면서 프랑스 문단의 경향을 살폈다. 그는 잠재력 있는 필자들을 적극적으로 찾아내 《NRF》를 통해 그들을 등단시켰다. 그리고 등단된 작가의 책을 출판하여 자연스럽게 무명의 작가를 세상에 선보였다.

독자들 사이에서 갈리마르 출판사가 좋은 작품을 출판한다는 입소문이 나자 이 출판사에서 나온 책은 곧 베스트셀러가 되었다. 작가로서도 갈리마르 출판사에서 책을 내면 성공이 보장되었고, 독자들도 '갈리마르의 작가'에게 찬사를 아끼지 않았다.

편집, 생명체 활동의 본질

편집은 사전적 정의에 따르면 "일정한 방침 아래 여러 가지 재료를 모아 신문, 잡지, 책 따위를 만드는 일 또는 영화 필름이나 녹음테이프, 문서 따위를 하나의 작품으로 완성하는 일"이다. 출판 편집의 진정한 효시는 가스통 갈리마르의 작업에서 볼 수 있다. 그는 수많은 작품들 중 대중에게 필요한 것을 배치해 내는 능력이 있었다. 이런 편집 능력은 '정보의 홍수 시대'를 사는 현대인들에게 특히 중요하다.

그런데 질 들뢰즈와 펠릭스 가타리의 '배치(agencement)'를 '편집'으로 이해하면 그들의 개념들이 훨씬 더 친근하게 다가온다. 이들이 쓴『천 개의 고원』초반에 책에 대한 비유가 있다. 우리는 책의 제작 과정에서 배치란 편집임을 쉽게 알 수 있다. 이들은 책에 대한 배치를 '땅속뿌리(livre-racine)형'과 '땅속줄기(rhizome)형'으로 나누어 설명한다. 들뢰즈와 가타리는 '땅속뿌리형'은 "기표 중심적이며 주체의 산물인, 유기적인 아름다운 내부성을 지닌 고전적인 책"인 반면, '땅속줄기형'은 "누군가의 것으로 여길 수 없는" "다양체"라 밝힌다.

'땅속뿌리형' 책은 첫 장부터 마지막 장까지 각 부분이 서로 밀접하게 관련을 맺고 있어 어느 한 부분도 떼어 낼 수 없이 차례대로 읽도록 편집된다. 하지만 '땅속줄기형' 책은 차례와 무관하게 어떤 부분을 읽어도 상관없도록 편집되어 있다. 이 배치를 『천 개의 고원』에 나타나는 '도덕의 지질학'을 판구조론으로 이해하자면, '땅속뿌리형'은 딱딱하게 굳어져 지층이 겹겹이 쌓인 지각판인 것이고, '땅속줄기형'은 어떤 지층도 없이 유동적이고 이질적인 것들이 섞여 있는 맨틀인 것이다.

편집을 배치의 문제로 검토한다는 것은 세상에서 우리가 볼 수 있는 대부분의 정보들을 땅속뿌리형/ 땅속줄기형, 지각판형/ 맨틀형으로 본다는 것이다. 말하자면 세상의 정보들을 단단하고 질서 잡힌 체계들, 그리고 변형 가능하고 우연적인 것들이 서로 얽혀 있게 편집한다는 것이다.

정보가 왕인 시대는 끝났다

가스통 갈리마르의 손을 거쳐 베스트셀러가 된 작품들이 있다. 가스통은 장폴 사르트르의 원고를 받아 들고 살짝 손질하여 출판한다. 이 소설이 바로『구토』. 원래 사르트르가 투고했던 원고의 제목은 '우울'이었지만 가스통이 '구토'로 바꾼 것이다. 또 갈리마르 출판사의 기획위원 중 한 사람이었던 앙드레 지드의 부정적인 평 때문에 다른 출판사에 넘겨진 원고를 극적으로 찾아온 작품이 있다. 가스통은 마르셀 프루스트의『잃어버린 시간을 찾아서』를 그 재고 값까지 톡톡히 치르고 출판한다. 그리고 가스통의 탁월한 감식력으로 앙드레 말로의『인간의 조건』도 성공을 거두게 된다. 말로의 추천으로 알베르 카뮈의 처녀작『이방인』도 갈리마르에서 출판하여 문학계에 일대 충격을 던져 주었다.

이런 식으로 가스통 갈리마르가 발굴해 낸 작가들은 장폴 사르트르, 시몬 드 보부아르, 마르셀 프루스트, 앙드레 말로, 알베르 카뮈, 앙투안 드 생텍쥐페리, 어니스트 헤밍웨이, 윌리엄 포크너, 프란츠 카프카, 존 스타인벡, 어스킨 콜드웰 같은 비(非)프랑스 작가들까지 포함되었다.

그뿐만 아니라 가스통 갈리마르는 특정한 정치색을 띠지 않고 지식인들이 이념 활동을 자유롭게 하도록 도와주었다. 상징과 시인이었던 폴 발레리와 초현실주의 문학의 앙드레 브르통, 사회주의 성향의 서정시인 루이 아라공이나 신인에 불과했던 장 콕토 등이 동시에 프랑스 문단에 공존할 수 있었던 이유는 모두 편집인 가스통의 뛰어난 안목 덕택이었다. 그는 출판사 초창기부터 모든 장르의 문학이나 저술을 어떤 선입견도 없이 받아들여 최대한의 다양성을 추구하는 편집을 해 왔던 것이다.

한편 가스통 갈리마르는 다양한 장르의 잡지들을 출간한다. 음악 잡지였던《라 르뷔 뮈지칼》, 고전이나 원전 시리즈인 '플레이아

가스통 갈리마르(1881-1975)

드 총서', 1945년 장폴 사르트르의 주도로 창간된 비평지《레 탕 모데른》, 사회주의 최고의 권위지《르 데바》, 지정학 학술 전문지《리메스》 등이 모두 갈리마르에서 나왔다. 사람들은 그런 갈리마르 출판사를 '문학의 팡테옹(만신전)'으로 불렀다.

가스통 갈리마르의 편집을 통해 우리는 어떻게 편집할 것인지를 교훈으로 삼을 수 있다. 바로 다양한 장르, 오늘날로 친다면 트랜스미디어 편집이 요구된다. 그림과 문자, 소리와 문자, 영상과 문자, 애니메이션과 문자 등이 그렇다.

디지털이 만연하게 된 시대에 아날로그에 대한 향수가 일어나고 있다. 음원이 거의 디지털로 바뀐 최근에 미국 내 LP 판매량은 2014년 이후 계속 늘어나고 있다. 또한 2015년 이후 미국의 전자책 단말기 소유자가 감소하면서 전자책 판매는 정체 상태다. 오히려 종이책 매출이 성장세를 보이고 있다. 디지털은 맨틀과 같이 유동적이

고 잡을 수 없는 것이지만, 아날로
그는 지각판처럼 잡을 수 있는 물
질성이 있다. 그것은 우리의 오감을
만족시킨다. 그 감각의 자극을 통해
인간은 몰입하는 기쁨을 얻을 수 있
다. 그렇기 때문에 아날로그와 디지
털의 다양성을 매개로 하는 트랜스
미디어 편집이 필요하다.

갈리마르 대표 시리즈 '플레이아드 총서'

　서두에서 화자인 '나'를 외눈
으로 그렸던 시인은 이번에는 문자
로 그림을 소개한다.

　아내가 그린 그림 속에서 외눈박이 금붕어가 튀어나온다.
나는 금붕어를 두 손에 받쳐 들고 그림 속으로 들어간다.

　(……)

　나의 한쪽 눈이 지워진 눈보라에 묻힌다. 반 토막의 내가 외
눈을 뜨고 눈 덮인 들판을 간다. 아내가 다시 반 토막의 나를
지운다. 들판의 눈을 지운다. 아내의 발밑에서 외눈박이 금붕
어가 꿈틀거린다.

── 박상순, 「지워진 사람」에서

　화자가 두 손에 받쳐 들고 그림 속으로 들어간 '외눈박이 금붕
어'는 서두의 시 「가짜 데미안」에서 그림으로 표현되었듯이 화자 자
신이다. 이번 시에서 화자의 아내는 그림 속에 있는 남편의 한쪽 눈

알베르 카뮈

장 콕토

을 지운다. 그러다 "아내의 발밑에서 외눈박이 금붕어가 꿈틀거린다." 그 '외눈박이 금붕어'는 그림 밖으로 뛰쳐나온 것. 그러면 상황은 다시 시의 처음이 된다. "아내가 그린 그림 속에서 외눈박이 금붕어가 튀어나온다. 나는 금붕어를 두 손에 받쳐 들고 그림 속으로 들어간다."

시의 이미지들은 꼬리에 꼬리를 물고 반복된다. 앞선 시에서도 그렇지만 이 시도 어느 연에서 시작하든 무한 반복된다. 언어로 시를 쓰고 있지만 트랜스미디어, 즉 그림과 문자가 공존하고 있다. 이 시는 어디서 읽더라도 다시 처음으로 돌아가 차례를 따라 시작도 없고 끝도 없이 무한 반복된다.

그래서 박상순 시인의 시들은, 들뢰즈와 가타리의 말을 빌린다면 '땅속뿌리형과 땅속줄기형', 내지 '지각판형과 맨틀형'이 배치된 것 같다. 그 시들은 지(각판)층처럼 '절단'되고 맨틀처럼 '단절'되어 이미지와 말로 반복된다.

폴 발레리

루이 아라공과 앙드레 브르통(1924)

편집은 우리 삶의 모든 곳에서 일어난다. 학교, 공장, 가족, 예술 등등. 편집은 편집자만 하는 것이 아니라 일상을 반복하는 우리 모두가 하는 것이다. 뛰어난 작품을 판단, 분별, 선택하는 안목으로 세상 사람들의 본보기가 된 가스통 갈리마르처럼 우리도 새로운 세상을 편집해야 한다. 그런 점에서 편집(배치)은 일종의 '필터링 시스템'이다. 그래야 과잉되어 방치되었던 정보의 층들이 의미가 살아나 다른 사람들과 공유될 수 있다.

브랜드는 편집이다. 편집되지 않은 정보, 누군가를 통해 필터링되지 않은 정보는 스팸, 쓰레기 정보에 불과하다. 갈리마르 출판사는 인쇄혁명과 시민혁명 이후 정보 과잉의 시대에 독자적인 편집을 통해 의미 있는 읽을거리를 제공했다. 이제는 우리에게 찾아온 디지털 정보 과잉의 시대, 어느 누가 진정한 편집자가 될 것인가? 바로 우리가 일상에서 아날로그와 디지털의 편집을 시도해야 할 현대의 갈리마르인 것이다.

24 민음사

설움을 삭이고 시와 같이
우아한 개혁으로

브랜드는 '백성의 소리(Vox Populi)'다. 백성의
소리를 듣되 설움을 삭이고 시와 같이 우아하고
품위 있는 '민음(民音)'을 표현하는 것이다.
민음사는 한국의 단행본 출판문화를 선도했을
뿐만 아니라 기존 권력에 의해 묻혀 버릴 많은
문인들을 발굴해 냈다. 브랜드는 시민의 또 다른
항거, 개혁을 꿈꾼다.

박맹호 회장(1960년대, 민음사의 첫 사무실이던 청진 빌딩 옥탑방에서)

2017년 노벨문학상 수상자는 가즈오 이시구로, 일본계 영국 소설가로 국내에서 유명한 작가는 아니었다. 하지만 민음사는 『남아 있는 나날』, 『나를 보내지 마』, 『녹턴』, 『위로받지 못한 사람들』 등 이시구로의 전체 여덟 작품 중 일곱 권을 국내에 소개해 왔다. 이번 노벨문학상 선정으로 민음사는 '이시구로 특수'의 혜택을 톡톡히 누렸다. 그동안 민음사가 꿋꿋하게 지켜온 출판 철학을 가늠할 수 있는 대목이다.

권력은 누가 만드는가

민음사를 창립한 고 박맹호 회장은 원래 문학청년이었다. 1955년 서울대 불문학과 재학 시절인 스물두 살에 《한국일보》 1회 신춘

문예에 단편 「자유 풍속」을 응모했다. 이 단편으로 등단이 확실시되었지만 당시 정권을 잡았던 자유당을 풍자했다는 이유로 심사위원들은 그의 당선을 취소한다. 온통 풍자로 이루어진 그의 소설 일부를 보자.

> 그럼으로써 경애하는 수상의 민주적 권력은 시민들의 자유를 보다 더 신속히 보장하기 위하여 철저히 강화하여야 하겠습니다. 그렇기 때문에 우리들은 '자유'를 불필요하게 구속하는 법률을 완전하고도 철저하게 폐지하여 버리고 영특하신 수상의 자유재량에 우리의 조국을 마음 든든히 맡기고자 했습니다.
> ── 박맹호, 「자유 풍속」에서

이 대목은 정부의 선전 연설 중 한 부분이다. 여기서 '수상'은 자유당 정권 시절 최고 권력에 대한 풍자다. 또한 이 소설의 주인공 '맥파로'는 자유(당)를 지키기 위해 투쟁을 불사하는 시민으로 풍자된다. 맥파로(麥波路)는 한자의 의미대로 (바람에 일렁이는) '보리 물결의 길'인데, 바람 따라가는 떠돌이라 할까, 돈 한 푼 없는 백수 처지에 길을 걷다 우연히 선전을 듣게 된다. 왠지 모를 뜨거움을 느끼며 주인공은 '관제 데모'에 휩쓸려 갔다 결국 죽고 자유(당)는 수호되었다. 그렇다면 이 풍자소설은 어떤 문제의식을 갖는가?

우선 이상한 어구들이 등장한다. 수상이 권력을 갖되 그냥 권력이 아니라 '민주적 권력'이라든지, "자유를 보다 더 신속히 보장하기 위하여" 수상의 권력을 강화하고 "수상의 자유재량"에 "조국을 마음 든든히 맡긴다."와 같은 표현. 이쯤에서 그의 풍자는 기막힌 역

왼쪽부터 문학평론가 김치수, 출판인 박맹호, 김우창 고려대 교수(관철동 사무실에서)

설로 우리의 머리를 때린다. 독재 권력을 양산하는 것은 다름 아닌 시민이라는 점, "수상의 자유재량"은 주인공 맥파로로 대표되는 시민이 위임한 것. 혹자는 이렇게 주장할 것이다, 국가적 위기의 순간에 절대권력은 단기적으로 반드시 필요하다고.

예외상태를 창출하는 절대권력

그 당시 '관제 데모'라는 오명을 안고 있는 시민 집회는 예외상태를 야기했다. 그 내면에는 자유당 정권의 교묘한 술책이 도사리고 있었던 것. 이후 국내에서 간혹 있었던 비상사태는 카를 슈미트의

'예외상태론'으로 분석할 때 한 가지 확실한 결론에 이르게 된다. 정상이 아닌 비정상의 예외상태로 누군가 한 사람이 절대권력을 획득한다는 것. 카를 슈미트의 저 유명한 테제, "예외상태에 관한 결정을 내리는 자를 주권자로 일컫는다."가 유독 한국에서 여러 차례 목도되었다.

슈미트의 주권론에 의하면, 국가가 비상사태에 직면했을 때 기존 법의 틀 바깥에서 신속하게 결정하는 주권이 필요하다. 그때 결정을 내리는 자가 바로 주권자다. 평상시에는 모든 결정이 절차를 따라 대화와 타협으로 순조롭게 진행되다가도 예외상태가 될 때 결정권이 소수에게 부여된다면 주권은 국민이 아닌 최고 권력에 있는 것이다. 『호모 사케르』의 저자 조르조 아감벤도 주권의 근본 구조가 예외상태임을 밝히고 있다.

절대권력을 꿈꾸는 사특한 자들은 자신이 '지존'으로 등극하기 위해 비상사태를 만들거나 방조할 것이고, 그런 전형적인 예가 자유당 시절의 '관제 데모'였다. (2016년에 있었던 터키 정부의 비상계엄령도 일부러 그런 사태를 방조하거나 조장한 것이 아닌지 의심받고 있다.)

그 시대를 몸소 겪었던 감수성 강한 문학청년의 눈에 떠오른 대안은 무엇일까? 백성이 진정한 소리를 듣는다면 '관제 데모'와 같은 불행은 막을 수 있다는 것. 그래서 백성이 깨어 있으면 지식을 독점하여 온갖 선전문구로 '예외상태'를 만들어 내는 권력자들의 속임수에 넘어가지 않을 것이다. 권력자를 만들지 않을 뿐만 아니라 예외 상태를 만들도록 현혹되지 않을 가능성은 오로지 깨어 있는 시민에 게 있다. 불행인지 다행인지 갓 스물에 등단의 기회를 놓친 박맹호는 이후 뭇 백성에게 참된 소리를 펼치기로 결심하고는 문학청년에서 출판청년으로 거듭난다.

승화된 '백성의 소리'를 위해

박맹호는 소수 권력자를 비판하기보다는 오히려 '백성의 소리 (Vox Populi)'가 울려 퍼져 모든 권력에 항거하기를 원했다. 1966년 박맹호는 서른세 살이 되자, '백성의 소리'라는 뜻의 '민음사'란 이름 으로 출판사를 창립한다. 회사명은 탐독했던 『수호지』의 영향을 받 은 것. 그는 "수호지가 세상에 대해 항거하는 내용이 재미있어서 몰 입했다."

한문 문법에 맞춘다면 '민성사'이겠지만 '민음사'로 한 이유가 있었다. '음(音)'은 "동양에서 악부(樂府)가 백성들의 다양한 노래를 채록하면서 그대로 하지 않고 고급한 시의 양식으로 승화했다."는 것을 염두에 둔 작명이다. 백성의 소리를 듣되 시와 같이 "우아하고 품위 있게 해보자."는 뜻이었다. 초창기에 출간했던 건강 관련 도서 나 전집이 비록 매출에 큰 도움이 되기는 했지만 이런 류의 출판을 포기한 것은, 아무 '소리'나 내지 않기로 마음먹은 그 이면에는 '민음 (民音)', '승화된 백성의 소리'를 찾고자 하는 결단이 있었다.

'세계시인선', '오늘의시인총서', '이데아총서', '대우학술총서',

이청준, 『매잡이』(1980년)
정병규 디자이너 작업

한수산, 『회선』(1983년)

'오늘의작가총서', '김수영문학상', '오늘의작가상'에는 묻혀 있는
'민음'에 대한 박맹호의 철학이 고스란히 남아 있다. 박맹호 회장이
발굴해 낸 시인으로는 김수영, 김춘수, 김종삼, 최승호, 장정일 등과,
작가로는 이제하, 이문열, 한수산, 박영한, 전상국, 강석경, 조성기,
하일지 등, 심지어 학자로는 최창조, 김용옥 등이 있다. 이때의 감격
을 박맹호는 다음과 같이 말한다.

사실 내가 출판에 관심을 품은 건 대학 시절부터였다. 소설
에 인생의 무게중심이 쏠리기는 했지만, 출판은 은밀하면서도
확연하게 내 안에 자리 잡은 또 다른 꿈이었다. 비록 내가 직접
쓴 작품은 아니더라도 남들보다 먼저 훌륭한 작품을 만나고

쿤데라 전집(2011년)

2018년 국내 출간 30주년 기념 판본

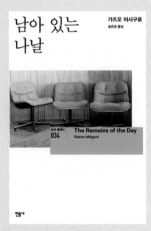

2017년 노벨문학상을 받은
가즈오 이시구로의 대표작

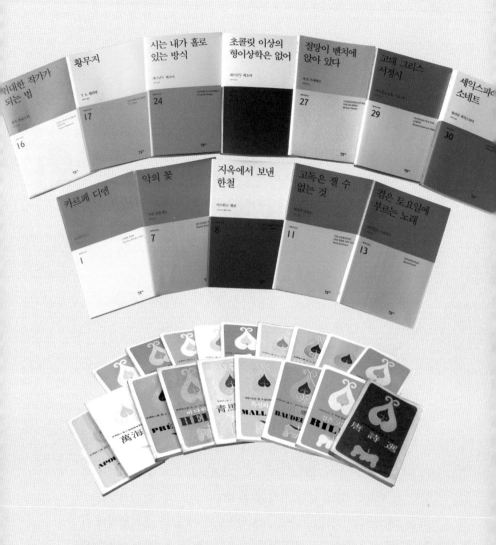

1973년에 출간하기 시작한 '세계시인선'

나면 그 쾌감이 강렬했다.

— 박맹호, 『책』에서

소설로 밤을 지새우던 문학청년의 감수성이 각 시대의 '믿음'을 찾았던 이유는 거기에 어떤 '쾌감'이 있었음을 알 수 있다. 민음사는 본격적으로 단행본 시대의 서막을 열게 된다. 당시는 출판사들이 사회과학이나 인문학 같은 전문 도서는 거의 만들지 않았고 교과서나 전집류를 펴내던 시대였다. 하지만 박맹호는 "민음사를 종합대학 하나 정도의 영향력을 지닌 아카데미즘의 센터로 만들고 싶다."는 일념으로 단행본 출판을 고집해 나간다. 드디어 민음사는 한국 단행본의 토대를 마련하게 되었다. 그러자 출판문화의 전차가 정상 궤도에 진입하게 된다. 아울러 한국에 명실상부하게 '교양'이 가능하게 되었다.

'황금가지'와 권력의 목 베기

'우물 안의 개구리'는 무식할 뿐만 아니라 용감하다. 하지만 우물 밖 세상을 알 수만 있다면 그 개구리는 우물 안의 권력에 대항하고 그 권력은 곧 무너진다. 분명 권력에 대한 항거는 '앎'으로부터 시작된다. 16세기 종교개혁자들이 프로테스탄트, 즉 '항거자'란 이름을 가진 이유는 밖의 앎을 가능케 한 출판 덕분이다. 만약 인쇄술이라는 매스미디어가 없었다면 프로테스탄트, 종교와 정치권력에 대한 '항거'는 성공하지 못했을 것이다. 종교개혁의 도화선이던 마르틴

루터의 「95개조 반박문」은 1517년 10월 31일 비텐베르크대학교 교회 정문에 게시된 지 일주일 만에 독일 전역으로, 그리고 한 달 만에 유럽 전역으로 급속하게 퍼졌다.

출판을 통해 확산된 다량의 새로운 지식은 이전 시대의 지식 독점을 불가능하게 했다. 중세의 교회와 대학을 중심으로 버티고 있었던 지식 권력과는 전혀 다른 '믿음'이 전파되었고, 새로운 지식들이 모이고 대치되면서 창의적인 지적 활동이 장려될 수 있었던 이유도 바로 출판 때문이다. 출판이라는 기술 혁명은 손으로 일일이 베끼던 필사본에서 대량으로 생산되는 인쇄본으로 바뀜으로써 각종 사상의 네트워킹을 가능하게 했고, 보다 폭넓은 지식을 유통시킬 수 있었다. 인쇄술을 통한 출판업의 발달은 이후 나타나는 종교개혁과 과학혁명, 그리고 계몽주의의 탄생을 위한 인큐베이터였던 셈이다. 이 인큐베이터 속에서 온갖 지식 권력에 대한 '항거'가 움튼다. 이것이 바로 출판의 힘이다.

민음사는 창업한 지 30년이 지난 시점에서 다시 한번 출판을 통한 '항거'의 의지를 분명하게 밝혔다.

황금가지는 1996년 무겁고 진지한 민음사의 이미지를 탈피해서 독서 대중과 호흡할 수 있는 쉽고 재미있는 책을 출판한다는 목표를 가지고 창립했다. '황금가지'라는 이름은 제임스 조지 프레이저의 인류학 명저 『황금가지』에서 따온 것으로 '권력의 목 베기'라는 내포가 문화적 엄숙주의를 버리고 생동하는 세계의 새로운 감각을 수용하려는 취지에 맞춤했다.

— 박맹호, 『책』에서

1979년 '오늘의 작가상' 3회 수상작
이문열의 『사람의 아들』

「사람의 아들」은 인간 존재의
근원과 그 초월에 관계되는
심각한 주제들을 진지하게 다루고 있다.
주제 추구의 집요함과
그 처리에 보여준 진지함의
무게는 이 작품이 가치고 있는
문체상의 난점들을 보존하고도 능히 남으리라.
이문열 씨의 「사람의 아들」을 수상작품으로 결정하면서
우리는 진지함의, 그리 흔치 않은 문학적 흥상맛을 맛본 것이라고 할 수 있다.
—〈오늘의 작가상〉 시상이유 글에서

민음사

이문열의 『수호지』, 『삼국지』

1998년 발간하기 시작한 세계문학전집

김수영 전집

1985년에 발간하기 시작한 '이데아 총서'

박맹호 회장의 항거 정신은 '권력의 목 베기'에서 극적으로 계승된다. 신화학자 제임스 조지 프레이저에 의하면 '황금가지'는 참나무에 기생하는 겨우살이의 이름이다. 북이탈리아의 네미호수 숲에서는 이전의 사제왕(司祭王)을 살해하는 새로운 사제는 먼저 '황금가지'를 꺾어야 했단다. 황금가지 꺾기가 준비되어야 '권력의 목 베기'가 가능한 것. 종교 권력의 목, 그리고 지식 권력의 목은 출판이라는 황금가지를 지닐 때만 가능하다. 이것이 권력에 대한 박맹호식 항거요, 동시에 출판이 출판다워질 수 있는 기본 자세다.

진정한 주권과 사명감

그렇다면 황금가지를 지니면서 잊지 말아야 할 일은 무엇일까? 권력이 만드는 예외상태에 맞서야 한다. 앞에서 '주권자란 예외상태를 결정하는 자'라 했다. 그런데 일찍이 종교개혁운동을 펼친 장 칼뱅은 그 주권자의 자리에 사람이 아닌 신을 올려놓았다. 칼뱅은 카를 슈미트의 주권론에 직접적 영향을 미친 장 보댕과 동시대 인물이다. 칼뱅의 주권론은 이른바 '신의 주권 사상'으로, 예외상태와 관련하여 쉽게 풀자면 이렇다. 신만이 예외상태에 결정을 내릴 수 있다. 그러므로 신이 아닌 권력자가 조장한 그 어떤 예외상태에도 현혹되지 말라!

그뿐만 아니라 현대에 권력자가 창출하는 예외상태에 맞서는 이론을 제시한 사람도 있다. 발터 베냐민. 그는 『역사의 개념에 대하여』 8번 테제에서 "진정한 예외상태를 도래시키는 것이 우리의 과제"라고 선언한다. 이 이론을 발전시킨 조르조 아감벤은 '진정한 예외상태'를 '메시아의 도래'로 국한시켰다. 진정한 예외상태는 권력자가 아닌 메시아와 더불어 온다는 것. 메시아는 법을 폐하러 온 것이 아니라 완성하러 왔기 때문에, 주권자가 법을 폐지(중지)하는 예외상태는 메시아가 완성하는 법과 충돌된다. 메시아만이 예외상태를 통해 권력을 행사하는데, 그 예외상태도 법을 없애는 것이 아니라 법을 완성하는 길, 즉 모든 법의 완성인 사랑이다.

어디 한번 보자. 주권은 국민에게 있다는 둥 여러분이 주인이라는 둥의 빤한 거짓말은 금방 탄로 난다. 당신이 소속된 조직에서 누가 예외상황을 만들거나 누리고 있는 초법적 존재인지 살펴보면 그렇다. 근무시간이 누군가에게 적용되지 않는다면, 다른 구성원이 모두 지키고 있는 원칙과 규정이 누군가에게는 해당되지 않는다면 그 특정인이 '지존'이다. 그런 사람은 더욱 허울 좋은 복지 운운하며 현대의 '맥파로'들을 선동하리라. 하지만 그가 교묘하게 자신의 특혜, 곧 예외상태의 권력을 절대 양보하지 않고 누리고 있다면, 본인은 아는지 모르겠다, 자신이 절대권력을 탐하고 있다는 사실을.

이쯤 되면 용기 있는 시민은 그 권력에 눈이 먼 독재자를 증오하고 비난하며 급기야 복수심에 가득한 채 그 조직을 뛰쳐나갈 것이다. 하지만 그렇게 될 때 조직의 변화는 불가능하다. 개혁은 그 자리를 지킬 때, 함께 있는 구성원들을 사랑할 때 일어난다. 그 자리가 광장이며 직장이며 당신의 조국이다.

자유당 정권을 풍자한 작품을 써 신춘문예 당선이 취소될 정도로 권력에 항거했던 박맹호. 그는 군사정권 시절 '수요회'를 결성해 출판문화의 올바른 자리매김을 외쳤고, 전두환 정권을 향해 출판의 자유를 요구하는 「17인 선언」에 적극적으로 가담했다. 거기에는 어떤 예외상태도 권력자들이 조장할 수 없도록 시민을 무장시키기 위한 사명감이 있었기 때문이다. 그는 줄기차게 백성의 소리, '민음'을 찾고 새로운 작가와 문인들을 사랑했다. 직장의 동료와 가족을 끔찍이 사랑했다.

이 광장에서 우리는 우리 삶이 우리 이웃의 이해와 관용, 또 우리 이웃과 우리의 공동 운명, 공동 목표의 확인에 전적으로 의지할 수밖에 없음을 배우고 이 의지를 높은 삶의 행복에 연결시켜야 할 것을 깨닫는다.

─ 박맹호,『책』에서

다시 그의 사명감은 메아리가 되어 울려 퍼진다. "나는 민음사를 종합대학 하나 정도의 영향력을 지닌 아카데미즘의 센터로 만들고 싶다." 브랜드가 백성의 소리, 설움을 삭이고 시로 울려 퍼질 때 그 사회는 계속 개혁된다.

25   리바이스

당신의 블루진을
이곳에서 만드십시오

브랜드는 직조다. 직조는 날실과 씨실을 교차하여
옷감을 짜는 것. 면직물은 합성섬유의 홍수
속에서도 작업복, 평상복, 해방복, '진-아트'가
되기까지 지구상에서 가장 많이 쓰이는 원단이
되었다. 리바이스는 일상의 예술화, 예술의
일상화를 꿈꾸며 차이와 반복을 통한 창작을
자극한다.

나무에서 자라는 양털

혜로도토스는 인도에 "나무에서 자라는 양털"이 있고 "그것으로 옷을 만든다."고 전한다. '나무의 양털'은 솜을 가리키는 것일 텐데, 인류학자들은 기원전 2500년부터 인도에서 면이 직조된 것으로 추정한다.

면은 영국에서 산업혁명의 힘을 빌려 모직을 대체한다. 카를 마르크스의 『자본론』이 영국의 섬유산업 현장을 목격한 뒤 저술되었다는 말이 있을 정도로 면직물의 역사는 파란만장하게 펼쳐졌다. 비단이 호사와 관능의 상징이라면, 면직물은 지독한 가난과 노역의 산물이었다. 그 당시 목화밭에서 있음 직한 슬픔을 다음 시로 가늠해 보자.

> 목화밭이 있었다 ─ 세 사람이 있었다
> 목화밭이 있었다 ─ 내가 있었다
> 나와 함께 있었다 ─ 내 손가락을 묻고 돌아선 백색의 소년들이 있었다
>
> ─ 박상순, 「목화밭 지나서 소년은 가고」에서

목화밭에 화자의 손가락이 묻혀 있다. 그것을 묻은 사람들은 '백색의 소년들'. 1연에서 소년들은 무릎이 깨져 있고, 3연에서는 '머리에 솜털을' 달고 있다. 목화에서 씨를 골라내고 솜을 분리할 때 솜털이 날린다. 기진맥진한 소년들의 머리에 백색의 솜털이 앉는다. 화자는 소년들과 함께 목화를 따다 손가락이 절단되었을 것이다. 그 손

가락을 소년들이 목화밭에 묻었다. 화자는 자문한다. "솜털처럼 돈 아날까. 내 손가락도 자라서 목화가 될까 / 흰 꽃들이 부를까. 목화솜이 부를까 / 하얀 달이 부를까. 다시 부를까."

목화에서 나온 면직물은 인도 콜카타(이전 지명은 캘커타) 지역에서 프랑스 님 지방에 전해졌고, 이탈리아의 제노바와 영국의 맨체스터를 거쳐 미국의 서부 개척 시대에 샌프란시스코에 도착한 뒤 금광을 찾는 사람들의 튼튼한 바지, 청바지가 되었다. 한 세기가 지나 청바지는 저항문화의 상징이었다가 지금은 일상과 예술이 융합된 패션 상품이 되었다. 합성섬유의 홍수 속에서 면은 리바이스 청바지를 통해 지구상에서 가장 많이 사용되는 원단이 되었다.

리바이스와 블루진, 또는 데님

리바이스의 창업자 리바이 슈트라우스는 본래 독일 바이에른 출신이었다. 열여덟 살 되던 1847년에 뉴욕으로 이주한 그는 형제들과 함께 직물 사업을 벌였고, 골드러시의 꿈을 안고 캘리포니아에 포목점을 냈다. 리바이는 어떤 광부에게 광산 노동에 적합한 튼튼하고 질긴 바지를 만들어 달라는 부탁을 받고 마침 재고로 잔뜩 쌓인 마차 덮개용 원단으로 바지를 제작한다.

그렇게 20여 년이 흐른 1872년 광부들의 연장 무게에도 바지 주머니가 터지지 않는 방법을 알려 준 사람이 나타났다. 데이비스라는 재단사가 구리로 된 마구용 핀인 리벳을 바지 주머니에 박았던 것. 리바이는 여기에 더 질긴 데님 원단을 사용하여 1873년 구리 리

제임스 딘, 영화 「이유 없는 반항」(1955)에서

벳 청바지의 특허를 출원했다. 특허 번호 501. 이때부터 카우보이와 철도 근로자, 벌목업자, 굴착업자, 농부들에게 유행하는 복장, 허리까지 올라오는 전설적인 '리바이스 501'이 탄생한다.

'진(jean)'이란 명칭은 원래 이탈리아 제노바에서 만들어진 면직물을 뜻했다. 제노바의 발음을 영국인들은 흔히 '진'(Gene 또는 Jean)이라 불렀는데, 이것은 푸른색을 내는 염료인 인디고로 씨실과 날실을 염색한 원단, 원단 앞뒤가 모두 푸른색인 옷감을 말한다. 반면 님 지역에서 만들어진 면직물을 프랑스어 '님에서 나온'이란 뜻의 '데님(de Nimes)'이라 불렀는데, 씨실은 인디고로 염색하고 날실은 생사 그대로 둔 원단이라 앞은 푸르고 뒤는 하얗다.

하지만 리바이가 특허를 낸 이후 진스(Jeans)는 원단이 아니라 특별한 구조의 바지, 즉 리벳을 주머니 이음새에 사용하여 튼튼해진 청바지를 의미하게 되었다. 엄밀한 의미에서 데님은 프랑스 님산이고 진은 이탈리아 제노바산이지만, 리바이스의 진(스)은 겉만 푸른

리바이스

데님 원단으로 만든다.

2차 세계대전 후 베이비붐이 일자 리바이스 사는 작업복에서 평상복으로 과감한 전환을 시도한다. 대상 고객은 십 대와 대학생. 때마침 제임스 딘이 출연한 영화에 청바지를 입고 나오면서 리바이스 청바지는 대단한 인기를 얻게 된다.[1]

1970년대 히피들은 기존 가치에 대한 부정으로 청바지와 재킷을 변형시켰다. 이들은 진의 표면을 긁고 구멍을 내거나 수를 놓고 천을 덧대는 일종의 패치워크를 유행시켰다. 청바지가 중년층 이상에게는 아메리칸드림의 향수, 젊은이들에게는 반항의 상징이자 해방의 염원이 되었다. 리바이스 사는 1973년에 '아름답게 꾸민 진 경연대회'를 개최하고, 선정된 '변형 블루진'을 길거리나 광장에 전시한다. 이런 블루진이 확산되면서 '데님아트', '진아트'라는 용어가 탄생한다.

텍스트 밖에는 아무것도 없다

'해체'를 주장한 프랑스 철학자 자크 데리다는 "텍스트 밖에는 아무것도 없다."고 말했다. 텍스트란 라틴어 '텍스투스(textus)'에서 왔는데, 가로와 세로가 엮여 있는 모든 짜임, 즉 직조물을 말한다. 이를테면 거미줄이나 그물, 문맥을 만드는 것이 직조다. 직조의 대상은 언어만이 아니다. 데리다의 이 말은 텍스트를 언어에만 한정하는 일방적인 지식 체계를 해체한다. 결국 '직조'라는 말에 데리다의 '해체'가 가장 잘 표현된 셈이다.

1930년대 청바지를 입은 여성들

그런데 직조하는 텍스트를 데리다는 생산과 연관시킨다. "우리가 '생산'이라 부르는 것들은 필연적으로 '텍스트'다." 우리는 텍스트와 생산의 관계를 면직물을 떠올리면 쉽게 이해할 수 있다. 목화를 손으로 뽑아 나온 원재료를 섬유라 하고, 이 섬유들을 가늘고 길게 꼰 것을 실이라 한다. 또한 이 실들을 베틀로 짠 것을 옷감, 즉 원단이라 한다. 목화에서 나온 섬유에서 실을 자아 그것으로 직조된 면직물, 즉 '텍스투스'가 하나의 옷감이 되어 청바지를 비롯한 수많은 의류를 생산한다. 이쯤에서 위에 있는 데리다의 두 마디를 종합하면 이렇다. '직조만이 생산이다.'

도대체 가로 세로의 격자를 만드는 직조에 어떤 작용이 있기에 생산이 가능한 것일까? 자크 라캉이 스승이라 불렀던 가티앙 드 클레랑보는 1929년에 발표한 「정신과 환자들의 치유를 위한 활동으로서의 직조」라는 논문에서 직물 작업이 뇌신경중추를 활성화한다

1930년대 청바지를 입은 노동자들

고 밝혔다. 날실과 씨실의 직물 구조를 생각하고 만드는 것이 정신과 치료에 긍정적인 효과를 낸다는 사실을 처음으로 지적한 것. 직조는 날실과 씨실들을 서로 교차시키면서 나머지 빈 공간을 어떻게 채워나갈지 생각하게 한다. 글을 써 내려가는 것도 가로 세로 방향이 교차되도록 텍스트를 직조하는 것이다.

직조라는 것은 한 번 그 얼개가 짜이고 나면 웬만해서는 변형, 새로운 생산이 이루어지지 않는다. 하지만 진으로 된 재킷이나 바지 등은 진을 입은 사람의 환경, 체온이나 몸짓에 따라, 그리고 시간의 흐름에 따라 변형되기 때문에 더 멋지다. 거칠거칠해지고 찢어진 청바지의 표면과 색이 바랜 듯 물 빠진 하늘색, 얼기설기 앙증맞은 액세서리로 변형되면서 진은 직조를 거듭한다. 그 '차이와 반복'을 통해 새롭게 생성된 옷만 보고서도 진은 누구의 옷인지 금방 알 수 있는 개성을 가진다. 이것이 블루진의 매력이다.

진아트 작품들(1973년)

리바이스 오리지널 스핀

1990년대 후반 리바이스 사는 최대 고객층인 십 대들에게 한물간 브랜드로 인식되기 시작했다. 이러한 상황에서 회사는 '리바이스 오리지널 스핀'을 발표한다. "당신의 블루진을 이곳에서 만드십시오. 자신만의 독특한 리바이스 진을 직접 만드는 첫 번째 사람 중 하나가 되십시오." 리바이스는 고객이 자신들이 생산한 진에 변형을 가해 새로운 패션을 창조하게 했다. 고객의 반응은 가히 폭발적이었다.

복제와 반복이 예술이 되는 시대는 일상으로부터 예술을 분리하는 것 자체가 불가능하다. '예술의 종말'을 외친 아서 단토는 일상과 하나가 된 예술을 더 이상 설명할 수 없다고 선언한다. 즉 예술에 관한 새로운 정의가 끝났음을 말한다. 팝아트 이후 일상이 예술 안에 깊이 들어가 일상과 예술의 경계가 무너진다.

리바이스의 매력은 고객의 창조성을 일상화한 데 있다. 고객이 참여한 블루진의 변형은 질 들뢰즈의 '차이를 통한 반복'에 해당되며, 고객 나름의 가로 세로 꾸밈은 데리다의 '텍스트 생산성'에 해당된다. 오늘도 일상의 예술은 블루진을 입으면서 반복된다. 수많은 블루진의 '차이와 반복'은 새로운 창작을 낳았고, 그래서 일상이 예술이 된다. '진-아트'가 계속되는 것이다.

원단과 그 위의 패치워크

그렇다면 언어의 텍스트를 직조하는 '차이와 반복'도 새로운 창작, 과연 예술이 될 수 있을까? 앞서 소개한 시의 마지막 부분을 보자.

> 목화밭이 있었다 — 목화밭만 있었다
> 목화밭이 있었다 — 소년들만 있었다
> 거기 있었다 — 목화밭을 지나서 소년은 가고
>
> 내가 끌고 간 것들, 내가 들고 간 것들
> 내가 두 손에 꼬옥 움켜쥐고 간 것들
> 거기 있었다. 목화밭이 부를까. 목화솜이 부를까
> 네 손가락을 묻고 돌아선 백색의 소년은 가고
> 너는 아직도 남아 있구나. 목화밭에 있구나
>
> — 박상순, 「목화밭 지나서 소년은 가고」에서

　화자는 시어의 반복과 차이를 통해 새로운 시를 쓴다. 자세히 보면 변형된 시어들은 날실과 씨실로 엮이면서 직조된다. 아무리 찢고 탈색시켜도 생각의 그물망은 사라지지 않는 법. 마치 블루진의 엷어진 빛깔의 원단과 같은 고갱이가 남아 있다. "너는 아직도 남아 있구나. 목화밭에 있구나." 목화밭에서 잘린 손가락, 그리고 여전히 직조할 면실을 위해 목화를 재배할 목화밭이 남아 있다. 화자는 원문과 문맥이 교차된 그물망에 날실과 씨실을 자아낼 목화밭, 그리고 그것을 뽑아낼 손가락을 남아 있게 했다.

　이슬람 여인들이 낯선 이방인들로부터 자신을 보호하려고 얼굴을 가릴지라도 가로 세로 윤곽을 그린 두 눈은 더욱 강렬하게 보이듯, 화자는 자신의 몸을 잔뜩 숨기고 있지만 매우 인상적인 시상을 직조한 채 남겨 놓았다. 일상의 반복과 차이를 통해 "내가 끌고 간 것들, 내가 들고 간 것들 / 내가 두 손에 꼬옥 움켜쥐고 간 것들 / 거기 있었다." 평탄하지 않았을 일상은 거기 그렇게 남아 있지만, 직조

리바이스

하는 자의 일상은 더 이상 일상이 아닌 시가 되고 예술이 된다. 어찌 보면 시인은 예술의 종말을 고지하는 것이고, 그것은 또한 예술의 일상화, 일상의 예술화를 선언하는 것이다.

청바지를 입은 사람들이 청바지에 가하는 계속된 변형은 하나의 몸부림이다. 그 어떤 것도 고정된 채로 두지 않고 빠져나가려 버둥거리는 창조의 몸부림이다. 그 몸부림이 어떤 희망도 없을 것 같은 일상의 고정성을 스스로 해체한다. 당신은 다른 사람이 결코 엮지 않은 그물망을 직조한다. 당신의 원단은 일상이다. 그 일상은 조금씩의 차이로 반복되는 일상이다.

면직물은 합성섬유의 홍수 속에서도 리바이스를 통해 지구상에서 가장 많이 사용되는 원단이 되었다. 리바이스가 추구하는 일상의 예술화, 예술의 일상화가 당신에게 차이와 반복을 통해 창조하라고 자극하기 때문이다.

원단은 이미 직조된 방법에 따라 가지각색의 성질을 지닌다. 날실과 씨실의 굵기, 색깔, 그 소재에 따라 옷감은 정해졌지만 그 위에 당신은 수를 놓는다. 거기에 수놓인 무늬를 쳐다본다. 데리다의 말마따나 이제 직조되는 "텍스트 밖에는 아무것도 없다." 한 땀 한 땀 당신은 당신의 원단에 예술을 수놓고 있다. "내가 끌고 간 것들, 내가 들고 간 것들 / 내가 두 손에 꼬옥 움켜쥐고 간 것들 / 거기 있었다."

---

1 제임스 딘 스타일: 영화 「에덴의 동쪽」, 「이유 없는 반항」의 주인공 제임스 딘이 1950년대 젊은이들의 우상이 되면서 가죽점퍼와 가죽부츠를 하얀 티셔츠와 청바지에 매치한 패션이 유행했다. 그리하여 잡부와 노동자의 상징이던 청바지가 이후 저항문화의 아이콘으로 부상한다.

26 펭귄북스

긁힘의 공간감을
평면 구성에 심어 놓다

브랜드는 타이포다. 긁힌 자국을 의미했던
타이포는「펭귄북스의 구성 법칙」이후 평면 공간
구성에 집중한다. 타이포는 '긁기'의 압박이 가해져
획이 살아난 것. 거기서 필체는 필력이 된다. 그것
때문에 타이포에 에너지의 흐름이 생기고 책은
에너지를 머금는다.

글자는 '긁자'에서 시작되었다

영어 '타이포그래피(typography)'의 '타이포(typo-)'는 글자를 인쇄하기 위해 만든 활자였다. 활판 인쇄가 사라진 지금 '타이포'라 할 때는 그저 서체나 그 서체의 배치 정도로 이해된다.

하지만 '타이포'의 핵심은 '긁기'에 있었다. 종이가 없던 고대 그리스와 로마에서 사람들은 밀랍판에 철필을 긁어 기록했다. 밀랍으로 되어 있기에 긁힌 자국을 쉽게 문질러 없앤 뒤 다시 긁어 글과 그림을 남겼다. 로마인들이 사용한 밀랍판이 오늘날 '태블릿'의 어원인 '타블라(tabula)'이고, 철필은 '스타일'의 어원인 '스틸루스(stilus)'였다.

긁힌 자국을 라틴어로는 영어 'form'의 어원인 '포르마(forma)'라 했다. 이 단어의 그리스어가 '튀포스'다. 그러니까 '튀포스'는 뭔가에 긁힌 자국으로 일종의 압박에 눌려 들어간 흔적. 우리말 '글'과 '그림'의 어원도 '긁다'라고 한다면, 긁기의 매력은 고대 동서양을 막론하는 것이다. '긁기'에 대한 다음 시를 보자.

> **창작, 긁어대기 시작한다**
> **창작, 긁어대기 시작한다**
> ── 황병승, 「첨에 관한 아홉소ihopeso 씨(氏)의 에세이」에서

'I hope so'에서 따온 화자 '아홉소'는 '창작'을 '긁어대기'라 한다. 힘주어 꼭꼭 눌러 '굵은 글씨'로 더 이상 쓸 수 없는 시인은 "창작, 긁어대기 시작한다"를 굵은 글씨체로 처리했다. 맘이든 몸이든 긁어

대면 그 어딘가에 자국이 남을 것이요, 그것은 곧 창작이 된다.

타이포그래피로 가장 큰 자극을 준 출판사가 있다. 바로 펭귄북스, 이 출판사의 북디자인은 실로 타의 추종을 '부추긴다'. 펭귄북스의 디자인 정체성은 그곳의 아트디렉터였던 얀 치홀트가 마련한 것. 그가 펭귄북스에서 일하게 된 배경은 무엇일까?

펭귄북스와 새로운 타이포그래피

1935년 설립된 펭귄북스는 얀 치홀트가 오기 전 문고서적으로 일대 전성기를 구가했다. 특히 1940년부터 있었던 종이의 할당과 전투복 주머니, 일명 '펭귄 포켓'에 휴대가 간편한 판형, 그리고 전 세계에 파병된 영국군과 연합군 병사들에게 도서를 공급할 권리 획득으로 '군 북클럽(Armed Forces Book Club)'이라는 총서를 발간한다. 게다가 제대 군인을 위한 '직업교육부서'가 생기고, 1943년에는 '전쟁포로를 위한 도서(The Prisoner of War Book Service)' 계획이 세워졌으며, 전쟁이 끝난 1945년에는 '병역 에디션' 총서가 발간되기까지 했다.

하지만 2차 세계대전 이후 새로운 인쇄 기술과 활판 세팅 방식이 도입되면서 출판사들은 표지디자인을 내지로부터 분리하고, 전문적인 디자이너, 일러스트레이터, 사진가를 고용했다. 대중화된 문고판 시장을 둘러싼 출판 시장의 경쟁이 점차 가열되면서 펭귄북스의 창업자 앨런 레인은 큰 고민에 빠진다. 당시 표지디자인을 여러 번 새롭게 시작했지만 그에겐 '혼란스럽기만 한 이미지'로 여겨졌고,

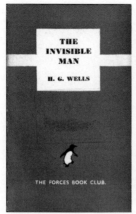

업계에서 명성을 잃어 가던 차에 '새로운 타이포그래피'를 주창하는
얀 치홀트를 1947년 펭귄북스로 초빙했다.

얀 치홀트는 인쇄와 정보의 양이 증가함에 따라 독자들이 단
순명료한 디자인을 원한다고 확신했다. 화려한 서체는 아름답기는
하지만 불필요한 장식이어서 독자들에게는 더 이상 그 현란함에 대
한 끌림이 없었다. "새로운 타이포그래피의 핵심은 단순성이다." 이
런 원칙을 바탕으로 그는 1947년부터 1949년까지 2년여 동안 펭귄
북스에서 총 네 쪽으로 된 「펭귄북스 구성 법칙」을 만들었다. 여기
서 그는 새로운 타이포그래피에 대한 자세한 설명뿐 아니라 표준화
된 포맷도 개발했다. 문단의 길이나 자간과 같은 본문 구성, 그래픽
디자인, 타이포포토, 포토몽타주 등의 새로운 기술을 어떻게 활용
할지도 밝혔다.

이전까지 편집자에게 타이포그래피란 인쇄 교육 기간에 잠시
익히는 수업 과정에 불과했다. 문단의 배치나 레이아웃 따위는 전적

으로 활판 인쇄공의 영역에 속해 있었다. 하지만 「펭귄북스 구성 법칙」은 20세기 후반 유럽인들의 출판과 독서 행위에 근본적인 반향을 일으켰다.

"현대에 만들어진 인쇄물은 어떤 것도 현대의 표식을 붙여야만 하며 과거 인쇄물의 모방이어서는 안 된다." 이런 주장을 펼쳤다고 해서 얀 치홀트의 '새로운 타이포그래피'를 과거와 단절된 디자인으로 이해해서는 안 된다. 이전부터 있었던 구두점, 서체의 크기와 기울기, 책 높이와 너비, 활자가 차지하는 공간, 표지의 규격, 책등의 스타일과 제목 서체 등을 새롭게 구성했을 뿐이다.

얀 치홀트는 미묘한 수정을 가해 전체적으로 시각적 효과를 높이려 했다. 가장 눈에 띄는 그의 업적은 그리드 체계였다. 특히 표지에 수평 그리드를 만들고 책 내용이나 저자와 관련된 목판화 그림을 넣은 뒤, 그 그림 아래위에 글자를 넣었다. 또한 표지 양쪽에 수직 그리드를 넣기도 했다. 그러고는 출판사의 로고인 펭귄의 모습을 세밀하게 수정했다. 그로 인해 20세기 후반 펭귄북스는 새로운 바람을 일으키며 현대적 감수성을 지니게 된 것이다.

사라져 버린 '긁기'의 물질성을 되살리다

오늘날은 디지털 타이포그래피 시대다. 과거 타이포그래피와는 달리 창조적인 서체도 폭발적으로 증가하고 있다. 하지만 디지털이 발달했음에도 불구하고 요즘 전자책보다는 종이책 매출이 성장세를 보이고 있다. 가장 큰 이유는 전자책이 종이책과 동일한 내용과 이미지를 표현한다 해도 종이책의 물질성을 따라갈 수 없기 때문이다.

종이책은 우리의 다양한 감각에 감정을 더 많이 불어넣는 자극을 지닌다. 거기에는 세월을 품은 특유의 향이 있고 손가락에 만져지는 질감과 활자의 감촉이 있다. 종이책에는 책장을 넘길 때 대기의 습도에 따른 다양한 소리가 있다. 이 모두가 삼차원 이상의 오브제가 줄 수 있는 자극인 것. 그 자극을 통해 인간은 몰입의 기쁨을 얻을 수 있다. 종이책은 우리의 오감을 만족시킨다.

타이포그래피적 물질성이 지녀야 할 리얼리티의 본질은 획의 공간감을 살리는 것이다. 얀 치홀트는 이런 공간성이 이제 평면 구성에서 나타난다고 주장했다.

> 모든 타이포그래피는 평면에서의 디자인이다. (……) 우리는 낱말이나 글줄을 만드는 활자의 역할을 넘어 평면을 구성하는 한 부분으로서 활자의 역할에도 주목해야 한다. (……) 바로 여기서 디자인 작업, 다시 말해 타이포의 가치(Formwert)에 질서를 불어넣는 작업이 시작된다.
> — 얀 치홀트, 『새로운 타이포그래피』에서

'타이포의 가치'란 무엇일까? '타이포'가 본래 '긁기'라는 행위에서 생겼다면 필체란 표면이 필기구에 의해 긁힌 흔적에 다름 아니고, 그것을 통해 우리에게 공간감각을 불러일으킨다. 공간감각의 맥락에서 서체를 이해한다면, 그 깊이는 필기구에 가한 압력이고 획의 굵기는 깊이와 비례한다. 특히 필기구의 단면에 있어서 쐐기형이나

얀 치홀트(1902-1974년)

납작펜의 직사각형은 획의 유연한 회전성과 획의 끊어짐에서 더욱 특이한 공간감을 준다. 우리는 글자의 획에서 에너지의 흐름과 그 공간감을 어림하게 된다.

과거 원래의 글자는 긁히고 읽히는 순간 시각, 촉각, 청각 등 다양한 감각이 하나로 합쳐진 공감각적인 체험을 선사했다. 하지만 오늘날의 '타이포'는 평면 구성을 통한 공간성으로 수렴된다. 같은 길이의 한 획이라도 서로 다른 넓이의 두 평면에 놓였을 때 전혀 다른 느낌을 준다. 글자는 이차원 평면에 구성되어 긁힘의 삼차원 공간성을 대체한다.

타이포그래피를 평면 구성, 즉 공간 배치의 문제로 검토한다는 것은 글자 획의 움직임과 융합되어 어떤 힘을 경험하는 것이다. 이런 타이포그래피와 함께 책의 내용과 재질은 한층 아름다워지고 단순한 지식을 뛰어넘는 지평이 열린다. 전자책은 아직까지 종이책만 한

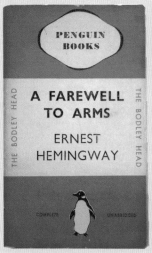

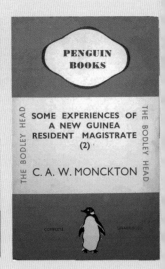

얀 치홀트는 기준이 되는 색팔레트를 만들고 레이아웃을 정교하게 표준화했다. 내용 면에서도
표지의 오렌지색은 픽션, 녹색은 추리소설, 선홍색은 여행과 모험소설, 빨간색은 희곡, 어두운 청색은
전기문학, 그리고 노란색은 기타 에세이를 각각 상징했다.

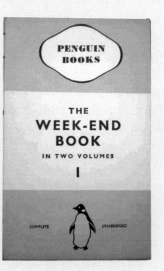

평면 구성에 도달하지 못했다. 아직까지 디지털은 필체와 획의 깊은 긁힘의 공간성을 평면 구성으로 가져오지 못한 것이다.

펭귄북스의 일관성과 창작

얀 치홀트 이후 펭귄북스의 디자이너들은 제르마노 파셰티, 로멕 마버, 데릭 버솔, 데이비드 펠헴, 그리고 데이비드 피어슨 등이었다. 이들이 출판사를 이끌면서 '펭귄 시인선', '설계, 디자인, 그리고 미술책 총서', '참고 문헌 총서', '핸드북 총서', '펭귄 클래식 총서', '펭귄 현대작가선', '현대화가들 총서', '퍼핀 시리즈' 등이 출간되었다.

모든 펭귄북스의 총서에서 출판사의 일관성이 드러나는데, 그 이유는 디자이너들이 얀 치홀트의 정신을 물려받았고 그가 시도한 개혁을 계승했기 때문이다. 얀 치홀트는 기준이 되는 색팔레트를 만들고 레이아웃을 정교하게 표준화했다. 내용 면에서도 표지의 오렌지색은 픽션, 녹색은 추리소설, 어두운 청색은 전기문학, 선홍색은 여행과 모험소설, 그리고 빨간색은 희곡을 각각 상징했다. 그뿐만 아니라 얀 치홀트의 수정을 거쳐 좀 더 명확해진 펭귄의 로고는 2003년까지 큰 수정 없이 사용되었다.

서두에서 '창작'을 '긁어대기'라 했던 시인은 그 앞 구절에서 구체적으로 예를 들어 무엇을 창작이라 하는지 밝히고 있다. 다음을 보자.

이를테면, 포엣poet, 온리only, 누벨바그nouvellevague,

그것은 어딘가로부터 몰려와 낡은 것을 휩쓸고 어딘가로 다시 몰려가는 이미지를 연상시키지만, 그것은 정지이고 정지의 침묵 속에서 비극을 바라보는 것에 가깝다 그리고 서서히 바뀌는 것이다

    — 황병승,「첨에 관한 아홉소ihopeso 씨(氏)의 에세이」에서

그 창작자에 대해 화자는 "이를테면, 포엣poet, 온리only, 누벨바그nouvellevague", 즉 "시인은 오직 새로운 물결을 일으키는 자"라 말한다. '포엣(poet)'의 뿌리어인 그리스어 '포이에테스'가 '만드는 자'라는 사실로 볼 때, (창)작가는 새로운 물결을 만드는 자다. 이처럼 '긁어대기 시작'하는 창작자에는 시인, 소설가, 극작가, 드라마 작가, 블로거, 타이포그래퍼 등을 총망라한다.

창작과 긁기의 뗄 수 없는 관계를 화자는 "그것은 어딘가로부터 몰려와 낡은 것을 휩쓸고 어딘가로 다시 몰려가는 이미지를 연상시키지만, 그것은 정지이고 정지의 침묵 속에서 비극을 바라보는 것에 가깝다 그리고 서서히 바뀌는 것이다"라고 말한다. 이렇게 멋진 '타이포'에 대한 설명이 또 있을까. 창작은 낡은 것을 휩쓸고 몰아붙여 일단 '정지'시키지만 그 침묵 속에서 서서히 바꾸는 것이다. 몸에 난 상처를 볼라치면 그 자국은 말라붙은 낡은 딱지로 서서히 아물게 된다. 언제 아물지 정지된 듯 침묵하고 있는 그 상흔의 침묵을 슬프게 바라보다 불현듯 새살이 돋은 자리를 본다.

이쯤에서 얀 치홀트가 위에서 타이포그래피를 설명하면서 밝혔던 두 마디를 보자. "현대에 만들어진 인쇄물은 어떤 것도 현대의 표식을 붙여야만 하며 과거 인쇄물의 모방이어서는 안 된다." "모든

펭귄 로고의 진화

타이포그래피는 평면에서의 디자인이다." 얀 치홀트의 앞 문장은 "그것은 어딘가로부터 몰려와 낡은 것을 휩쓸고 어딘가로 다시 몰려가는 이미지를 연상시키지만"의 시구와 들어맞고, 그의 뒤 문장은 "그것은 정지이고 정지의 침묵 속에서 비극을 바라보는 것에" 해당한다.

타이포그래퍼들은 오늘도 책의 내용과 걸맞은 서체를 만들고 글자를 골라 평면을 구성한다. 무수한 출력을 통해 머릿속에 있던 이미지가 삼차원 오브제로 나온다. 책을 만드는 공정에서 공간감이 살아난다. 과거 긁기로 표시했던 '타이포'의 공간감이 부활한 것이다. '타이포'가 살아났다!

글자는 '긁기'의 압박이 가해져 획이 살아난 것. 거기서 필체는 필력이 된다. 타이포에 에너지의 흐름이 있다. "세상은 도서관"이라고 한 보르헤스의 말대로라면, 사람은 책이다. 당신은 자신의 인생책에 어떤 자국을 남길 것인가? 인생의 책을 제작하려면 말이다. 우리의 생채기에 창작이 있다. 책 속에 에너지가 흐르듯 당신의 글자는 '긁자'에서 시작한다.

6부

일상성

"나는 옷의 절반만 만든다. 사람들이
내 옷을 입고 움직였을 때에 비로소
내 옷이 완성된다."   ―이세이 미야케

"솔직함과 자연스러움을 추구하기만
한다면 일부러 의도하지 않아도 개혁은
찾아온다."   ―크리스티앙 디오르

"진정한 디자인 작업이란 사람들을
감동시키고 마음을 움직이고 기억을
불러일으키며 놀라게 하고 본질에
역행하는 것이어야 한다."
                    ―알베르토 알레시

"우리는 여전히 라이프니츠적이다.
중요한 것은 언제나 접기, 펼치기, 다시
접기이므로."   ―질 들뢰즈

"우리가 '생산'이라고 부르는 것들은 필연적으로
'텍스트'다."
—자크 데리다

"교환에 의해 노동생산물은 상품이
되며, 동시에 감각적이며 초감각적
(즉 사회적)인 물건이 된다."
—카를 마르크스

"포스트모던한 것은, 모던한 것
내에서, 현재 '드러낼 수 없는 것'을
현재 자체에 내놓는다."
—장프랑수아 리오타르

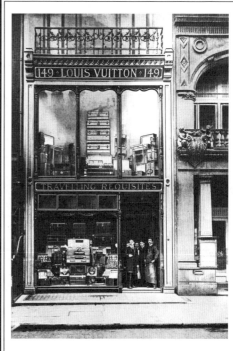

"지각은 대중의 감각이 변할 때 시작되는
것이다. 그리고 그것이 바로 여행의 필요성이다."
—루이 뷔통

6부 프롤로그

찌그러진 진주의 예술화

바로크의 예술성을 간파한 질 들뢰즈는 『주름, 라이프니츠와 바로크』에서 '찌그러진'이라는 부정적 뉘앙스를 '주름진'이라는 뜻을 사용해 긍정적인 의미로 부각시켰다. '바로크'는 포르투갈어의 '찌그러진 진주(perola barroca)'란 뜻으로 원래 경멸적인 어조였지만, 바로크 예술가들은 '찌그러진' 사물과 인간을 소재로 숭고한 아름다움을 표현했다. 바로크 이전에 고전주의가 비례와 균형, 절제, 조화, 합리성을 그 특징으로 했다면, 바로크는 반대로 파격과 변화, 부조리를 그 주제로 삼았다. 주름의 접힘과 겹침, 펼침으로 안과 밖이 생기고, 거기에 숨김과 드러냄이 자유자재로 다양하게 반복되면서 가장 효율적인 변화의 매체가 된다. 바로크가 주름을 통해 유연하고 확장 가능한 시대정신을 드러낸 것이다.

바로크 의상은 신체의 굴곡만을 드러내는 데 그치지 않고 의상 자체의 주름을 강조한다. 옷과 몸이 각기 독립적으로 있으면서 그 옷의 주름이 나풀거리며, 또한 옷의 형태가 우연에 의해 바뀌면서 몸과 조화를 이룬다. 주름옷은 똑바로 떨어질 때보다 몸을 감싸 곡선을 만들면서 흘러내릴 때, 그리고 주름 부분을 한쪽 방향으로 비스듬히 겹쳐 감싸고 부풀릴 때 특별한 매력을 발한다.

단독자의 주름

들뢰즈는 살갗과 옷의 주름이 독립적으로 움직이면서 조화를 이루는 점을 고트프리트 라이프니츠의 '단자론'으로 설명했다. 라이프니츠는 인간을 '창문 없는 단독자(모나드)'로 파악했다. 모든 단독자 안에는 접혀 있는 주름이 있다. 옷이라는 단자 안에 주름이 있고, 그 옷을 입은 사람도 살갗에 많은 주름을 갖고 있다. 의상과 신체는 분리되며 서로 독립적으로(단독자로) 있으면서도 우연에 의해 조화를 이룬다.

결국 모든 존재는 그 존재만의 '단독성'과 함께 그 안에 내재된 '주름'이 나풀거리는(펼쳐지는) 것으로 이해된다. 세계가 그 속에 온통 무한한 주름들을 만들고 있으며, 우리가 감각하는 것은 주름의 계속되는 접힘과 펼쳐짐뿐이다. 들뢰즈는 이런 주름이 신체와 영혼, 그리고 자연과 정신 안에 가득 찬 채 움직이고 있다고 한다.

패션의 사회사

패션으로 사회사를 분석한 다이애나 크레인은 『패션의 문화와 사회사』에서 주류, 대안, 개혁 패션을 소개한다. 한 시대에 나타나는 패션으로 지배적인 패션이 있고, 그 패션에 대안적인 패션이 등장하거나 이런 두 가지 패션에 영향을 받은 개혁적인 패션이 등장한다는 것이다.

패션의 변화는 사회 변화를 일으키는 과정이다. 사회 현상의 변화에 따라 문화가 바뀌면서 자연스럽게 시대를 관통하는 미적 감각도 새롭게 창조되기 때문이다. 학자들에 따라서는 지배적, 대안적, 저항적 패션이라는 말을 쓰기도 하는 이 세 가지 패션은 서로 싸우다 그중 하나의 패션이 헤게모니를 쥐면 다시 주류 패션이 된다.

스트리트 패션의 매력은 고객의 창조성을 일상화한 데 있다. 흔히 볼 수 있는 찢어진 블루진은 고객이 참여한 예술의 일상화로 볼 수 있으며 질 들뢰즈의 '차이를 통한 반복'에 해당된다.

강렬한 감각 경험과 브랜드

'예술의 종말'을 외친 아서 단토는 일상과 하나가 된 예술을 더 이상 정의할 수 없다고 선언한다. 즉 예술에 관한 새로운 정의가 끝났음을 말한다. 복제와 반복이 예술이 되는 시대에서는 일상으로부터 예술을 분리하는 것 자체가 불가능하다. 팝아트 이후 일상이 예술 안에 깊이 들어가 일상과 예술의 경계가 무너졌다. 이제 일상 속에서 예술성을 발견하는 촉수가 필요하다. 그 촉수는 무엇일까?

포스트모던한 것은, 모던한 것 내에서, 현재 드러낼 수 없는 것(the unpresentable)을 현재 자체에 내놓는다. (……) 그것들을 즐기기 위해서가 아니라 현재 드러낼 수 없는 것에 대한 보다 강렬한 감각을 주기 위해서 그렇게 한다.
— 장프랑수아 리오타르, 『포스트모던의 조건』에서

포스트모던에서는 근대에 드러낼 수 없었던 것이 드러나도록 하는데, 그런 시대의 가장 큰 고민을 리오타르는 "강렬한 감각을 주기" 위함으로 보고 있다. 우리의 감각이 자극받고 그 안에서 우리가 발휘한 지각과 감각의 주체성으로 나아갈 때 우리의 정체성도 확인하게 될 것이다.

어떤 장소를 알려면 가능한 한 많은 차원에서 경험해 보아야 한다. (……) 그러지 않으면 당신은 당신도 모르는 채 그곳을 세 번이고 네 번이고 우연히 가게 된다.

— 발터 베냐민, 『모스크바 일기』에서

27   이세이 미야케

피폭으로 주름진 인생,

주름옷으로 패션계를 주름잡다

브랜드는 주름의 근친이다. 주름은 접힘과 펼침 속에서 자신의 아름다움을 자아내는 것. 이세이 미야케는 주름옷 '플리츠 플리즈'로 몸과 자유로운 조화를 이룬다. 그의 옷은 상처의 주름을 미적 경지로 끌어올린 '근친'이다.

주름옷 '플리츠 플리즈(Pleats Please)'를 창조한 디자이너 이세이 미야케. 패션을 예술의 미적 경지로 끌어올렸다는 찬사를 받고 있는 그의 디자인철학은 바로 주름옷에 잘 표현되어 있다. 그가 주름에 집착하는 이유는 도대체 무엇일까?

주름, 몸의 파문이 살을 맴도는 자리 같은 것

저녁에 무릎, 하고
부르면 좋아진다
당신의 무릎, 나무의 무릎, 시간의 무릎,
무릎은 몸의 파문이 밖으로 빠져나가지 못하고
살을 맴도는 자리 같은 것이어서
저녁에 무릎을 내려놓으면
천근의 희미한 소용돌이가 몸을 돌고 돌아온다
— 김경주, 「무릎의 문양」에서

이 시에서 '무릎'을 '주름'으로 바꾸면 이 작품은 한결 수월하게 읽힌다. "당신의 주름, 나무의 주름, 시간의 주름 / 주름은 몸의 파문이 밖으로 빠져나가지 못하고 / 살을 맴도는 자리 같은 것이어서……."

또한 이 시에서 모호했던 상당 부분, "내가 당신에게서 무릎 하나를 얻어오는 동안 이 생은 가고 있습니다"라든가, "무릎은 살 속에 숨은 섬"도 분명 그럴듯하게 이해된다. '주름은 살 속에 숨은 섬',

즉 주름은 세파 속에서 살갗에 좁게 들어간 골과 봉긋하게 솟은 섬으로 드러난다. 몸에 만들어진 주름살은 시간의 흔적인데, "내가 당신에게서 주름 하나를 얻어오는 동안 이 생은 가고" 있다. 이때 무릎(주름)은 상처의 흔적이 된다.

반면 이 시에서 무릎은 문명을 의미하기도 한다. "무릎에 대해서 당신과 내가 하나의 문명을 이야기하기 위해서는"이라든가, "그의 무릎을 처음 보았을 때 / 그것은 잊혀진 문명의 반도 같았다"라든가, "당신과 내가 이 세상에서 나눈 무릎의 문명"에서 시인은 분명무릎(주름)을 문명의 흔적으로 읽는다.

이 시에서 느끼게 되는, 무릎에 대한 이런 양가적 감정은 우리말 '주름'에 그대로 나타나고 있다. 그러니 이 시가 어려울 때는 무릎을 주름으로 읽어 보자. 몸에 생기는 주름은 시간과 한(恨), 즉 '세파의 흔적'이 되는 반면, 옷과 천에 잡힌 주름은 사랑과 멋, '풍류의 흔적'이 된다. 그래서 이 시를 읽고 당신이 느긋하게 "주름, 하고 부르면" 세파를 풍류로 전환시키는 다짐이 될 것이다.

온통 주름투성이 살갗을 옷으로 옮기다

이세이 미야케는 1938년 일본 히로시마에서 태어났는데 일곱살 때 원자폭탄에 피폭되는 불행을 겪는다. 폐허가 된 도시에서 고통스러운 3년을 보낸 후 그의 어머니는 피폭 후유증으로 끝내 숨지고 만다. 그는 원자폭탄으로 구겨진 도시 건축물의 주름들과 어머니를 일찍 여읜 형제들의 주름진 삶을 보면서 성장했다. 하지만 그는

이세이 미야케는 살갗과 같은 옷을 떠올렸다. 살갗은 사람의 몸에 따라 늘거나 줄기도 하고, 접히거나 펴지기도 한다. 그래서 탄생한 것이 플리츠 플리즈다.

이세이 미야케는 서양 의복이 몸을 구속한다고 여겼고, 결국 구속으로부터 벗어날 수 있는 길은 오직 재단을 최소화하는 것뿐이라는 결론에 이른다.

세파의 주름을 패션의 아이템으로 뽑아냈다.

　이세이 미야케가 1966년부터 1969년까지 파리에 있는 기라로
쉬(Guy Laroche)와 지방시에서 디자이너로 수련 받던 시절, 그는 복
잡하고 정교한 서양 의복의 제작 방식에 신물이 날 지경이었다. 일일
이 신경 써야 하는 수작업은 너무 까다롭고 급기야 미야케를 탈진
상태에 빠뜨리고는 했다. 파리에서의 디자이너 생활은 옷에 대한 미
야케의 좋은 감정을 송두리째 앗아가 버렸다.

　파리 의상실에서는 신체 치수마다 옷을 다르게 만들어야 하
며, 입지 않을 때는 옷걸이에 걸어서 보관해 두어야 했다. 한 번 제작
되면 어떠한 변형도 받아들이지 않는 의상의 고착화가 서양 의복의
근본적인 문제점이라고 그는 분석하게 되었다.

　이세이 미야케는 서양 의복이 몸을 구속한다고 여겼고, 결국
구속으로부터 벗어날 수 있는 길은 오직 재단을 최소화하는 것뿐이
라는 결론에 이른다. 그것만이 옷을 가장 아름답게 표현하는 유일
한 방법이며 몸의 윤곽을 가장 자유롭게 드러내는 것이라고. 이 방
법은 몸에 딱 맞게 재단하여 인체의 아름다움을 표현하는 서양의
패션과는 근본적으로 달랐다.

　이세이 미야케는 살갗과 같은 옷을 떠올렸다. 살갗은 사람의
몸에 따라 늘거나 줄기도 하고, 접히거나 펴지기도 한다. 그것은 수
많은 주름이 살갗에 있기 때문에 가능한 일. 살갗처럼 가볍고 편안
한 재질인 폴리에스터나 트리코트저지와 같은 소재로 주름을 잡아
언제나 변할 수 있는 유연한 옷을 만들었다. 그래서 탄생한 것이 플
리츠 플리즈. 이세이 미야케는 의복을 정사이즈의 두 배 반에서 세
배 정도로 재단하고 조합한 후, 그 완성된 형태에 주름을 잡는 방식

으로 참신한 제작 과정을 준비했다.

이 주름옷은 옷걸이도 필요 없고, 길쭉한 옷장도 필요 없다. 주름 잡힌 원단은 아코디언처럼 접혔다 펼쳐지는 소재라 가방에 넣어 구겨져도 옷을 입고 움직이면 천이 사람의 몸을 따라 저절로 늘어난다. 입체재단을 하지 않아도 문제가 없다. 입으면 입체, 벗으면 평면이 되고 사이즈가 따로 없는 것이 플리츠 플리즈의 특징이다.

찌그러진 진주 바로크, 주름으로 승화하다

주름을 강조하던 시대가 있었다. 17~18세기 중엽의 바로크. 복식, 회화, 조각, 건축 등 바로크 예술의 전면에는 현란한 주름이 나타났고, 주름의 굴곡을 통해 작품의 주제가 표현되었다. 주름에 나타나는 접힘과 겹침, 그리고 펼침이 주제의 부피감을 한껏 더해 주었던 것이다. 주름은 항상 그 나풀거림 속에 신비한 더 큰 꿈의 나래를 심어 주면서 또 다른 세계를 꿈꾸게 했다. 작품에 주름을 많이 표현한다는 것은 변화에 대한 긍정이다. 그래서 주름은 변화에 대한 은유가 된다.

바로크란 말은 포르투갈어의 '찌그러진 진주(pérola barroca)'란 뜻으로 원래 경멸적인 어조를 지닌 단어였다. 하지만 질 들뢰즈는 『주름, 라이프니츠와 바로크』에서 '찌그러진'이라는 부정적인 뉘앙스를 '주름진'이라는 뜻으로 이해하면서 긍정적인 의미로 풀어냈다. "우리는 여전히 라이프니츠적이다. 중요한 것은 언제나 접기, 펼치기, 다시 접기이므로." 바로크가 주름을 통해 유연하고 확장 가능한 시대정신을 드러낸다는 것이다.

고트프리트 라이프니츠의 주장처럼 세계가 그 속에 온통 무한한 주름들을 만들고 있으며, 우리가 감각하는 것은 주름의 계속되는 접힘과 펼쳐짐뿐. 들뢰즈는 이러한 주름이 신체와 영혼, 그리고 자연과 정신 안에 가득 찬 채 움직이고 있다고 한다. 주름이 신체에 있으면 주름살일 것이고, 자연에 있으면 산과 골짜기의 굴곡일 것이다.

고전주의가 비례와 균형, 절제, 조화, 합리성을 그 특징으로 했다면, 바로크는 반대로 파격과 변화, 부조리를 그 주제로 삼는다. 바로크가 고전주의와 대조를 이루듯 이세이 미야케의 주름옷은 서양의 고정화된 옷과 대조를 이룬다. 주름이 바로크의 주제를 가장 잘 표현하기 위해 강조되듯 미야케의 '플리츠 플리즈'를 위해서도 주름이 쓰인 것이다. 주름의 접힘과 겹침, 펼침으로 안과 밖이 생기고, 거기에 숨김과 드러냄이 자유자재로 다양하게 반복되며 가장 효율적인 변화의 매체가 된다.

옷과 몸-주름을 가진 단독자

이세이 미야케는 매 시즌마다 발표하는 컬렉션에서 "나는 옷의 절반만 만든다. 사람들이 내 옷을 입고 움직였을 때 비로소 내 옷이 완성된다."는 디자인철학을 밝혔다. 미야케의 주름옷과 함께 여기서 알 수 있는 그의 또 한 가지 독특한 특징은, 의상과 신체 사이에 틈새를 일정 부분 띄운다는 점이다. 미야케의 주름옷은 옷감의 폭과 너비 때문에 옷과 몸 사이에 약간의 공간이 생길 수밖에 없다. 이 공간 때문에 미야케의 의상은 몸에 달라붙지 않는다. 옷이 몸을 감싸 주면서 몸의 움직임에 따라 그 공간에서 예기치 못한 실루엣이 유동적으로 만들어진다. 의상은 의상대로 그 주름에 따라 너풀거리고, 신체는 신체대로 단독으로 있으면서 근사하게 어울린다. 옷의 자유로운 움직임을 고려하여 미야케가 선택한 섬유의 소재와 색감 또한 대단히 혁신적이다.

의상과 신체의 독립적인 움직임은 바로크 예술에서도 중요한 주제가 된다. 바로크 의상은 신체의 굴곡을 나타내는 것이 아니라 의상 자체의 주름을 따로 표현한다. 옷과 몸이 독립적으로 있으면서 그 옷의 주름이 나풀거리며, 또한 옷의 형태가 우연에 의해 바뀌면서 몸과 조화를 이룬다. 주름옷은 똑바로 떨어질 때보다 몸을 감싸 곡선을 만들면서 흘러내릴 때, 그리고 주름 부분을 한쪽 방향으로 비스듬히 겹쳐 감싸고 부풀릴 때 특별한 매력을 발한다.

들뢰즈는 서로 독립적으로 움직이면서 조화를 이루는 이 점을 라이프니츠의 '단자론'으로 설명한다. 라이프니츠는 인간을 '창문 없는 단독자(모나드)'로 파악했다. 모든 단독자 안에는 접혀 있는 주름이 있다는 것. 미야케의 주름옷을 예로 들자면, 옷이라는 단자 안에 주름이 있고, 그 옷을 입은 사람도 살갗에 많은 주름을 갖고 있다. 그런데 의상과 신체는 분리되며 서로 독립적으로(단독자로) 있으면서도 우연에 의해 조화를 이룬다. 결국 인간이라는 단독자에게 일어나는 모든 사건은 내재된 '주름'이 나풀거리는(펼쳐지는) 것으로, 모든 존재는 그 존재만의 '단독성'을 가진다고 한다.

미야케에게 A-POC(A piece of cloth)라는 작업 방식이 바로 옷의 '단독성'을 위한 것이다. 하나의 천으로 한 벌의 옷을 만들자는 것. 그때까지 옷이란 천을 여러 가지 모양으로 재단하여 몸의 입체 패턴에 따라 이어 붙여 만드는 것이었다. 하지만 이세이 미야케는 한 장의 천 조각으로 신체를 감싸고 두르는 재단법을 만들어 낸다. 그는 이렇게 자기 신념을 밝힌다. "나는 늘 한 장의 네모난 천으로 돌아간다. 그것이 옷의 가장 기본 형태이기 때문이다." 이러한 A-POC은 한 장의 평면적인 긴 튜브 형식으로, 의복과 신체 사이에 일정한 공간을 유지하며 다양한 사이즈에 적용될 수 있도록 디자인되었다.

그의 디자인은 옷과 몸에 완전한 자유와 움직임을 부여하는 동시에 아름다움과 실용성을 함께 만족시킨다. '구속으로부터의 해방', 옷으로부터 몸을 해방시키고 몸으로부터 옷을 해방시키기 위한 노력이야말로 옷과 몸이 각기 주름을 가진 '단독자'로 조화를 이룬다는 철학에서 나온 것, 그는 그런 디자인을 위해 일생을 바치고 있다.

나는 주름의 근친입니다

이세이 미야케의 옷은 느슨한 틈새를 통해 우아하고 자연스럽게 몸의 실루엣을 드러냈다. 이것은 옷과 몸 사이에 공간을 부여하여 몸에 활력을 불어넣고 옷에 아름다움을 심어 준다. 그리고 예기치 못한 우연한 변형미를 극대화했다. 자유자재로 변형되는 소재, 평면적인 재단이면서도 착용할 때 발휘되는 환상적이고 입체적인 재단. 이것은 그가 주름을 통해 표현한 또 다른 파격적인 세계였다.

서두에 인용한 김경주 시인의 「무릎의 문양」 마지막 연을 보자.

"당신과 내가 이 세상에서 나눈 '주름'의 문명을 무엇이라고 불러야 할까요 생은 시간과의 혈연에 다름 아닐진대 그것은 당신이 '주름'을 안고 잠들던 그 위에 내리는 눈 같은 것이 아닐는지 지금은 제 '주름' 속에도 눈이 펑펑 내리고 있습니다 나는 '주름'의 근친입니다"

　시인의 허락도 없이 '무릎'을 아예 '주름'으로 바꿔 보았다. 주름으로 바꿔 읽으면 이 시는 바로크 예술의 결론이자 라이프니츠, 들뢰즈, 그리고 이세이 미야케의 결론이 된다. 앞에 열거한 예술 사조나 사람들은 모두 자유성과 독립성, 즉 단독성을 변화 속에서 아름다움으로 꽃피워 냈던 것. 그 꽃을 위 시에서는 눈이라 했다. 그렇다면 시에서 말하는 눈은 '아름다움'의 상징어가 된다. 결론은 이렇다. "눈이 내린다. 우리의 주름을 멋스럽고 황홀한 주름으로 장식할 그 눈이 내린다. 그 눈꽃 속에서 나는 주름의 근친이 된다."

　피폭으로 주름진 유년기를 보낼 때 "파괴되는 것이 아니라 창조적이고 아름다운 것이 기쁨을 가져다줄 것"이라 다짐하며 디자인을 시작했다는 이세이 미야케, 그는 상처의 주름을 그 바닥까지 뚫고 들어가 예술의 멋진 '주름'으로 퍼 올리는 또 하나의 '문명'을 우리에게 선사했다. 주름은 고생의 상징이기도 하지만 예술의 상징이기도 하다. 양가적인 주름을 '근친'으로 품은 이세이 미야케, 그 안에 있는 '문양'을 재생의 '문명'으로 읽어 보자. "저녁에 주름, 하고 부르면 좋아진다."

28   아르마니

무채색으로 생명체의 안정감과

저항력을 키우다

브랜드는 무채색이다. 자신의 색채는 빠져

칙칙하지만 주변을 살리는 것. 아르마니는 무채색

옷감에 밝기를 조절해 우아함을 만든다. 생명체는

신비로운 무채색 톤과 함께 회복되어 비로소

살아난다.

조르조 아르마니(1934-)

아르마니의 무채색 패션은 우리 눈에 담백함과 우아함을 선사한다. "옷은 제2의 살갗"이라 말한 아르마니는 무채색 톤, 흘러내리는 디자인으로 몸을 은은하게 부각시키면서 고급스러운 매력을 풍긴다.

무채색의 경험

조르조 아르마니의 무채색은 유년기 전쟁의 상처에서 왔다. 2차 세계대전의 패전 속에서 유년기를 보낸 이탈리아 소년 아르마니의 유일한 장난감은 밀가루로 반죽한 인형. 그 칙칙한 인형 속에 볶은 커피원두를 밀어 넣고는 병원 놀이를 했다. 그는 말한다, "그 커피

낱알은 내가 찾아내어 치료해야 하는 병"이었다고. 전쟁의 비참함을 겪은 어린 아르마니의 눈에 총탄과 폭탄이 살갗 속에 박혀 녹이 슬고 피가 굳어 얼룩진 상처는 영락없는 커피원두, 핏기 잃은 창백한 사람은 커피원두를 묻어 둔 회색빛 인형이었다.

그러던 아르마니는 A. J. 크로닌의 소설 『성채』를 읽고 큰 감명을 받아 의학도가 되었다. 하지만 위생병으로 복무한 뒤로는 그 길을 포기한다. 아르마니는 의무실에 실려 온 전우들에게 매일 엄청난 양의 주사를 놔야 했는데, 이때 의사라는 직업에 염증을 느낀다. 그리고 백화점과 패션회사의 영업 등을 거치면서 아르마니는 디자이너의 길을 걷는다. 그리고 의학도와 디자이너의 체험이 결합되어 "옷은 제2의 살갗"이라는 그의 독특한 디자인 원칙이 탄생한다.

살갗을 색으로 말하자면, 흔히 말하는 빨강도 아니고 그렇다고 주황이나 노랑도 아니다. 무어라 꼭 짚어 말하기 힘든 살갗의 색. 거기에 얼기설기 힐끗 보이는 핏줄, 분명 핏빛은 붉지만 살갗에 드러난 핏줄 색깔은 여리고 칙칙한 녹색이다. 보송보송한 잔털도 그 색을 뭐라 말하기 어렵다. 때로 살갗 여기저기 퍼져 있는 주근깨와 작은 점들 또한 뭐라 말하기 힘든 색. 그래서 우리의 살갗은 온통 무채색 투성이다. 하지만 그 무채색 살갗은 또 다른 무채색 핏줄과 잔털, 점 등과 어우러져 온전히 신비하고 우아하다. 일단 옷을 '제2의 살갗'으로 만들려고 한 아르마니. 그의 패션은 같은 소재, 같은 모양의 옷이라도 풍기는 인상이 다르다.

살갗의 무채색에는 어떤 신비가 있는 것일까? 그 이유는 무채색에서 나타나는 '평온한 안정감'(무라카미 하루키)과 '생명체의 저항력'(괴테)에서 찾을 수 있다.

스트래치 울 재킷

언컨스트럭티드 재킷

아르마니의 '언컨스트럭티드 재킷'은 남성 정장의 기존 패러다임을 완전히 전복시켰다. '컨스트럭티드 재킷'의 갑옷과 같은 경직성이 질서와 제도, 권력과 규율을 상징한다면, '언컨스트럭티드 재킷'은 나풀거리는 자율에 가깝다. 이 재킷의 특징은 몸을 감싸고 흘러내리며 느슨한 미끄러짐들이 모여서 우아함을 창출해 낸다는 것이다.

닻과 같은 평온한 안정감

무채색과 '평온한 안정감'을 소개하는 소설, 무라카미 하루키의 『색채가 없는 다자키 쓰쿠루와 그가 순례를 떠난 해』가 있다. 물건도 아닌데 사람을 무채색이라 표현한 하루키의 상상력이 경이롭다. "대학교 2학년 7월부터 다음 해 1월까지 다자키 쓰쿠루는 거의 죽음만을 생각하며 살았다."라는 소설의 첫 문장은 그 죽음의 이유가 무엇인지 사뭇 궁금케 한다. 결론부터 말하자면 제목에서 시사하듯 주인공 쓰쿠루는 자신을 '무채색 인생'으로 여겼기 때문에 죽으려 한다. 주인공은 사회생활에 당혹감과 혼란을 느끼며 자신을 비정상이라 여기는데, 그게 죽고 싶은 이유였다.

그러나 쓰쿠루 본인에 대해 말하자면, 남에게 자랑할 만한, 또는 이렇다 할 특징을 갖추지 못했다. 적어도 그는 그렇게 느꼈다. 모든 점에서 중용이었다. 또는 색채가 희박했다. (……) 그리고 남은 것은 체념을 닮은 조용한 사색뿐이었다. 그것은 색채가 없는 잔잔한 바다처럼 중립적인 감정이었다. (……) 그리고 얇은 막 같은 것으로 감정을 몇 겹이나 감싸고 마음을 텅 비워 낸 채 한 시간마다 착실하게 늙어 갔다.

— 무라카미 하루키,
『색채가 없는 다자키 쓰쿠루와 그가 순례를 떠난 해』에서

무채색 인생. 그것을 하루키는 '중용'이라 했다가 '체념'을 닮았다고도 하고, "잔잔한 바다처럼 중립적인 감정"이라고도 한다. "마

음을 텅 비워 낸 채 "착실하게 늙어" 가는 인생. 왜 이런 체념적 인생관이 생긴 것일까? 하루키는 일본이 지진과 쓰나미와 같은 자연재해를 수없이 겪으면서 상처가 많아지자 많은 사람들이 매사 체념적 삶의 태도로 일관했다고 한다. 그는 이런 태도가 바로 '무채색 인생'이라고 보았던 것. 그런데도 하루키는 주인공 쓰쿠루에게 죽지 말아야 할 이유를 제시한다. 동료들이 주인공의 무채색에 대해 느끼는 감회는 주인공이 자기 자신에 대해 느끼는 부정적 시각과 전혀 딴판이었던 것이다.

> "아니, 그런 게 아냐. 설명하기는 어렵지만, 넌 있는 것만으로 우리가 자연스럽게 우리로서 거기 있을 수 있게 해 주는 면이 있었어. 넌 별로 많은 말을 하지 않았지만 두 다리로 지면을 굳게 딛고 서서 우리 그룹에 평온한 안정감 같은 걸 줬던 거야. 배의 닻처럼."
>
> ── 무라카미 하루키,
>
> 『색채가 없는 다자키 쓰쿠루와 그가 순례를 떠난 해』에서

체념의 삶에 있는 긍정적인 힘. 그것은 바로 다른 사람들에게 "배의 닻처럼" "평온한 안정감"을 준다. 닻은 거센 물살 속에서 떠내려가 난파될지 모를 상황에서 폭풍우를 만난 배가 취하는 유일한 구원책. 그 닻은 깊은 바닷속에서 녹슬어 화려한 색은 다 사라졌지만 배를 지키는 최후의 보루다. 화려한 색을 체념하고 색채를 잃은 닻(앵커)이 "평온한 안정감"을 준다. 하루키에게 있어서 체념적인 '무채색 인생'은 그 사회를 평온케 하기 위해 필요한 존재가 된다.

폐허 속에 무채색으로 꽃피운 안정감

아르마니도 체념에 익숙한 시대를 살았다. 그가 회사를 설립한 1975년은 유럽의 '68혁명' 이후 대격변의 시대였다. 이탈리아는 1975년부터 1980년까지 무려 여덟 번이나 정부가 바뀌었다. 더구나 아르마니 사가 세워진 도시 밀라노는 정치적 혼란 속에서 연일 학생과 민중 시위가 이어졌고, 최루탄 연기로 온 도시는 회색빛 불안에 떨었다. 하지만 아르마니는 정치와 사회에 체념한 듯 오로지 패션에만 전념했다. 어린 시절 회색 반죽 인형에서 커피원두를 뽑아내던 그는 패션으로 회색 도시에 활기를 불어넣기를 소망한다.

시위와 진압, 절규과 함성, 피와 연기 등의 혼잡과 불안 속에서 회사를 차린 지 1년 만에 아르마니는 첫 패션쇼를 선보였다. 모델들이 입고 있던 옷은 전부 무채색의 회색톤. 하지만 그 색은 참석했던 관계자들의 눈을 번쩍 뜨이게 했다. 그 옷들은 눈에 띄지 않는 무채색으로 모든 이목을 집중시킬 만큼 우아했다. 당시 사람들은 현실의 혼란과 불안 속에서도 무채색으로 꽃피운 안정감을 느낀 것이다.

우리 눈을 단숨에 자극하여 금방 눈에 띄는 색이 있는가 하면, 있는지 없는지조차 모를 정도로 희미하게 숨어 있는 색도 있다. 그 숨어 있는 색은 분명 하나인데 무슨 색인지 한마디로 말하기 어렵고, 가만히 쳐다보고 있자니 파랑, 빨강, 노랑이 서로 꿈틀대는 신기한 색이다. 색이 많이 섞일수록 칙칙하고 탁해진다. 색과 색이 칙칙하고 탁해지는 정도를 '채도'라 한다.

그런데 채도가 낮은 무채색은 다른 색을 돋보이게 하고, 자신

은 뒤로 물러난다. 그렇게 무채색과 어우러진 색을 전체적으로 보면 자신도 모르게 차분해지고 우아한 분위기를 느낀다. 이것이 바로 '평온한 안정감'. 무채색은 다른 색과 함께 있을 때 안정감을 준다. 그래서 무채색은 오래 봐도 질리지 않고 항상 새로우며 깊은 우물에서 샘이 솟는 것처럼 신선함을 던진다.

아르마니의 무채색과 하루키의 '무채색 인생'은 신기하게도 '평온한 안정감'을 준다. 사물이나 인생이나 매한가지. 두 사람은 전후 이탈리아와 재해 많은 일본의 회색빛 도시에서 그 무채색 톤으로 안정감을 선사한 것이다.

생명체의 저항과 물체를 포착하는 권리

무채색 속에서 '생명체의 저항'을 주장한 작가이자 과학자였던 괴테를 살필 차례다. 그는 일찍이 색채 연구를 한 후 다음과 같이 말했다.

무채색의 그림이나 유사한 예술 작품들에서 명암이 잘 조절되었을 때…… 자신에게 그 어떤 상태가 주어지면 모든 생명체가 드러낼 수밖에 없는 말없는 저항을 목격한다고 생각하

게 된다. (……) 눈에 어둠이 제
공되면, 눈은 또한 밝음을 요구
한다. 밝음을 그 앞에 가져오면
눈은 어둠을 요구한다. 눈은 바
로 이러한 방식으로 자신의 생
동성을 보여 준다. 그리고 물체
와 대립되는 그 무엇을 자신으
로부터 만들어 냄으로써 물체
를 포착하는 자신의 권리를 보
여 준다.

— 요한 볼프강 폰 괴테, 『색채론』에서

　　괴테에 따르면, 무채색에 "명암이 잘 조절될 때 생명체가 드러
낼 수밖에 없는 저항"이 있다고 한다. 동일한 회색이라도 '검은색 바
탕'에서 밝게 보이고 '흰색 바탕'에서 어둡게 보이는 것을 '생명체의
저항'이라 한 것. 그의 보다 놀라운 표현은 이러한 저항을 '물체를 포
착하는 자신의 권리'라고 한 점이다. 무채색은 눈에 안정감을 주고,
이것이 바로 우리 눈에 물체를 인식하는 권리를 더한다. 요약하자면
회색에 검정이라는 어둠이 제시되면 눈은 회색을 밝게 느끼는 반면,
회색에 하양이라는 밝음이 제시되면 눈은 회색을 어둡게 느낀다. 눈
의 이런 방식이 살아 있는 '생명체의 저항'이자 '물체를 포착하는 권
리'인 것이다.

　　그렇다면 무채색이 신비감을 주는 이유는 분명해진다. 원색처
럼 강렬하지는 않지만 무채색은 색이 분명하지 않은 데서 오는 안

정감을 통해 묘한 신비감을 준다. 무채색(인생)은 다른 색(인생)과 함께 있을 때 자신은 뒤로 빠지면서(희생하면서) 다른 색(인생)을 돋보이게 해 '안정감'을 준다. 뿐만 아니라 사물을 이런 방식으로 지각한다는 것 자체가 인간이 자신의 '권리'를 누리는 '생명체의 저항'이 된다.

가장 유연한 살갗을 위해 버릴 것

아르마니에게 성공을 던져 준 결정적인 제품은 '언컨스트럭티드 재킷.' 이 재킷은 남성 정장의 기존 패러다임을 완전히 전복시켰다. '컨스트럭티드 재킷'의 갑옷과 같은 경직성이 질서와 제도, 권력과 규율을 상징한다면, '언컨스트럭티드 재킷(unconstructed jacket)'은 나풀거리는 자율에 가깝다. 이 재킷의 특징은 몸을 감싸고 흘러내리며 느슨한 미끄러짐들이 모여 우아함을 창출해 낸다는 것. 몸 위로 미끄러져 떨어지는 제2의 살갗, 어느새 몸의 형태는 그 살갗으로 근사하게 살아난다. 상처 입은 몸을 치료하려는 아르마니의 의도는 대성공이었다.

아르마니는 말한다. "모든 것을 버리기 시작했어요. 패딩, 인터페이싱, 라이닝……. 그러자 옷은 여성복처럼 고전적이면서도 부드러워졌어요." 여성복이 남성복 스타일로 바뀌면서 코르셋으로부터 자유롭게 되어 부드러운 슬림 스타일이 되었지만, 남성복은 아직 그 단계로 진입할 엄두를 내지 못하고 있었다. 그때까지 남성 정장에는 옷감 속에 아주 많은 심지들을 이용해 뼈대 역할을 만들어 넣었던 것. 기존 디자이너들은 이런 뼈대를 통해 몸을 근사하게 만든다고 여겼고, 그 결과 몸에 억압을 가하고 있었다.

하지만 아르마니는 이 모든 심지 뼈대를 빼낸다. 버림을 통해 사람들에게 유연한 옷을 선물했던 것. 옷은 한결 부드러워졌지만 전혀 연약해 보이지 않았다. 그도 그럴 것이, 아르마니는 그 옷을 보는 사람을 물리적 힘이 아니라 '생명체의 저항'으로 재무장시켰기 때문이다. 또한 무채색은 다른 색 뒤로 물러나면서 그 다른 색을 부각시킨다. 무채색 옷은 흘러내리면서 몸을 돋보이게 한다. 살갗처럼 드러난 깨끗한 '생체 라인'이 몸과 얼굴, 의상과 조화를 이루도록 한다.

몸을 끔찍이 생각했던 아르마니는 의상을 통해 몸을 살려 내기를 원했다. 몸이 패션에 희생되는 게 아니라 오히려 솟아오르도록 하기 위해 그는 장식적인 요소를 최대한 배제하고 무채색 톤을 과감히 사용했다.

브랜드는 무채색이다. 동양에서는 먹으로만 그리는 수묵화가 화려한 채색화보다 더 높은 경지를 드러냈다. 자신의 색채는 빠지고 칙칙하지만 주변을 살리는 것. 채도가 낮은 수묵화 톤이 오히려 문양을 더 돋보이게 한다. 신기한 것은 색은 없어도 그 밝기와 칙칙함이 역설적이게도 '평온한 안정감'과 '생명체의 저항'을 용솟음치게 한다. 아르마니는 폐허의 빛, 무채색으로 우아함을 만든다. 브랜드는 생명체를 살려 비로소 자기다움으로 빛을 낸다. 하루키의 '무채색 인생'이 그러하듯……

문양을 어떻게 살릴 것인가, 어떻게 부각할 것인가, 그것이 색채에 주어진 역할이었다. 색채는 아주 엷고 과묵하게, 그러나 효과적으로 문양의 배경을 이루었다.

— 무라카미 하루키,
『색채가 없는 다자키 쓰쿠루와 그가 순례를 떠난 해』에서

29 크리스챤디올

**현실을 넘어
저항하라**

브랜드는 환유다. 현실은 결핍투성이, 그래서
현실의 상실을 뛰어넘는 대체물이 필요하다.
하지만 대체물은 대체물일 뿐. 상실하되 소망하는
것, 소망하되 상실한 것의 끊임없는 반복 속에서
크리스티앙 디오르는 그 대체물을 넘어 상실된
가치를 찾으려 했다.

2차 세계대전을 겪고 난 뒤 크리스티앙 디오르는 새로운 패션 '뉴룩(New-Look)'을 선보인다. 뉴룩은 풍성한 주름 스커트, 잘록한 허리, 타이트한 재킷과 네크라인, 한쪽 눈 위로 비스듬히 쓴 챙 넓은 모자가 그 특징이다. 디오르는 곡선의 아름다움을 극대화한 여성적 우아함을 부각시켰다는 평을 받고 있다.

패션의 변증법

패션으로 사회사를 분석한 다이애나 크레인은 『패션의 문화와 사회사』에서 주류와 대안, 개혁 패션을 소개한다. 한 시대에 나타나는 패션으로 지배적인 패션이 있고, 그 패션에 대안적인 패션이 등장하거나 이런 두 가지 패션에 영향을 받은 개혁적인 패션이 등장한다는 것이다.

패션의 변화는 사회 변화를 일으키는 과정이다. 사회 현상의 변화에 따라 문화가 바뀌면서 자연스럽게 시대를 관통하는 미적 감각도 새롭게 창조되기 때문이다. 학자들에 따라서는 지배적, 대안적, 저항적 패션이라는 말을 쓰기도 하는 이 세 가지 패션 흐름은 서로 싸우다 그중 하나의 흐름이 헤게모니를 쥐면 곧 주류 패션이 된다.

20세기에 세계대전을 두 차례나 겪고 난 뒤 패션에도 변화가 생긴다. 이전 시대와 가장 현저한 차이는 여성 차별에 대한 새로운 도전, 여성의 자유와 독립이라는 의미가 주어졌다는 점이다. 18세기 말과 19세기 초 주류 패션은 상류 계급과 신흥 부자들의 여성성이 강조된 패션('롱 앤 슬림 실루엣')으로 여성의 곡선과 풍만함을 재현하

크리스티앙 디오르(1905-1957)

고 있었다. 이 패션은 기존 사회 계급의 경계를 유지하기 위해 디자인되었고 노동자 계급의 여성들은 상대적으로 이런 주류 패션에 접근할 수 없었다.

하지만 전쟁 기간에 남자들이 전장에 나가게 되자 여성들의 노동력이 필요해지면서 여성의 옷은 남성복에서 착안한 의류로 대체된다. 또한 물자가 부족해 정부 규제하에 기성복이 대량생산되면서 남녀 차별이 없는 옷이 대안 패션으로 등장한다. 이때 대표적인 대안 패션이 넓은 어깨의 재킷이었다.

디오르의 개혁 패션

크리스티앙 디오르가 새로운 패션을 선보인 해는 1947년. 유

크리스챤디올의 튤립 라인(1940년대)

럽의 대공황과 두 차례 세계대전으로 경제적 어려움과 상처가 채 아물지 않은 시기였다. 이런 상처와 함께 프랑스에서는 또 하나의 획기적인 전환이 있었다. 1946년 프랑스에서 처음으로 여성의 참정권이 헌법에 명시된 것. 1789년 프랑스혁명으로 채택된 인권선언에는 "인간은 권리에 있어서 자유롭고 평등하게 태어나 생존한다."(1조)라 했지만 사실상 여성들에게는 참정권이 없었다.

이때 올랭프 드 구주는 혁명으로 일군 자유와 평등이 남성에게만 해당되자 「여성과 여성 시민의 권리 선언」(1791)을 발표했다. 하지만 그녀는 "자신의 성별에 적합한 덕성을 잃어버린 사람"이라는 죄목으로 단두대에서 처형된다. 그녀는 당당히 사형을 받아들으면서 외쳤다. "여성이 단두대에 오를 권리가 있다면, 당연히 연단 위에 오를 권리도 있다!" 프랑스에서 여성참정권을 획득하기까지 150여 년의 시간이 고통스럽게 흘러가고 있었던 것이다.

여성참정권의 획득과 기성복 산업의 발달, 경제공황 등과 함께 주류 패션과 대안 패션이 갈등을 벌이고 있는 상태. 바로 이때 크리스티앙 디오르는 재킷을 통해 남성과 동등한 여성상을 제안한다. 기존 주류 패션에는 계급적 평등이 빠졌고 대안 패션에는 여성적 아름다움이 억눌려 있었다. 그래서 디오르는 그 개혁(저항) 패션으로서 뉴룩을 선보였다. 대부분의 여성들이 세계대전으로 인한 물자 부족과 실용성을 위해 여성의 옷에서 사라진 우아함을 그리워하고 있었던 것이다. 이런 심리를 간파하고 있었던 크리스티앙 디오르는 '뉴룩'으로 '여성적 우아함'을 폭발시키며 전후(戰後) 패션을 이끌게 된다.

디오르의 진정한 천재성은 모든 과거 패션의 기준을 뒤집은 데 있다. 남성 의류품을 여성복으로 사용한 대안 패션에 주류 패션이 가진 장점을 또다시 연결시킨 통찰은 기존 질서에 대한 거부이자 상징적 저항이 된다. 또한 이전의 것에서 상실된 것을 찾으려는 감수성은 전후 개혁 패션을 탄생시켰다.

초현실주의와 만나다

크리스티앙 디오르는 디자이너가 되기 전에 갤러리 큐레이터로 예술가들과 교류하고 있었다. 이들 작품들 속에 있을 때 디오르는 편안함을 느끼고는 했다. 이들은 패션디자이너가 아니라 대부분

크리스티앙 디오르는 디자이너가 되기 전에 갤러리 큐레이터로 예술가들과 교류하고 있었다. 그 대표적인 인물들이 막스 에른스트, 살바도르 달리, 알베르토 자코메티, 조르조 데 키리코, 파블로 피카소, 장 콕토 등의 초현실주의자들이다.

알베르토 자코메티 | 막스 에른스트
살바도르 달리 | 조르조 데 키리코

예술가들이었다. 그 대표적인 인물들이 막스 에른스트, 살바도르 달리, 알베르토 자코메티, 조르조 데 키리코, 파블로 피카소, 장 콕토 등의 초현실주의자들이다.

초현실주의(sur+realism)는 말 그대로 '리얼리즘의 위로' 넘어가려 하는 어떤 몸부림이다. 리얼리즘은 합리성과 이성적인 것으로 대표되는데, 초현실주의는 이런 현실에 대한 반성이다. '합리성' 중심의 예술에 대한 일종의 거부 내지는 저항이었던 것. 그런데 초현실주의는 프로이트를 발견한 이후 자신들의 사조를 더욱 가속화시킨다. 그래서 이성의 논리와 기존 질서로 통제될 수 없는 꿈의 무한한 능력에 대한 '낭만적 낙관주의'를 갖게 된다. 이 지점에서 언뜻 보기에 역설적인 두 개념, '저항'과 '낭만'이 초현실주의 안에서 결합된다.

하지만 초현실주의의 세례를 받은 디오르는 결국 유럽에 불어닥친 대공황으로 갤러리 문을 닫고 말았다. 그림에 천부적인 재능이 있었던 그는 이때부터 비례와 원근법을 열심히 터득했고 얼마 지나지 않아 드로잉 작품을 팔기 시작했는데, 특히 그의 모자 드로잉은 많은 인기를 얻었다. 디오르의 드로잉에는 이미 초현실주의적 경향, 즉 현실의 리얼리즘, 합리성, 이성주의를 넘어서려는 욕망이 나타나고 있었다. 이는 1947년 잘록한 허리에 풀스커트 디자인으로 뉴룩을 선보였던 '꽃의 여인(Flower Women)'의 모태가 된다.

패션의 페티시즘

디오르의 개혁(저항) 패션에는 또 하나의 역설이 있다. 이것은 비단 디오르만의 문제가 아니라 그에게 영향을 주었던 초현실주의에서도 나타난다. 이 사조는 그 예술적 행위로서 계급주의와 성차별, 그리고 자본주의를 벗어나고자 했다. 예술이 상품이 되어 버리는 부르주아적 물신주의를 거부하려 한 것이다. 하지만 초현실주의 작품에는 자본주의 상품들이 수도 없이 나타난다. 다른 어떤 사조보다 더 상품의 물신성에 가깝게 말착되어 있는 것은 아닌가 하는 의심이 든다. 마찬가지로 디오르의 패션도 여성의 육감성만을 드러낸 것이 아닌가 하는 불만이 생긴다. 이 지점에서 물신성에 대해 생각해 보자.

물신성, 즉 페티시즘(fetishism)은 지그문트 프로이트를 통해 처음 소개된다. 그는 각자에게 중요한 역할을 하다 이후 상실(거세)된 것을 현실에서 '대체'하는 사물 혹은 신체를 '페티시'라 하고, 그런 욕망을 '페티시즘'이라고 했다. 그런데 프로이트의 페티시즘을 상품과 관련해 분석하여 정치경제학에 지대한 영향을 끼친 사람이 바로 카를 마르크스. 그는 프로이트의 '대체'라는 말을 '교환'이라는 말로 바꾸어 페티시즘을 분석한다.

교환에 의해 노동생산물은 상품이 되며, 동시에 감각적이며 초감각적(즉 사회적)인 물건이 된다. (……) 인간의 눈에는 물건들 사이의 관계라는 환상적인 형태로 나타나지만, 그것은 사실상 인간들 사이의 특정한 사회적 관계일 뿐이다. (……) 이것을 나는 물신성(物神性 ; fetishism)이라 부르는데, 이 물신성은 노동생산물이 상품으로 생산되자마자 거기에 부착되며, 따라서 상품 생산과 분리될 수 없는 것이다.

상품에 대한 물신성은 "상품 형태의 신비성"과 관련되는데, 이 것은 노동 생산품이 "감각적이며 초감각적인 물건", 즉 상품이 되기 때문에 생기는 것이다. 그 물신성이 있기에 상품은 사회적 성격을 띠게 된다. 예를 들어, 내가 노동을 통해 가방을 만든다면, 그것이 한낱 생산된 물건으로 그치지 않고 거기에 물신성이 가미되면서 사회에서 교환되는 상품이 된다.

그렇다면 물신성이 있어야 노동이 가치 있게 된다. 물신성이 없으면 그저 물건에 지나지 않을 따름이다. 노동으로 상실된 나의 힘과 시간, 열정이 그 상품의 물신성으로 대체될 때 노동은 의미가 있다. 이런 페티시즘을 마르크스는 상품 형태의 신비성이라 했다. 페티시즘이 없으면 인간의 노동은 단지 로봇의 노동에 불과할 것이다.

생산물이 상품으로 대체될 때 반드시 잊지 말아야 할 사실은 상실된 것과 욕망하는 것의 이중성이 나타난다는 점이다. 마치 프로이트의 페티시즘에 거세된 것과 욕망하는 것이 동시에 나타나듯, 노동의 페티시즘에도 상실된 것과 소망하는 것이 동시에 나타난다.

그런데 여기서 일종의 목적 전도 현상이 있다. 상품이 곧 그 자체로 최종 목표로 인식된다는 것. 바로 이 지점에서 상품은 물신이 된다. 좀 더 정확히 말한다면 상실된 뭔가를 대체한 것, 이를테면 의류, 가방, 시계, 자동차 등이 상실된 것의 자리에 굳어진다. 대체물일 뿐인데 상실된 것, 이를테면 자존심, 열등감, 우울증을 대체하는 자리로 들어선 것이다. 그래서 상실된 게 무엇인지, 어떻게 그것을 치유할지에 대한 관심을 버리고 오로지 대체물에만 빠진다. 프로이트식으로 말하자면 '절편음란증'에 빠진 것이다. 상품(대체물)은 그 너머의 것을 보도록 하는 교환 매개에 불과한데 그릇된 물신성에 빠지는 것이다. 이런 대체물에 자본이 들어서면 황금만능주의, 자본숭배가 된다.

상실된 것을 회복하는 패션

초현실주의자들과 디오르가 예술과 상품 등의 대체물을 사용한 것은 페티시즘적이라 느껴진다. 하지만 이들은 분명 현실의 물신성을 넘어 저항하고 개혁했다. "솔직함과 자연스러움을 추구하기만 한다면 일부러 의도하지 않아도 개혁은 찾아온다."고 디오르는 말했다. 그렇다면 그가 추구한 '솔직함과 자연스러움'은 과연 무엇일까?

디오르는 관능적인 여성성을 구현하면서도 남성의 전유물이었던 재킷을 우아함을 가미한 여성복으로 도입해 여성해방의 의미를 전했다. 특히 여성참정권을 획득한 시대에 남성과 동등한 새로운 여성상을 제안했다. 존엄성에 상처를 입은 여성들은 전쟁이 끝나자 우아하고 아름다운 여성의 이미지를 욕망했다. 디오르는 옷으로 상처 입은 여인들을 위로함과 동시에 새로운 인간상을 제안한 것이다.

정치가 사회의 침울함에 대응할 꿈도 못 꾸고 있었지만 뉴룩은 다시 머리를 들어 '솔직함과 자연스러움'을 추구하라고 프랑스 어인들의 욕망을 충동질했다. 뉴룩의 새로운 패션은 상실된 자연스러움을 이제는 되찾자는 저항을 상징했다. 그런 저항을 처음으로 패션에 불러일으킨 것이 바로 디오르였다. 이것이 또한 그의 뉴룩이 선풍적

1920~1930년대 스타일을 가져온 크리스챤디올의 대표적인 뉴룩 '바(Bar)' 재킷(1947년)
기존 주류 패션에는 계급적 평등이 빠졌고 대안 패션에는 여성적 아름다움이 억눌려 있었다. 그래서
디오르는 그 개혁(저항) 패션으로서 '뉴룩'을 선보였다.

대부분 여성들이 세계대전으로 인한 물자 부족과 실용성을 위해 여성의 옷에서 사라진 우아함을
그리워하고 있었던 것이다. 이런 심리를 간파하고 있었던 크리스티앙 디오르는 '뉴룩'으로 '여성적
우아함'을 폭발시키며 전후 패션을 이끌게 된다.

인 인기를 얻을 수 있었던 이유다.

인간의 가치란 내가 가진 상품 자체에 내재하고 있는 것이 아니라 그 너머에 있는 것, 상실되어 회복하고 치유하려 하는 그것을 찾도록 하는 것이다. 상실의 보상으로서의 브랜드가 아닌, 상실된 그 무엇을 열망하도록 하는 브랜드. 크리스챤디올은 대공황과 전쟁으로 상실된 여성의 자연스러움을 찾도록 했다.

당신은 페티시에 집착하는가? 오로지 브랜드만 보고 그 상품으로 온몸을 도배하고 있는가? 페티시즘은 상실된 것보다 당장의 대체물에 집착하게 될 때 고삐가 풀린다. 욕구 충족이 단지 상품 교환을 통해 이루어지는 것이 물화이듯(게오르크 루카치) 우리는 그렇게 인간 됨을 애써 외면하고 있지는 않은지 생각해 보자.

브랜드는 환유다. 수사법에서는 "어떤 사물을, 그것의 속성과 밀접한 관계가 있는 다른 낱말을 빌려서 표현하는 것"을 환유라 한다. 대체물은 환유일 뿐, 그 환유에 나타난 속성을 찾아 상실된 것을 찾는 것이 브랜드의 힘이다.

현실은 결핍투성이, 그래서 현실의 상실을 뛰어넘는 대체물이 필요하다. 하지만 대체물은 대체물일 뿐. 상실하되 소망하는 것, 소망하되 상실한 것의 끊임없는 반복 속에서 크리스티앙 디오르는 그 대체물을 넘어 상실된 가치를 찾으려 했다.

30 알레시

기능성만 강조되던 모던 디자인에
예술적 반격을 꾀하다

브랜드는 복합예술이다. 디자인의 획일성과
일상의 경시를 거부하고 현실에서 예술성을
드러내자는 것. 알레시는 기능성이 강박적으로
강조되던 생활용품에 예술성의 반격을 꾀한
브랜드다.

「안나G」

주시 살리프

모더니즘의 디자인 원칙이었던 '기능성'을 고수하느라 특히 주방용품 디자인(리빙디자인)은 단조롭고 지루하기 짝이 없었다. 이런 상황에서 알레시 브랜드는 이탈리아에서 모더니즘 디자인으로 대표되는 '벨디자인'을 거부했다. 그뿐만 아니라 '벨디자인' 이후 등장한 '안티디자인'마저 거부한 채 새로운 '복합예술' 디자인을 주장한다. 미술관 전시품에서나 볼 수 있는 아름다움을 주방용품에 구현한 것이다.

우리는 작가에게 무엇을 '더' 원하는가

　작가가 되려면 무엇이 필요할까? 당신은 아마도 꽤나 유명한 작가들을 부러워하여 자신과 끊임없이 비교할 것이고, 원고 마감 시간에 쫓겨 평범한 일상생활을 신경질적으로 멀리할 것이다. 더욱이 위대한 작가가 되어야 한다는 조급증에 시달린다면, 당신은 갖은 수단을 동원해 현실을 철저히 차단하고 최적화된 글쓰기 공간을 확보하려 들 것이다. 그런 점에서 위대한 작가는 현실 적응 불능이 된다. 하지만 찰스 부코스키에게서는 이런 강박을 찾기 힘들다.

　　　그리고 대단히 잘 싸웠던
　　　노장들을 기억한다
　　　헤밍웨이, 셀린, 도스토예프스키, 함순.
　　　여자 없이
　　　음식 없이
　　　희망 없이
　　　그들이 골방에 처박혀
　　　딱 지금의 당신 꼴을 하고도 미치지 않았을 거라 생각한다면
　　　당신은 준비가 덜 된 것이다.
　　　맥주를 더 마신다.
　　　시간은 있다.
　　　없다고 해도
　　　뭐
　　　괜찮다.

시인은 '여자, 음식, 희망, 맥주'를 보란 듯이 나열한다. "시간은…… 없다고 해도 뭐 괜찮다." 이런 것들이 있다면 작업을 위해 "골방에 있어도 미치지 않을 것"이라며 자신을 다독거리기도 한다.

위대한 작가가 되기 위해서는 먼저 비교 강박과 현실도피 강박, 그리고 시간 강박에서 벗어날 것. 강박의 원인은 대중의 인기와 예술적 작품을 갈망하기 때문이다. 브랜드로 치자면 대중성이 있어야 이윤을, 예술성이 있어야 시대를 초월한 명품을 남길 것이다. 부코스키는 이 두 가지를 연결하려고 우리를 '골방'에서 끌어내 '여자, 음식, 희망, 맥주'라는 지극히 일상적인 공간으로 안내한다. '일상의 미'를 찾기 위해 모든 신경질적인 강박으로부터 '괜찮다'고 자위한다면 작가가 될 기본 소양을 갖춘 셈.

우리는 디자인에 무엇을 '더' 원하는가

알레시 브랜드는 일상, 주방용품을 통한 대중화에 성공한다. 1921년 판금 장인이었던 조반니 알레시(Giovanni Alessi)가 이탈리아 북부 밀라노 근처 오메냐에서 금속 주방용품을 손수 만들면서 알레시 브랜드는 시작되었다. 이후 산업디자인을 전공한 장남 카를로 알레시가 가세하면서 명품 브랜드가 된다.

2차 세계대전이 끝난 후 경제적 어려움을 겪던 이탈리아는 1960년대가 되어서야 비로소 풍요와 안정을 되찾았고, 디자인에는

알베르토 알레시

모더니즘의 바람이 거세게 불어닥쳤다. 각종 생활용품의 대량생산이 가능하게 된 것. 어느 정도 시간이 흐르자 대량생산은 각자가 필요로 하는 용품들을 다 소유하게 만든다.

이탈리아 디자이너들은 모더니즘과 함께 시작된 디자인을 약간 변화시킨 '벨디자인'을 창조했다. 이것은 20세기 모더니즘에서 표현되는 기능주의에 대한 이탈리아적 적용이다. '벨(bel)'은 '아름다운'이란 뜻이지만 역설적이게도, '벨디자인'이란 장식성을 줄여 심미성을 최소화하고 단순성을 높여 기능성을 극대화한 것이다. 이들은 이탈리아 특유의 실험 정신을 살려 생활용품 각각에 기능성을 극대화한다. 이탈리아는 벨디자인 운동을 통해 새로운 디자인 발전을 주도하는 국가가 될 수 있었다.

하지만 이 디자인이 대중화되면 될수록 디자이너의 창의성은 더욱 부족해져 갔다. 게다가 이제 소비사회는 모든 사람이 똑같은 물건을 사용한다는 평등 사회를 넘어서서 너도나도 동일한 제품을 사

필리프 스탁의 주전자

용하는 획일 사회로 변모했다. 거기에 걷잡을 수 없는 모방(짝퉁)의 폭력이 난무하게 된다. 그렇게 산업디자인이 대중화라는 강박을 드러내면서 벨디자인에서도 그 예술성은 사라지기 시작했다.

바로 그때 알레시를 맡게 된 조반니 가의 삼대손 알베르토가 의미심장한 물음을 던졌다. "우리는 디자인에 무엇을 더 원하는가?" 알베르토 알레시는 법학을 전공하고 가업에 뛰어들면서 알레시 제품에 자신의 디자인철학을 담기 원했다. 알베르토의 이 질문 이후 알레시 브랜드는 단순히 대중적인 주방용품이 아니라 예술성을 지닌 감성적인 제품들을 선보이게 된다.

예술성의 반격

"우리는 디자인에 무엇을 더 원하는가?"라는 알베르토의 질

문은 포스트모던 예술의 근본 물음과 맞닿아 있다. 왜 그럴까? 장프랑수아 리오타르는 포스트모던에서는 모던에서 드러날 수 없었던 것이 드러난다고 말한다.

> 포스트모던한 것은, 모던한 것 내에서, 현재 드러낼 수 없는 것(the unpresentable)을 현재 자체에 내놓는다. (……) 그것들을 즐기기 위해서가 아니라 현재 드러낼 수 없는 것에 대한 보다 강렬한 감각을 주기 위해서 그렇게 한다.
> — 장프랑수아 리오타르, 『포스트모던의 조건』에서

알베르토가 대량생산 위주의 디자인에 더 원했던 것은 바로 '일상의 미'였다. 모던 디자이너들이 대중화하면서 강박적으로 기능성만을 높이느라 예술성을 금기시했던 생활용품에 알베르토는 예술성을 드러내는 '강렬한 감각'을 주기 원했던 것이다.

알베르토 알레시는 말한다. "진정한 디자인 작업이란 사람들을 감동시키고 마음을 움직이고 기억을 불러일으키며 놀라게 하고 본질에 역행하는 것이어야 한다." 그는 "현재 드러낼 수 없는 것에 대한 보다 강렬한 감각을 주기 위해서" 모던적인 본질, 기능성을 위한 디자인을 역행했다. 그런 이유에서 알레시의 '일상의 미'는 포스토모던적이다.

앞서 「위대한 작가가 되는 법」이란 시에서 부코스키가 말한 것도 '일상의 미'와 맥을 같이한다. 바로 이 지점에서 우리는 알베르토 알레시의 디자인철학과 부코스키의 작가론이 포스트모던 미학과 맞닿아 있음을 발견한다. 일상을 기능화하거나 일상을 금지하려는 강박의 결과는 자아분열에 이르기 때문에, 당연히 그 속에는 폭력성이 도사리고 있다.

포스트모던에 와서 디자인은 비로소 일상성, 기능성, 예술성이 결합된다. 이탈리아의 포스트모던 디자인의 성과는 모더니즘과 일상의 미, 즉 기능성과 예술성의 구분을 폐기하면서 생활용품을 미적으로 끌어올린 데 있다. 일상의 디자인, '리빙디자인'은 생활공간에서 기능성과 함께 예술성을 추구한다.

알베르토의 복합예술

알레시의 제품 중 단연 돋보이는 것은 주전자 「9093」과 「주시 살리프」, 와인오프너 「안나 G」 등을 꼽을 수 있다. 알베르토는 이런 제품을 만들기 위해 당대 최고의 예술가들과 협업했다. 마이클 그레이브스, 알레산드로 멘디니, 에토레 소트사스, 필리프 스탁 등 세계적인 예술가들이 알레시의 리빙디자인에 참여했다. 이로써 알레시는 독창적인 제품을 개발하여 세계적인 브랜드가 되었는데, 여기에는 알베르토의 특별한 디자인 개념인 '복합예술(Multiplied Art)'이 자리 잡고 있다.

'벨디자인'을 거부한 '안티디자인'은 1960년대 후반 이탈리아의 신세대 디자이너들에 의해 탄생했다. 이들은 그동안 모더니즘에서 보여 온 소비사회의 디자인 과정을 새롭게 재고했다. 그들의 분석에 따르면, '벨디자인'은 생활용품의 대중화에는 성공했지만 각각을 기능적으로만 디자인하면서 부분과 개체에만 편중되는 과오를 범했

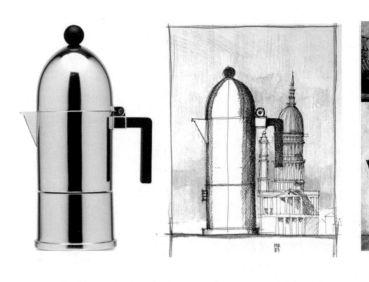

다. 신세대 디자이너들은 이러한 개별 디자인을 거부하고 전체를 고려하는 디자인, 전 세계에서 긍정적으로 인정받는 미적인 디자인을 창조하자고 주장했다. 이와 같은 경향을 일컬어 '래디컬디자인' 또는 '안티디자인'이라 부른다.

하지만 신세대 디자이너들의 급진적인 비판은 차츰 문화 전반에까지 영역을 넓히더니 처음 주장과는 달리 나중에는 모든 일상용품을 거부하는 태도에 휩쓸리게 된다. 결국 1970년대 중반에 이르자 이탈리아 대부분의 저항 디자인 운동은 소멸되었고, 이탈리아의 아방가르드 디자인 전체가 침체 상태에 빠지고 만다.

바로 이런 디자인의 침체 속에서 알베르토 알레시는 '복합예술'이라는 자신의 디자인 철학을 전개한다. '복합예술'은 각기 다른 분야를 모아 시너지 효과를 창출한다는 새로운 예술 개념이다. 이전에는 대량 소비재가 기능성만 갖춘 제품이었다. 하지만 이제는 다양

  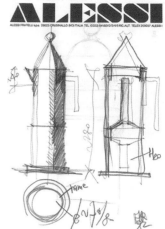

한 분야의 예술가들을 통해 진정한 심미성을 지닌 저렴한 제품을 창조해야 한다고 그는 주장했다.

이를 통해 알베르토는 새로운 소비문화를 창출했고 알레시 브랜드는 명실상부하게 대중성과 예술성을 겸비한 기업으로 자리매김한다. 디자인은 기능적이어야 한다는 입장과 예술적이어야 한다는 입장으로 분리되는 논쟁의 중심에서, 알레시는 그 두 가지를 모두 결합한 것이다.

기다림의 미학

알레시 디자인은 일상을 치열하게 관찰한 장인정신의 산물이다. 관찰뿐만 아니라 그 일상마저 치열할 때 디자인은 깔끔해진다.

군더더기 없이 불편함도 없이 '됐다' 싶은 순간 만족에 이를 것 같지만, 거기에도 뭔가 부족한 것이 있다. 대중은 그 부족함 때문에 디자인의 치열한 몸부림 따위에는 아랑곳하지 않는다. 이때 그 부족을 메울 수 있는 것은 무엇일까? 당신은 무엇을 '더' 원하는가?

군더더기 없이 그렇다고 불편하지도 않은 듯 적나라하게 현실을 노래한 찰스 부코스키의 해답은 이렇다.

심지어
최고의
순간에도
태평한
시절에도
깨닫게 되는 그것
그 어느 때보다 더 절절히 깨닫게 되는 그것
가슴속 한편에는
결코 채워지지 않는 자리가 있다
그래서
우리는 기다리고
또
기다린다
그 공간에서.

— 찰스 부코스키, 「어쩔 수 없는 것」에서

시인은 자기 나름으로 최고의 순간에 문득 깨닫는다. "가슴속

한편에는 / 결코 채워지지 않는 자리가 있다"는 것을. "그래서 / 우리는 기다리고 / 또 / 기다린다." 도대체 또 뭘 기다리는 것일까? 알베르토의 버전으로 바꾼다면 "우리는 무엇을 더 원하는가?"

알레시는 말한다. "그건 아름다움, 바로 예술성"이라고. 군더더기와 불편함 없는 기능성으로는 결코 채워지지 않는 자리. 그래서 기다리고 기다리게 되는 그것, 바로 예술성. 고대 그리스에서 동일한 하나의 개념이었다가 '기술'과 '예술'로 분화되었던 희랍어 '테크네'가 다시 하나로 결합되는 지점이 필요하다.

그 지점은 부코스키의 시에서처럼 '그 공간'이라는 현실에서다. 위대한 작가는, 위대한 디자이너는 기술적이면서도 예술적이다, 일상에서. 강박적으로 기능성을 높이기 위해 예술적 감성을 금기시했던 현실에서, 우리는 "가슴속 한편"을 채워 줄 그 아름다움을 끌어올리기 위해 오늘도 기다린다.

단순한 일상 속에서 우리는 무엇을 '더' 원하는가라는 물음은 주방용품이 미술관에도 전시될 수 있는 브랜드를 만들었다. "당신은 무엇을 더 원하는가?" 아니 이렇게 바꿔 보자. "원하는 것을 당신은 일상의 공간에서 기다릴 수 있는가?" 알레시는 이런 물음을 던지고 일상에서 그 해답을 찾은 최초의 브랜드였다.

31 루이비통

잃어버린 말발굽 소리를
가방에 담다

브랜드는 감각뉴런이다. 문명의 발달로 감각은
시각에 편중된다. 여행은 마비된 감각을 살리는
것. 루이비통은 여행길에서 일상을 반복하게 해
준다. 비로소 그때 감각은 살아난다.

공간 여행에서 시간 여행으로

언제부터인가 여행을 하면 우리는 창문에 갇혀 있다. 고속버스, 기차, 비행기 모두 마찬가지. 아무리 바깥 공기를 쐬고 싶어도 창문은 유리벽일 뿐, 그렇게 눈만 호강한다. 이 강력한 유리벽은 더 이상 바깥세상과 소통하는 문이 아니라 차단시키는 장애물이 되었다. 그때 창문은 하나의 스크린이 된다. 풍경은 '유리 스크린'에 흘러가는 파노라마일 뿐 풀 냄새, 흙 냄새, 바다 냄새가 가득한 실상으로 다가오지 못한다.

그렇다면 과연 언제부터 풍경은 인간에게 파노라마로 느껴졌을까? 철도 여행이 본격화된 시기는 1837년 파리에서부터다. 파리는 프랑스혁명(1789)의 시기를 겪고 난 뒤 철도 여행이 점차 중산층에까지 퍼지게 된다. 증기기관의 발명과 함께 석탄만 싣고 다니던 기차는 파리와 생제르맹에 철도가 놓이면서 점차 많은 사람들을 실어 날랐다. 일주일 만에 3만 7000명, 두 주 만에 6만 명이 철도로 몰렸다. 그 후 2년 만에 파리와 베르사유 사이에 철길이 놓이자 왕궁 여행도 가능해졌다.

1880년대에 프랑스는 이미 일일생활권이 실현되었으며 이때를 '아름다운 시절'(벨 에포크)이라 부른다. 기차 여행에 대해 느꼈던 그 시대의 감탄과 흥분은 모네의 기차 연작 열두 개 작품을 통해 쉽게 읽힌다. (1870년「시골을 지나는 기차」, 1873년「아르장퇴유의 철교」, 1875년「눈 위를 달리는 기차」, 1877년「생라자르 역, 노르망디 열차의 도착」등)

1927년 어느 멋진 여행자의 루이비통 트렁크들

파리 생제르맹의 기차는 달리고

생제르맹에 철도가 놓이던 그해, 근처에서 견습공으로 일하던 열여섯 살 소년이 있었다. 여기서 일하는 이유는 자신이 몸소 겪은 어떤 불편을 해소하기 위해서였다. 2년 전, 그러니까 열네 살 되던 1835년 루이 뷔통은 아버지의 재혼을 계기로 독립을 결심한다. 노잣돈도 없이 무작정 집을 나온 루이 뷔통은 온갖 잡일을 하면서 2년 동안 걸어서 파리로 향했다. 그리고 그는 가방을 제조하는 마르샬(Marechal)의 견습공이 된다. 여행의 불편이 가방과 밀접하게 관련되어 있다는 것을 몸소 경험한 그는 뭔가 색다른 여행가방을 만들고

싶었다. 바로 그 견습장이 생제르맹에 있었고, 루이는 거기서 날마다 증기를 내뿜으며 달리는 기차를 보게 되었다.

　루이 뷔통은 기차의 좁은 공간에 최대한 가방을 수납할 수 있도록 하기 위해 평평한 사각형 모양의 가방을 쌓아 올리는 방법을 생각한다. 그때까지는 가방 뚜껑이 반원형이라 쌓아 올릴 수가 없었다. 루이는 우선 이 뚜껑을 편평하게 만들어 여러 개의 가방을 겹겹이 쌓아 둘 수 있게 했다. 하지만 단단한 나무로 만든 가방이 무거워 밑에 깔린 가방들에 손상이 갈 뿐만 아니라 옮기는 것도 여간 불편하지 않았다. 가벼우면서도 튼튼한 재질이 필요했다.

　루이 뷔통은 이런저런 재질로 가방을 만든 끝에 캔버스천에

클로드 모네, 「생라자르 역, 노르망디 열차의 도착」(1877년)

관심을 갖게 된다. 방수가 안 되는 문제는 캔버스천에 풀을 먹여 해결했다. 그리고 그 가방의 내부에 칸막이를 두어 소지품을 수납하기 편리하도록 했다. 수많은 시행착오 끝에 1858년, 드디어 기차에 안성맞춤인 여행용 가방 '그레이 트리아농 캔버스'를 선보인다. 그가 기차를 처음 구경한 지 21년 만이며 자신의 이름 '루이비통'으로 매장을 연 지 4년 만의 일이었다.

이 가방은 대단한 인기를 끌게 되었는데, 프랑스 황후뿐 아니라 유명인들이 이 가방을 애용하면서 더욱 유행하게 되었다. 1883년부터 파리-이스탄불을 달리기 시작한 오리엔탈특급열차의 일등 침대칸에서 가장 흔하게 볼 수 있는 히트 상품이 바로 이 최초의 캔버스 가방이었다. 아울러 1890년대에 일반 대중도 원하는 짐을 마음 껏 휴대할 수 있게 되자 철도 여행은 급물살을 타게 된다.

호모비아토르, 여행하는 인간

멀찍이 헤로도토스가 이집트와 소아시아를 여행한 것이나, 가 깝게는 괴테가 이탈리아를 여행한 것은 무엇 때문일까? 또한 『오뒷 세이아』, 『아이네이스』, 『신곡』 등 문학에서 여행이 주제가 되는 이 유는 무엇이며, 각 종교마다 성지(聖地)를 정하고 그곳을 순례하는 전통은 왜 생긴 것일까? 때로는 아주 평범하게 살던 사람이 좀이 쑤 셔서 한곳에만 도저히 있지 못하겠다며 그 역마살을 막지 못하는 것은 또 무엇이라 해야 하나?

인간은 여행하려는 욕망을 지녔다. 그 욕망이 억압되면 언젠가 는 반드시 둑 터진 봇물마냥 무단가출로 그 인생을 발칵 뒤집어 놓 을 수 있을 만큼 강력한 욕망이다. 루이 뷔통이 바로 그랬다. 그 욕망 이 얼마나 강했는지 루이는 열네 살에 기어이 가출을 하고 그것도 모자라 평생 타인들에게 이 욕망을 자극하고 그 여행을 손쉽게 반복 할 수 있는 가방을 만든다. 그렇다, 루이는 이 욕망이 얼마나 강한지 알고 있었던 것이다. 루이비통 가방은 우리의 역마살을 순화시키는 재갈이다. 그것으로 가출이 아닌, 해마다 한철 여행을 가능케 하면 서 욕망은 서서히 길들여진다.

철길 옆 견습공으로 거의 20년을 지내면서 루이 뷔통은 어떤 깨달음을 얻은 것일까? "지각은 대중의 감각이 변할 때 시작되는 것이다. 그리고 그것이 바로 여행의 필요성이다." 감각이 변해야 지각이 변하는데, 감각의 변화는 여행을 통해 이루어진다는 것. 결국 그의 깨달음은 "여행이 지각을 변화시킨다."는 것이다.

여행이 감각과 지각을 변화시킨다. 이런 통찰은 루이 뷔통 한 사람만의 편협한 생각이 아니기 때문에 그토록 많은 순례나 모험 이야기가 일찌감치 전해졌고, 영화에서는 '로드무비'라는 장르로 지금까지 그 생명줄이 줄곧 유지되고 있다. 그래서 '여행하는 인간(Homo Viator)'은 또 하나의 인간 원형이 된다.

여행은 유행이 아니라 일상이다

어떤 장소를 알려면 가능한 한 많은 차원에서 경험해 보아야 한다. (……) 그러지 않으면 당신은 당신도 모르는 채 그곳을 세 번이고 네 번이고 우연히 가게 된다.

— 발터 베냐민, 『모스코바 일기』에서

기차가 생기기 이전에는 말을 타거나 걸어서 여행을 했고, 길거리에서 예기치 못한 온갖 사건을 몸소 경험했다. 때로는 불안과 위협을 겪기도 했지만 뜻밖의 도움으로 위험을 모면하기도 했다. 도보여행에서 감각하는 대상은 출발지와 목적지보다 그 길에 있는 '사잇-거리'들이었다. 여기서 '거리'는 '내용이 될 만한 재료'를 말하며, 두 지점 '사잇-거리'를 감각하게 된다. '사잇-거리'는 루이 뷔통의 말마따나 "감각을 자극하고 그로 인한 지각을 변화"시킨다.

루이비통의 첫 번째 여행가방 '그레이 트리아농 캔버스'(1858년)

하지만 철도 때문에 여행의 속도가 빨라지면서 그 여행이 신체 감각을 자극하는 데 한계가 나타난다. 철도가 생긴 뒤로는 서울에서 부산까지 여행할 때 거쳐야 할 '사잇-거리'는 다 사라지고, 단축해야 할 '시간-거리(距離)'만 남는다. 그래서 그 사이에 있는 것들은 아무 의미도 없게 된다.

결국 속도가 빨라진 철도 여행은 '사잇-거리'를 온몸으로 감각 하지 못하게 만들고 출발지와 목적지의 '시간-거리'만 느끼게 한다. 그 결과 여행은 체험이 아닌 유행이 되었고, 여행을 하면서도 시각 이외의 감각은 닫아 둔 채 지각은 어느덧 멍하니 마비되었다. 감각과 지각 없는 신체는 산송장마냥 눈만 끔뻑이고 있다.

생명력을 잃은 철도 여행의 심각성을 루이 뷔통만 느낀 것은 아니었다. 그 당시 인상주의자들도 풍경의 순간성을 예민한 감수성 으로 포착하고 있었다. 하지만 대부분의 사람들은 한철 유행과도 같 은 철도 여행을 즐겼다. 그저 보고 올 뿐인 여행. 그 여행으로는 감각

여러 가지 형태로 주문 받아 만들어진 루이비통 여행가방

과 지각에 어떤 자극도 생길 수 없었다. 우리도 여행에서 느낀 것이라고는 기차, 비행기 유리벽과 몇 장의 사진에 남은 이미지뿐. 여행하고 나면 생기를 잃은 몸만 피곤할 뿐이다.

　　여행에서 마비되어 가는 '사잇-거리'에 대한 감각을 어떻게 살릴 수 있을까? 루이 뷔통은 여행에서도 자신의 일상을 지속하는 방법을 제안한다. 그래서 그는 되도록 일상생활이 가능한 가방을 제작하기로 마음먹는다. 캔버스로 여행가방을 제작한 루이는 그다음 해 1859년 파리 아니에르 지역에 공방을 열었다. 루이는 단순히 옷가지만 넣을 수 있는 가방이 아닌 다양한 용도의 가방에 집중한다. 수납장, 침대, 책상, 찻잔, 샴페인백, 캐비닛, 책장 등 상상을 뛰어넘는 아이템을 수납하는 가방을 만들기 위해 이 공방을 기필코 운영했다.

　　이 공방은 현재까지도 창업자의 유지를 받들어 작가나 운동선

수, 음악가들의 도구들을 수납할 수 있는 다양한 상품들을 개발하고 있다. 루이 뷔통이 죽고 나서 크루즈 여행 시대가 열리자 루이비통 사는 장기간의 선박 여행을 위해 세탁물을 보관할 수 있는 '스티머' 백, 옷을 세워 보관할 수 있는 '워드로브' 트렁크, 선박 객실 침대 밑에 보관할 수 있도록 제작된 '모노그램 캔버스' 트렁크를 만들었다. 또 항공 시대가 오자 거기에 적합한 '키폴' 백을 만들었다.

이처럼 루이비통은 '여행하는 인간'이라는 '역마살'을 벗어나지 못하는 우리에게 일상의 힘줄과 근육이 정상적으로 작동하도록 했다. 그래야 여행의 '사잇-거리'를 최대한 감각하고 지각할 수 있는 신체가 자극되기 때문이다.

브랜드는 감각뉴런이다. 문명이 고도로 발달한 현대에는 오히려 여행을 해도 시각만 자극받는데, 루이비통은 마비된 다른 감각에도 자극을 전달한다. 그 자극은 여행에서도 지속되는 일상의 한 부분이 있을 때 가능하다. 그래서 여행길에 오른 사람들이 책을 찾기도 하고 음악을 찾기도 하고 노트를 찾기도 한다. 비로소 그때 감각은 살아난다. 평생 이런 나그넷길의 세월을 가져 보지 않으면 우리 귀에 다음과 같은 '말발굽 소리'가 맴돌지도 모른다.

"본시 우리 집안은 역마살이 껴 있다는 게야. 말의 업을 지고 재가(在家)에 다시 난 사람들이란 게야. 이 애비만 하더라도 평생을 두고 달려야 할 팔자라는 거였지. 그렇게 달리다 보면 앞서 가고 있는 또 한 마리의 말이 보이리란 말씀이었어. 그때까진 편자를 갈아 박으며 달려야 한다는 게야."

— 윤대녕, 「말발굽 소리를 듣는다」에서

루이비통

32 입생로랑

일상이 예술이 되고
예술이 일상이 되는 패션

브랜드는 오브제다. 오브제는 일상이 예술이
되고 예술이 일상이 되는 소재. 이브 생로랑은
그 소재를 찾아 자신의 패션에 도입한 전위적
예술가였다. 이런 디자이너의 패션은 시가 되고
예술이 된다.

시(詩)가 명품이 되고 명품이 시가 되어

기존 패션에 엄청난 파문을 일으킨 이브 생로랑. 그는 상류층 패션의 고정관념에 극도의 답답함과 지루함을 느꼈다. 결국 그는 상류층의 패션(오트쿠뒤르)을 넘어선 기성복 패션(프레타포르테)의 선구자가 되었다.

> 프라다, 카르티에, 지방시, 구찌
> 아르마니, 베르사체, 이브생로랑
> 그 외 내가 계보도 모르고
> 유행도 모르고 가치도 모르고
> 이름조차 모르는 그녀의 시들
> 그녀의 시들, 그녀를
> 허황되고도 아름답게 보이게 하네
> 백화점 명품관은 그녀의 시집
> 때때로 그녀는 삶을 고양시키려
> 그곳을 기웃거리네
> (……)
> 허황되고도 아름다운 그녀
> 그녀의 머리는 시로 가득하네.
>
> ─ 황인숙, 「詩」에서

이 시에서는 명품이 시(詩)가 되고 시가 명품이 되는 세계가 소개된다. 명품 브랜드를 열거한 화자는 급기야 그것을 '그녀의 시들'

이라 부른다. '그녀의 시집'은 당연히 그 명품이 모여 있는 백화점. 명품을 시로 부른 이유는, 그저 명품이 '허황되고도 아름답게', '삶을 고양'시키기 때문이란다. 화자에게 시가 그렇듯 명품도 그랬다.

'허황되고도 아름답게', '삶을 고양'시키는 또 하나의 시가 이브 생로랑에게는 패션. 시를 일종의 예술로 본다면, 명품은 시가 되고 예술이 된다.

스트리트 패션으로

1957년 파리. 크리스티앙 디오르의 갑작스러운 죽음으로 스물한 살의 이브 생로랑은 그 후임을 맡게 되었다. 그는 1955년부터 디오르의 보조 디자이너로 일하면서 쌓아 온 경력뿐만 아니라 각종 디자인 대회에서도 수상을 통해 이미 실력을 인정받은 상태. 하지만 오트쿠튀르의 대표였던 크리스챤디올을 이끌었음에도 이브 생로랑의 마음은 거리(스트리트)로 향하고 있었다.

때는 바야흐로 젊은 세대가 자신들의 문화를 전파하면서 새로운 창조와 소비의 주역이 되었던 1950년대 말. 거리에는 각양각색의 새로운 스타일이 즐비했고 유행에 민감한 젊은이들은 누구에게 질세라 숨 가쁘게 그것을 쫓고 있었다. 바로 이런 스트리트 문화를 이브 생로랑은 유심히 지켜보고 있었다.

1960년 드디어 생로랑은 크리스챤디올의 디자이너로서 '비트룩'을 제작한다. 이 의상은 비트족의 스트리트 패션을 담아낸 것. 비트족은 1950년대 전쟁 이후 물질주의 환경 속에서 보수화된 기성 질

오트쿠튀르 브랜드 크리스챤디올 시절 이브 생로랑의 작품들

서에 반발해 저항적인 문화와 기행을 추구했던 일단의 젊은 세대를
일컫는 말이다. 이들은 개인이 거대한 사회 조직의 한 부속품으로 전
락되는 것에 대항하며 시대정신을 거부했다.

하지만 오트쿠튀르의 하나였던 크리스챤디올의 상류층 마니
아들은 이브 생로랑의 '비트룩'을 달가워하지 않았다. 그들은 이 의
상을 저속하게 느꼈고 자신들을 향한 저항으로 여기며 비난하기 시
작했다. 결국 '비트룩' 컬렉션을 마지막으로 이브 생로랑의 크리스챤
디올 시대는 막을 내리게 된다.

패션의 아방가르드와 오브제

1962년 이브 생로랑은 자신의 이름으로 간판을 내걸고 '패션의 예술화'를 본격적으로 추진한다. 그런데 이브 생로랑의 '패션 예술'에는 아방가르드 원리가 작용하고 있다. 이쯤에서 아방가르드에 대해 다시 한번 정리해 보자. '아방가르드(Avant Garde)'를 파자하면 '아방'은 '앞'을, '가르드'는 '경비대'를 뜻하기에 이 단어는 '앞을 지키는 부대', 즉 '전위대'를 뜻했다. 19세기 말에 이 용어는 군사적 의미에서 예술적 의미로 바뀌어 "자신의 시대보다 앞서려는 예술 운동 내지 문화 운동"의 성격을 띠게 된다.

그러던 중 1차 세계대전이 터지고 이후 작가들은 전쟁 비판과 함께 과거의 타성적인 작업, 즉 기존의 언어, 문학, 회화, 연극 체계를 거부하며 새로운 것을 찾는 작품 활동을 시작한다. 이때부터 아방가르드는 본격적으로 '전위예술'을 뜻하는 말로 자리매김한다. 이들은 "모든 것이 예술이고 누구나 예술을 할 수 있다."는 기치 아래 일상을 예술로 바꾸기 시작했다.

그렇다면 일상을 예술로 바꿀 수 있는 방법은 무엇일까? 작품 소재의 확대, 오브제의 확장이 '일상의 예술화'에 근간이 된다. '오브제(Objet)'란 본래 물건, 물체, 객체 등의 뜻을 지닌 프랑스어이지만 아방가르드, 특히 다다이즘과 초현실주의 예술가들은 오브제란 개념에 독특한 의미를 덧붙여 자신들의 예술 기법으로 삼았다. 이들은 일상에서 볼 수 있는 우표나 상표, 신문, 잡지, 벽지, 입장권, 계산서, 악보, 천, 쇠붙이, 나뭇조각, 톱밥, 모래, 나뭇잎, 사진 등 다양한 조각들을 붙여 전혀 다른 물체끼리 조합함으로써 색다른 효과를 노

몬드리안 드레스(1965년)

렸던 것이다. 1960년대에 유행한 팝아트 역시 테크놀로지나 대중매체를 오브제로 활용하여 나타난 예술이었다.

　예술과 전혀 상관없는 일상의 소재를 본래 기능에서 떼어내서로 연결시키면 미처 생각지 못한 의미가 생긴다. 이때 일상적인 물건이 새로운 의미를 만들어 내면서 예술 작품이 된다. 작품의 소재가된 오브제는 기존에 사용되던 기능 및 의미와 대립한다. 예를 들어, 마르셀 뒤샹의 「샘」에서 '샘'이라는 전혀 다른 의미를 부여받은 변기가 바로 그런 오브제다. 이런 작업의 결과 예술과 일상의 경계가 무너지고, 급기야 '예술의 일상화'와 '일상의 예술화'가 이루어진다.

리브고슈, 젊은이들을 위한 오브제

1966년 이브 생로랑은 자신의 오트쿠튀르 매장과는 별도로 기성복 부티크 '리브고슈'를 개장한다. '리브고슈'란 '왼쪽 강변'이라는 뜻으로 파리 센강 왼편 보헤미안들이 살았던 지역을 말한다. 그 거리는 전 세계로부터 온 다양한 젊은이들로 넘쳐 났다. 이 거리에서 영감을 얻은 생로랑은 '문화적 혼성'이 파리에서만이 아니라 전 세계로 파급될 것임을 확신했다. 이전에는 저급문화로 치부되던 온갖 오브제가 기존의 고급문화로 끊임없이 침투할 것을 직감했던 것이다.

이런 사실은 1960년대 초부터 1970년대에 걸쳐 일어난 아방가르드의 세계적인 전파 현상을 생로랑이 직시하고 있었다는 증거가 된다. 실제로 이 시기에 아방가르드는 '일상과 예술의 조화'를 외치면서 유럽은 물론 미국과 아시아에까지 신속하게 전파되어 전 세계적인 예술 흐름을 주도하고 있었다.

이브 생로랑이 자유자재로 활용한 오브제들은 다음과 같다. 남성 정장 스타일의 여성용 '르 스모킹'[1](턱시도의 프랑스 용어, 1966), 핀 스트라이프 무늬의 '팬츠슈트'(1967),[2] '지바고룩', 노브라의 '시스루룩', '사파리룩'과 '버뮤다쇼츠', '카르멘룩'(1968),[3] 수가 놓인 활기 있는 '집시룩'(1969)의 미니스커트, 날씬하게 드리워진 매혹적인 '실크숄'(1970), 러시아 컬렉션의 '노블 페전트룩'(1976), '몽골룩'(1977)의 모피 '트리밍코트', 금색 가죽 '트렌치코트'(1980) 등.

그뿐만 아니라 생로랑은 당시 예술가들의 오브제에 영향을 받은 의상들도 선보였다. '옵아트룩'(1963), '몬드리안 드레스'(1965), 앤디 워홀의 영향을 받은 '팝아트룩'(1966), 조르주 브라크를 모티브로

크리스티앙 디오르의 갑작스러운 죽음으로 스물한 살에 이브 생로랑은 크리스찬디올을 이끌게 되었지만, 그의 마음은 거리로 향하고 있었다. 하지만 그의 '비트룩'은 오트쿠튀르 고객들로부터 비난을 받았고, 그는 1962년에 자신의 이름으로 간판을 내걸고 '패션의 예술화'를 시작했다.

1966년 이브 생로랑은 자신의 오트쿠튀르 매장과는 별도로 기성복 부티크 '리브고슈'를 개장한다.
'리브고슈'란 파리 센강 왼편 보헤미안들이 살았던 지역을 뜻하는데, 이 거리에서 영감을 얻은
생로랑은 '문화적 혼성'이 파리에서만이 아니라 전 세계로 파급될 것임을 확신했다.

앙리 마티스의 컷아웃(1953년)

마티스의 이브닝가운(1981년)

조르주 브라크, 「검은 새들」(1958년)
'큐비즘에 대한 오마주' 컬렉션(1988년) 가운데 브라크 망토

남성 턱시도를 여성화한 '르 스모킹'(1966년)
남성 정장 스타일의 '팬츠슈트'(1967년)

한 '가운'(1984), '피카소에 대한 오마주' 컬렉션에서 나온 '할리퀸드 레스'(1979), 호화로운 '마티스' 이브닝가운(1981), '큐비즘에 대한 오마주' 컬렉션(1988) 등이 그의 대표적 오브제들이었다. 그가 영감을 받은 작가들은 몬드리안, 고야, 벨라스케스, 피카소, 달리, 브라크, 마티스, 반 고흐, 앤디 워홀, 톰 위셀만 등이었으며, 그들에게서 줄기차게 오브제들을 찾아냈다.

생로랑은 거리에서 우연히 본 오브제와 예술가들의 오브제를 활용하여 자신만의 의미를 재창조해 냈다. 앤디 워홀도 이브 생로랑의 이 점을 높이 평가한다. 생로랑이 오브제를 바꾸어 가며 디자인했다는 것은 아름다움도 변하고 그것으로 꾸미는 신체도 변할 수 있으며, 정체성도 고정된 것이 아니라 바뀔 수 있다는 점을 반영한 것이다.

시 창작과 오브제, 그리고 패션

오브제는 아방가르드의 예술과 생로랑의 패션에서뿐만 아니라 시가 창작되는 과정에서도 나타난다. 시적 언어는 일상 용어였지만 일단 본래 기능에서 절단되어 새롭게 구성된 언어와 연결되면 그동안 포착되지 않은 세계의 틈새를 볼 수 있게 만든다. 다음의 시로 생각해 보자.

한 꼬마가 아이스케키를 쭉쭉 빨면서
땡볕 속을 걸어온다
두 뺨이 햇볕을 쭉쭉 빨아먹는다

팔과 종아리가 햇볕을 쭉쭉 빨아먹는다

(……)

전엔 나도 햇볕을

쭉쭉 빨아먹었지

단내로 터질 듯한 햇볕을

지금은 해가 나를 빨아먹네.

— 황인숙, 「아, 해가 나를」에서

"아이스케키"나 "햇볕", "빨아먹는다"는 일상용어다. 그런데 이 용어들이 같이 연결되면서 이전에 경험하지 못했던 어떤 감정을 느끼게 된다. 화자는 뜨거운 낮 햇볕을 받으며 얼음과자를 먹는다. 그런데 시인은 "두 뺨"과 "팔과 종아리"가 "단내로 터질 듯한 햇볕을" "빨아먹는다"라고 엉뚱하고 발칙하게 연결했다. 뜨거운 열기를 내는 햇볕은 단내로 터질 듯한 '아이스케키'다.

여기서 의미의 반전이 생긴다. 이때 시인은 얼음과자의 찬 기운과 햇볕의 열기를 연결시킬 수 없기 때문에 얼음과자에서 풀풀 나는 단내를 햇볕의 열기와 연결시킨 것이다. 아무리 더워도 얼음과자에 정신이 팔린 꼬마는 온몸으로 "땡볕"을 "쭉쭉 빨아먹는다."

하지만 "지금은 해가 나를 빨아먹네"라면서 시인은 이제 조금만 더워져도 숨이 턱에 닿는 늙음을 경험한다. 그것은 신세계를 못 보고 오히려 거기에 치여 힘겨워하는 지루한 인생. '빨아먹네'라는 일상의 언어가 얼음과자에서 햇볕으로, 또 나를 대상으로 하면서 언어의 본래 의미가 바뀐다. 거기서 전혀 생각지 않았던 세계를 우리는 경험하게 된다.

시인이 일상에서 기호와 상징을 따다 변형시켜 틈새를 보게 하듯이, 이브 생로랑은 오브제들을 가져다 새로운 것, 틈새에 있는 것을 창조했다. 그래서 그의 패션은 항상 새로운 사물로 연결된다.

앞서 소개했던 황인숙 시인의 「詩」로 돌아가 보자. "허황되고도 아름다운 그녀 / 그녀의 머리는 시로 가득하네." 화자인 "허황되고도 아름다운 그녀"는 "제 주제에 사치한다"는 말을 듣기 딱 안성맞춤이다. 식비도 궁하던 시절 한 사람은 고픈 배를 대충 때워 가며 새 시집이 나올 때마다 사고 또 사다가 읽었다. 주위 사람들은 그에게 '제 주제에 사치한다'고 수군거린다. 남 보기에 그것은 분명 사치다.

바로 그 시절 또 한 사람은 몸이 부서져라 지나친 아르바이트로 본인이 사고 싶은 명품들을 악착같이 모았다. 그의 손에 닿는 물건마다 제법 명품으로 폼이 날 즈음 주위 사람들이 하나둘 그에게 핀잔을 놓았다. "제 주제를 알아야지." 남이 보기에 이것도 분명 사치다. 시인은 「詩」의 서두에 의미심장하게 박완서 선생님의 저 문장을 인용하면서 우리를 숙연하게 만든다.

우리에게 시가 사치라면 우리가 누린 물질의 사치는 시가 아니었을까

— 박완서

이런 생각을 하면 '사치'를 부리는 이 땅의 시인과 멋쟁이들을 정작 누가 나무랄 수 있을까? 시도 사치고 명품도 사치지만, 그것들은 또한 모두 예술이 될 수 있다. 적어도 위에 소개된 사람들은 사치

로 보이는 시집, 그리고 명품 때문에 자신들의 한계를 극복했다. 시집과 명품에서 다른 사람은 못 보는 세계를 보았기 때문이다.

현실의 한계에 맞닥뜨릴 때 우리는 무엇을 보고 있을까? 세계 속 또 다른 틈을 못 보는 일상은 지루하다. 이런 답답한 일상을 시가 되었든 패션이 되었든 그것을 예술로 바꾸려는 삶에 우리는 침묵할 뿐이다. 그들은 한계를 극복하기 위해 몸부림치는 것이니까. 황인숙 시인의 말처럼 '허황되고도 아름답게', '삶을 고양'시키고 있으니까. 그들의 '사치'가 한계를 극복하는 것이니까. 당신은 무슨 꿈으로 그것을 극복하는가. 이브 생로랑은 유독 많은 예술 작품을 자신의 패션에 적용했던 디자이너였다. 또한 하급 문화로 취급되던 스트리트 패션을 과감히 도입한 전위적 예술가였다. 이런 디자이너의 명품은 과연 시가 되고 예술이 된다.

일상이 예술이 되고 예술이 일상이 되며, 가난이 문학이 되고 문학이 가난이 되는, (거리)예술이 패션이 되고 패션이 (거리)예술이 되는 세계, 이브 생로랑이 틈새로 본 우주였고, 무용한 듯 보이는 사치를 일삼는 자들의 천국이었다. 그들에게는 일상이 예술이다.

---

1   르 스모킹: 1960년대까지도 여성이 바지를 입는 건 흔하지 않았고, 특히 이브닝웨어로 남성은 턱시도를 입고 여성은 화려한 드레스를 입었다. 따라서 턱시도를 여성 이브닝웨어로 만든 '르 스모킹'은 여성 혁명의 흐름과 부합했으며, 생로랑을 '패션의 혁명가'로 만들었다.
2   팬츠슈트: 남성의 재킷에 상응하는 여성복을 만들고자 이브 생로랑이 '르 스모킹'에 이어 선보인 팬츠슈트는 당당한 여성의 파워를 상징하게 되었다.
3   카르멘룩: 19세기 프랑스 소설가 프로스페르 메리메의 소설 『카르멘』과 조르주 비제의 오페라 「카르멘」의 주인공 카르멘의 열정이 담긴 에스파냐 집시 스타일의 복장.

욕망은 감각을, 신체를 복권한다

매우 당혹스럽다. 버럭 역정 내듯 구입하고야 마는 특정 브랜드 상품들. 또 다른 결여를 느끼는 공허한 마음을 탓하며 욕망을 억눌렀지만 별 수 없다. 반복되는 이 '욕망 중독' 현상은 은행 잔고가 바닥나거나 충혈된 눈으로 몸을 내동댕이칠 때까지 계속된다. 급기야 지조도 없이 여러 브랜드를 기웃거리는 그 눈길을 자책하기에 이른다. 수렁에 빠진 바퀴가 헛바퀴 돌듯 욕망으로 허우적거리다 핑계 같은 의문이 든다. '이게 어디 내 탓인가?'

욕망과 함께 나타나는 미세한 떨림을 보자. 몸이 근질근질하다가 어떤 자극의 망에 걸려들고, 다시 또 다른 브랜드의 물건이 눈앞에 어른거린다. 어떤 브랜드든지 몸이 자극되는 이유는 그 대상과 나의 몸 사이에 작동하는 감각 때문이다. 눈으로 보거나 손으로 만지거나 코로 맡고 혀로 맛보면서, 때론 그 소재의 소리를 귀로 들으면서 대상과 몸 사이에 일종의 진동이 감각에 들어온다.

몸에서 일어나는 '원초적 감각 자극'에 주의를 집중해 보니 살아 있는 몸을 느끼며 강렬해지는 감각은 쇼핑에서 더 분명해진다. 쇼핑은 감각 세계로의 여행이다. 볼거리도 좋지만 상품을 직접 만져 보고 입어 보고 때로는 먹거리까지 더하고 나면 왠지 모를 충만감이 차오른다. 미각은 혀라는 신체의 존재 확인과 함께 더욱 생생해진다. 날카롭게 벌어진 사탕의 틈새에 베이기라도 하면 혀에서 비릿한 피 맛이 난다. 분명 같은 사탕 맛인데 상처 이전과 이후의 맛은 사뭇 다르다. 혀가 있다는 사실과 함께 느껴지는 사탕 맛은 더 차갑도록 달콤하다. 사람은 정신의 호사로만 살 수 없는 것인지 종일 책을 읽다가도 불현듯 밖으로 튕겨나가고 싶을 때가 있다. 내 몸이 살아 숨 쉬고 있음을 체험하고 싶은 것이다. 지식 노동만으로는 내 몸이 살아 있다고 느끼지 못하기에 욕구불만을 야기한다. 몸 없는 감각은 아무리 화려한 가상현실 속에서도 불안하다. 내 몸을 겪을 수 없기 때문이다.

인간을 영혼과 육체로 나눈다면, 지난 세기는 영혼이 육체를 억압하는 횡포의 역사였다. 사물을 감각이라 했던 근대의 경험주의조차 감각을 의식의 표상이라 여겼기에 감각하는 의식만 있을 뿐 감각하거나 감각되는 신체는 없었다. 생각하고 판단하고 사유하는 우리의 지각이 세계의 전부인 양 그 지각의 그물을 펼쳐 놓고 사물을 끌어올려 편향된 판단으로 삶 자체를 오해하고 있었다.

하지만 사물은 생각의 그물로 포획되지 않는다. 사물은 우리를 희롱하듯 그 그물망 사이사이를 유영하며 오히려 우리를 유혹한다. 그물에 걸려들기 이전의 자태로 여전히 이리저리 돌아다니는 사물의 눈길, 그 눈길에 걸려든 우리의 감각 때문에 '날것 그대로'의 사물을 '경험'하는 것이 필요하다. 이것을 위해 현대는 감각에 눈을 돌리면서 신체(질 들뢰즈)와 매체(마셜 매클루언)에 관심을 집중한다. 질 들뢰즈는 우리에게 다름 아니라 '동물-되기'를 조언한다. 이것으로 인간의 원초적 (동)물성이라는 정체성과 함께 감각과 욕망이 회복된다. 또 인간과 사물 사이의 주체-매체의 반복되는 자리바꿈이 일어나고, 행복한 시간이 일상에서 경험된다.

브랜드가 우리에게 절실한 것은 몸 없는 거짓 감각으로 황홀해하는 VR 안경 속 같은 세상살이로 불안한 사람들에게 '신체미'(=육체미)를 확인시켜 줄 수 있기 때문이다. 브랜드는 감각이라는 압축을 풀어내 세계를 경험하게 해 주는 하나의 키워드가 될 수 있다. 브랜드는 자아와 또 다른 사물을 들여다보는 감각을 열게 한다.

지금도 브랜드를 만든 사람들은 우리에게 감각과 욕망의 뾰족한 바늘을 들이대며 어떻게 해야 그 정체성과 상품의 가치를 심어 넣을지 골몰한다. 수많은 브랜드의 홍수 속에서 정신없이 살아가는 오늘날 브랜드를 통해 우리는 나의 정체성과 상품의 가치를 틀 짓고 있다. 몇 초에 불과한 광고 시간과 광고 카피를 통해 브랜드는 그 쏜살 같은 섬광으로 우리 맘을 후벼놓는다. 이때 우리 마음의 살갗에 새겨질 수 있는 브랜드의 역량은 자체의 화려함보다 그 메시지의 진정성에 달렸다.

그렇다면 우리는 섬세한 감각과 지성으로 브랜드의 뾰족한 바늘을 살펴야 한다. 이 브랜드의 메시지는 무엇인가? 그것을 산 나는 대체 누구이며, 나는 그 브랜드로 또 어떤 메시지를 전달할 것인가?

내가 선호하는 브랜드의 메시지와 나의 정체성, 그리고 상품의 가치를 온전히 알 수 있다면 그때 비로소 우리는 외칠 것이다. "내가 곧 브랜드다."라고.

이런 브랜드의 서사를 《경향신문》에 「서양고전학자의 브랜드 인문학」으로 연재하다가, 민음사 양희정 부장님의 손길이 더해져 한 권의 책이 되었다. 자신이 좋아하는 브랜드, 그 속에 얽혀 있는 자아와 타자의 '정체성, 감각과 욕망, 주체성, 시간성, 매체성, 일상성'을 생각하자. 나와 너, 그리고 사람과 사물 사이의 마주침이 기적으로 다가올 때까지 우리의 욕망, 감각, 신체를 복권시키자. 이것들을 복권시키고 세계를 욕망, 감각, 신체를 통해 체험하기 위한 구체적 발걸음으로 필자의 다음 주제는 아마도 『감각의 논리』에 대한 관찰이 될 것이다.

(공허한 인생살이에) 또 다른 희열로 위안 삼았으니 다 써버리고 잔을 비우고 향유하는 것보다 더 나은 것이 태양 아래 없음이라.

— 「전도서」 8장 15절에서

브랜드 인문학

1판 1쇄 펴냄 2018년 10월 30일
1판 6쇄 펴냄 2024년 1월 2일

지은이   김동훈
발행인   박근섭 · 박상준
편집인   양희정
펴낸곳   (주)민음사

출판등록 1966. 5. 19. 제16-490호
주소   서울특별시 강남구 도산대로1길 62(신사동)
          강남출판문화센터 5층 (우편번호 06027)
대표전화 02-515-2000 | 팩시밀리 02-515-2007
홈페이지 www.minumsa.com

ISBN 978-89-374-3692-5 (03100)

* 잘못 만들어진 책은 구입처에서 교환해 드립니다.